文言文其实并不难

从良老师文言文精讲课

刘从良 著

北京时代华文书局

图书在版编目（CIP）数据

文言文其实并不难：从良老师文言文精讲课 / 刘从良著 . -- 北京：北京时代华文书局，2024.6（2025.4 重印）
　　ISBN 978-7-5699-5062-5

Ⅰ.①文… Ⅱ.①刘… Ⅲ.①文言文－中学－教学参考资料 Ⅳ.① G634.303

中国国家版本馆 CIP 数据核字 (2023) 第 236652 号

Wenyanwen Qishi Bing Bunan：Congliang Laoshi Wenyanwen Jingjiangke

出 版 人：陈　涛
策划编辑：王　灏
责任编辑：李　兵
执行编辑：王　灏
封面设计：柒拾叁号
内文版式：赵芝英
责任印制：訾　敬

出版发行：北京时代华文书局 http://www.bjsdsj.com.cn
　　　　　北京市东城区安定门外大街 138 号皇城国际大厦 A 座 8 层
　　　　　邮编：100011　　电话：010-64263661　64261528

印　　刷：三河市兴博印务有限公司
开　　本：787 mm×1092 mm　1/16　　成品尺寸：185 mm×260 mm
印　　张：22.25　　　　　　　　　　　字　　数：360 千字
版　　次：2024 年 4 月第 1 版　　　　 印　　次：2025 年 4 月第 2 次印刷
定　　价：79.00 元

版权所有，侵权必究
本书如有印刷、装订等质量问题，本社负责调换，电话：010-64267955。

目录

| 阶段一　文化常识 |

第一课　中国古代科举制度......3

第二课　中国古代天文......10

第三课　中国古代地理......15

第四课　中国古代历法......21

第五课　中国古代称谓（上）......26

第六课　中国古代称谓（下）......31

第七课　中国古代结婚礼俗......37

第八课　中国古代节日......41

第九课　中国古代刑罚......47

第十课　中国古代官职......52

第十一课　中国古代兵器......58

第十二课　中国古代车马......63

第十三课　中国古代文字......67

第十四课　中国古代典籍......73

| 阶段二　文言实词 |

第一课　如何学好高中文言实词......81

第二课　借助成语学习文言实词......86

第三课　文言文中的通假字......92

第四课　文言文中的古今异义......98

第五课　名词的活用......104

第六课　动词的活用......111

第七课　形容词的活用......114

第八课　使动用法、意动用法和为动用法......118

第九课　偏义复词......122

第十课　文言文中的一词多义现象......126

第十一课　用字源推断词义......131

| 阶段三　文言虚词 |

第一课　之乎者也——怎样掌握重点虚词（一）......139

第二课　而乃因则——怎样掌握重点虚词（二）......147

第三课　以其为且——怎样掌握重点虚词（三）......156

第四课　与所何于——怎样掌握重点虚词（四）……166

第五课　若焉遂然——怎样掌握重点虚词（五）……175

| 阶段四　文言句式 |

第一课　学会判断句……185

第二课　学会被动句……191

第三课　学会省略句……196

第四课　学会宾语前置句……204

第五课　学会定语后置句……209

第六课　学会状语后置句……214

第七课　学会固定句式（上）……220

第八课　学会固定句式（下）……224

| 阶段五　经典文言文 |

第一课　《烛之武退秦师》：劝说的思维……231

第二课　《触龙说赵太后》：劝说的角度……235

第三课　《祭十二郎文》：情感的蓄势……240

第四课　《项脊轩志》：琐事的力量……246

第五课　《鸿门宴》：衬托的艺术……251

第六课　《六国论》：论证的力量……262

第七课　笔记小说二则：有趣的故事（上）……268

第八课　笔记小说三则：有趣的故事（下）……272

第九课　《阿房宫赋》：经典的文赋……276

第十课　《赤壁赋》：有趣的质疑……282

第十一课　《陈情表》：典范的作文（上）……287

第十二课　《师说》：典范的作文（下）……293

| 阶段六　文言文综合 |

第一课　断句有哪些"绝招"……301

第二课　断句有哪些标志……306

第三课　文言文翻译有哪些方法……311

第四课　文言文翻译有哪些注意事项……316

第五课　文言文翻译有哪些关注点……321

第六课　文言文怎样快速阅读、高效做题……326

第七课　怎样把现代文译成文言文……332

第八课　怎样仿写文言文作文……337

第九课　怎样写文言文作文……341

当堂练习答案……347

阶段一

文化常识

第一课 中国古代科举制度

专题分析

科举制度是选拔官吏的制度，所以准确地说，它不是今天的高考，而是相当于今天的国家公务员考试。

科举制度改善了之前察举制的用人制度，彻底打破了血缘世袭关系和氏族的垄断，"朝为田舍郎，暮登天子堂"，使社会的中下层人士有机会进入社会上层。有了这样一个通道，有利于社会的稳定。

一般认为科举制度开始于隋朝，一直到1905年，袁世凯、张之洞等人上奏，请求停止科举，以便推广学堂，总共延续了1300多年。当然中间不是连续的，金代、元代、明代都有中断的情况，比如明代朱元璋觉得录取上来的人都是书呆子，只会写点文章，只会空谈，没什么实际的本领，所以干脆叫停了10年。后来因为举荐人才弊端更大，又恢复了。为了区域公平，还分了南榜、北榜和中榜，有点类似高考的全国1卷、全国2卷和全国3卷。实际上世界上最后一届科举考试，结束于1919年越南的阮朝。

中国古代规模最大的科举考场是江南的贡院，就在今天南京的秦淮区夫子庙附近，据说当时占地有30多万平方米。我们常听说的"秋闱""春闱","闱"就是指考场。

关于科举考试的等级，实际上各个朝代不尽相同，我们所熟悉的乡试、会试、殿试的三级录取，是明清的模式。

简单地说，乡试是省试，每三年举行一次，考试的时间是在秋天，所以又称秋闱。会试是全国性的考试，由礼部主持，在乡试后第二年的春天，所以又称春试——这个级别比较高。有意思的是，清代主持会试的主考官被称为"总裁"，是不是感觉有点时髦？殿试是在会试后不久举行，间隔时间很短，应试的人就是贡生，在殿试中都不落榜，只是重新排一下名次。殿试一般是皇帝主持，只考"时务策"这一种题。考完后第二天阅卷，第三天就放榜，比现在高考阅卷速度快多了，当然主要是人少。乡试、会试、殿试的第一名分别叫解元、会元和状元。

人们常常拿"连中三元"来说事儿，其实这是一件极不容易的事情。比如明代近300年的历史中，总共只有两个人做到了，一个叫黄观，一个叫商辂。黄观很厉害，县试、府试、院试、乡试、会试、殿试六次第一，后来因为得罪了朱棣，朱棣上台以后把他连中三元的事儿从史书上给抹去了，所以很多资料上都没有记载。历史上连中三元者，一般认为至少有16人。

科举考中了当然很开心，孟郊的《登科后》体现得很明显：

昔日龌龊不足夸，今朝放荡思无涯。
春风得意马蹄疾，一日看尽长安花。

唐代同榜人要一起参加庆贺活动，叫探花宴。宴会以后，到大雁塔下题名，所以又把中进士称为"雁塔题名"。登第后，还要经吏部考试，合格者才能授予官职。柳宗元进士及第后，以博学宏词，被即刻授予"集贤殿正字"。如果吏部考试落选，只能到节度使那儿去当幕僚，再得到正式的官职。韩愈在考中进士后，三次选试都未通过，不得不去担任节度使的幕僚，后来才踏进官场。从宋代起，殿试考中进士的，直接授官，不需要再经过吏部的选试了。

补充讲一下，很多人认为应该有4个考试的等级，其实前面的考试叫童生试，它分为县试、府试、院试三个阶段，这是由各省自己主持的。考上以后，分别分到府、州、县学学习，叫生员，生员是分成几等的，有廪生、增生、附生，说白了就是有的是完全公费，有的是平价生，还有的算是借读生——要交高价的。上学毕业以后才能参加正式的乡试，所以考取生员只是起点。

殿试的录取分为三甲。一甲是三个人，赐进士及第，第一名称为状元，第二名称为榜眼，第三名称为探花，他们可以直接做官，状元直接授予翰林院的修撰，榜眼和探花，就直接授予编修。其余的进士要经过考试，合格的，授予翰林院的庶吉士，有三年的试用期，然后再进行考试，合格的再授予翰林院的编修等官。二甲赐进士出身，三甲叫同进士出身，二甲和三甲的第一名都叫传胪。一甲、二甲、三甲的人统一写入"进士榜"，用黄纸书写，所以又称为"金榜"。中了进士，就叫"金榜题名"，这个词今天还在用。

进士科及第很难，所以当时有"三十老明经，五十少进士"的说法。蒲松龄考到了70多岁，都没考上，给了个"援例贡生"，就是按照惯例，考这么多年了，就相当于贡生，就像你高三复习八年还没考上，算等同于本科学历了。

如果没有考上，我们常用一个成语"名落孙山"形容，这是一个很有意思的故事。孙山就是榜单上的最后一个人，没有考上，就说名字排在了孙山的后面，很委婉。孙山这个人擅长说笑话，他去参加考试，同乡人让他带着自己儿子，孙山考中了，是最后一名，同乡人儿子没考上，那人问自己儿子考得怎么样，孙山说："解名尽处是孙山，贤郎更在孙山外。"

一提科举考试的内容，大家都想到了八股文。八股文的名气比较大，其实最早是不考八股文的，考什么呢？一种叫"墨义"，说白了就是简答题，围绕经义和经义注释出的一些问答题，题目很多，有30~50道。第二种叫"帖经"，帖经就相当于现在高考的名句默写，不过比名句默写难度要大，是从经书上随便找一页，然后只留其中的一行印在试卷上，其余的让你去联系上下文把它们默写出来。还有一种叫策问，就是依据考官提出的有关的问题来发表见解，提出对策，这个有点类似于今天公务员考试中的"申论"。

八股文是明朝以后开始的，今天很多人开玩笑，说八股文就是说废话，明明要说个"老二"，却说"二郎者，乃大郎之弟，三郎之兄，老郎之子也"。其实不是这样，八股文要求比较高，难度比较大，它的题目出自四书五经，措辞的时候要求用古人的口气，就是代圣贤立言。结构有一定的程式，字数有一定的限制。大体上是破题、承题、起讲、入手、起股、中股、后股、束股这八个部分。后四个部分每部分有两股排比对偶的文字，合起来共八股，所以叫八股文。也就是说，不是全文八股，是后面四个部分共八股。

明清的小说里边有一句常说的话，叫"当今天子重文章，足下何须讲汉唐"，这里的"文章"就是说八股文，而"汉唐"代指诗词歌赋，是杂学，是不重要的。可以猜到，这是写小说的人说的，他们没有通过科举考试，是在发牢骚。

唐代武则天始创选拔武将的武举考试，总共进行过约500次，相比之下武科举不受重视。历朝的武举时而被废，时而恢复，而武举出身的地位也低于文科出身的进士。不过武举考试要求可不低，除了要考举重、骑射等技术方面，对考生的外貌也有要求，要"躯干雄伟"，得是型男。到了宋代还要问孙子兵法，历史上由武举出身的名将有唐代的郭子仪和明代的戚继光。

再说说国子监，是最高学府了，明代有两个，一个在北京，一个在南京。有人说其相当于清华、北大，其实这样说不太准确，因为国子监是官员预备役学校。学校里面的学生也分成4类：举人到国子监里读书叫举监；童生生员去了叫贡监；官二代进去了就叫荫监，看他爹的面子；最后一种也是最让人瞧不起的，就是捐钱捐物进去的叫利监，就是交了赞助费去上学的。

还有一点要补充一下，有几类人不能考。僧道之人自然是不能考的，商人子弟也是，据说李白就不能参加科举。还有存在避讳的，我们最熟悉的是李贺，因为他父亲叫"李晋肃"，"晋"和"进士"的"进"同音，要避讳，就不能考了，搞得李贺很郁闷。丁忧的，就是父母亡故，在三年孝期之内的，不能考。倡优，就是娱乐圈的，也不能考。还有罪犯，不仅自己家里人不能考，可能一个族、一个村子都不能考——好在那时候的人也没有那么强烈的参加科举考试的愿望。主考官的孩子当然是不能考的，要实行回避制度。

知识归纳

察举：汉代选拔官吏制度的一种形式。察举有考察、推举的意思，又叫荐举。由侯国、州郡的地方长官在辖区内随时考察、选取人才，推荐给上级或中央，经过试用考核，再任命官职。察举的主要科目有孝廉、贤良文学、茂才等。

帖经：如现代试卷的填空与默写。考官从经书中选取一页，摘其中一行印在试卷上。根据这一行文字，考生要填写出与之相联系的上下文。

墨义：围绕经义及注释所出的简单问答题。在一张卷子中，这类题目往往多达30~50道。口试则是口头回答与墨义同类的问题。

八股文：明清科举考试制度所规定的一种文体，也叫时文、制义、制艺、时艺、四书文、八比文。文体有固定的格式，规定由破题、承题、起讲、入手、起股、中股、后股、束股八个部分组成。

童试与生员秀才：童试也叫"童生试"，明代由提学官主持、清代由各省学政主持的地方科举考试，包括县试、府试和院试三个阶段，院试合格后称为"生员"或"秀才"，方能进入府、州、县学学习，所以又叫入学考试。应试者不分年龄大小都称童生。

乡试与举人、解元：乡试是明清两代每三年在各省省城（包括京城）举行的一次考试，因在秋八月举行，故又称秋闱（闱，考场）。主考官由皇帝委派。考后发布正、副榜，正榜所取的叫举人，第一名叫解元。

会试与贡士、会元：会试是明清两代每三年在京城举行的一次考试，因在春季举行，故又称春闱。考试由礼部主持，皇帝任命正、副总裁，各省的举人及国子监监生皆可应考，录取前三百名为贡士，第一名叫会元。

殿试与状元、榜眼、探花、传胪：殿试是科举制最高级别的考试，皇帝在殿廷上，对会试录取的贡士亲自策问，以定甲第。录取分为三甲：一甲三名，赐"进士及第"的称号，第一名称状元（鼎元），第二名称榜眼，第三名称探花；二甲若干名，赐"进士出身"的称号；三甲若干名，赐"同进士出身"的称号。二、三甲第一名皆称传胪，一、二、三甲统称进士。

及第：指科举考试应试中选，应试未中的叫落第、下第。"登科"是及第的别称，即考中进士。

进士：是科举考试的最高功名。考中进士，一甲即授官职，其余二甲参加翰林院考试，学习三年再授官职。

鼎甲：指殿试一甲三名：状元、榜眼、探花，如一鼎之三足，故称鼎甲。状元别称鼎元。

策问：即议论。依据考官提出的有关经义或政事问题，考生发表见解，提出对策。策问所及范围较广，有政治、教育、生产、管理等，比起帖经、墨义来难度更大，有的也还有一些实用价值。

连中三元：科举考试以名列第一者为元，在乡试、会试、殿试三试中连续获得第一名，被称为"连中三元"。据统计，历史上连中三元的至少有16人。

当堂练习

根据已知信息填空：

1. 前太守臣逵，察臣孝廉；后刺史臣荣，举臣秀才。(李密《陈情表》)写的是＿＿＿＿人才选拔方式。

2. 《范进中举》一文中，范进"中举"是参加了＿＿＿＿（某种科举考试）。

3. 八股之害，等于焚书。(顾炎武《日知录·拟题》)"八股之害"指的是＿＿＿＿＿＿＿＿＿＿。

相关链接

有考试，就有作弊。在古代也一样。在上海孔庙里见识了古代科举考试五花八门的作弊手段，印象很深。古代最常用的作弊方式应该是"夹带"，将写上字的纸条藏在帽子、鞋袜等各处，带进考场。还看到一个写满字的小马甲，那是真正的蝇头小楷，写得密密麻麻，不知得花多少工夫准备。古时科举考试，时间较长，考生还要带生活用品，比如吃的、蜡烛、便桶等，而这些往往也成为作弊的工具。比如，古代有一种叫"继烛"的作弊手段。就是将写好的字条卷起来，塞到蜡烛的中心，再用蜡油封起来，带入考场。也有把馒头掏空，里面放上小纸条的。到了清代，作弊手段成熟了，还出现了只有几厘米大小的卷本，甚至有考生还把这卷本藏在增高加厚的鞋底里。更可笑的是，还有考生将油纸卷紧，系上细线，塞到肛门里。

古时也有替考，被称为"代笔"，或者叫"假手"——今天，我们常称之为"枪手"。古时的枪手，也分为两种：一种是枪手一人入场，直接写上别人名字考试；还有一种是两人都入场，身份都是对的，只是交卷时，两人互换名字。

如今考场上有无线电作弊手段，就是想办法把题目拍了发出去，外面做题团队做好了再传输进来。有耳塞式的、眼镜式的、发卡式的、腰带式的等，防不胜防。其实古时也有，不过用的是鸽子。里面的人抄了题目，让信鸽带出去，那边写好了文章，再让信鸽带进来。

为了防作弊，古代也想了好多招儿。什么"连坐"制度，就是分小组，其中一个作弊，另外几个人没举报，都一同处理，让考生互相监督。还有脱衣检查，类似今天坐飞机过安检。金代想出个好办法，让考生先统一沐浴，然后穿上统一的考试礼服。不仅防作弊，还显得正规、文明。还有很多防作弊的手法几乎和今天没有区别。比如回避制度，就是近亲、学生等参加考试的要回避；比如命题和阅卷的隔离制度，不过说法不同，古时叫"锁院"。对那些通过泄题及其他方式庇护作弊考生的官员，处罚也是十分严厉的。

（摘编自"从良老师"公众号文章《中国古代考试作弊》）

第二课 中国古代天文

专题分析

中国古人认为"天圆地方",天是由东西南北四根大柱子支撑的,天像一个半球形的罩,罩住了大地,《敕勒歌》说:"天似穹庐,笼盖四野。"

古人常用天象来预测人事,把天象与人间的吉凶祸福联系起来。如彗星是绕太阳运行的天体,拖有长长的尾巴,它的出现就被古人认为是预兆兵灾的凶象。在民间,彗星又叫扫帚星,因为拖着长尾巴,民间传说扫帚星主扫除,见则有战祸,或天灾。现代理解成将会带来灾难或厄运的人,是骂人的说法。

《唐雎不辱使命》中说"夫专诸之刺王僚也,彗星袭月",因为月亮是诸侯的象征,所以这种天象是诸侯有灾的凶兆。僚是诸侯(吴王),他将被刺,所以上天才显示出这样的天象。

古人还将天上星空区域与地上的州国对应,二十八星宿和地上的九州对应,称作"分野"。二十八星宿是古人为观测日、月、五星运行而划分的28个星区,用来说明日、月、五星运行所到的位置。每个星宿都不是一颗星,都包含若干颗恒星。这样,天地连为一体,天上某一区域的某些天象变化,就直接预示着地上相应区域的吉凶祸福了。我们学过的文言文中有一些这方面的例子，比如《蜀道难》中"扪参历井仰胁息"中的"参""井"都是星宿名，分别为蜀秦分野。王勃《滕王阁序》中"龙光射牛斗之墟"，是说龙泉剑光直射牛宿、斗宿的星区。"星分翼轸，地接衡庐"，是说江西南昌地处翼宿、轸宿分野之内。

另外，古人认为人间有功名的人是天上星宿降生的。旧时迷信说法，文曲星是主管文运的星宿，文章写得好而被朝廷录用为大官的人是文曲星下凡。如吴敬梓《范进中举》中有"如今却做了老爷，就是天上的星宿""天上的星宿是打不得的"等说法。

我们在古诗文中常会见到一些星宿，比如北斗，北斗又称"北斗七星"，指在北方天空排列成斗形（或杓形）的七颗亮星。《小石潭记》中用"斗折蛇行"，形容像北斗星的线条或者蛇类爬行的轨迹一样曲折蜿蜒。《古诗十九首》："玉衡指孟冬，众星何历历。"玉衡是北斗星中的第五星。根据北斗星便能找到北极星。北极星是北方天空的标志。古代天文学家对北极星非常尊崇，认为它固定不动，众星都绕着它转。其实，由于岁差的原因，北极星也在变更。三千年前周代以帝星为北极星，隋、唐、宋、元、明以天枢为北极星，一万二千年以后，织女星将会成为北极星。《滕王阁序》里说"天柱高而北辰远"，北辰就是指北极星，在这句里当然是象征皇帝。孔子在谈到自然现象时，多用来比喻人事，他曾说过："为政以德，譬如北辰，居其所而众星拱之。"（《论语·为政》）这里的北辰也是象征统治者、国君。又比如，大家经常理解错误的大火星，《诗经·七月》有"七月流火，九月授衣"，这里"流"是下行之意，"火"则指恒星中的大火星，和我们现在所说的行星火星（古代又称为"荧惑"）并不相同，要注意区别。七月相当于公历的八月，流火是说大火星的位置已由中天逐渐西降，表明暑气已退。还有天狼星，这是全天空最明亮的恒星。苏轼《江城子》："会挽雕弓如满月，西北望，射天狼。"其中用典皆出自星宿，雕弓指弧矢星，天狼即天狼星。屈原《九歌》中也有"举长矢兮射天狼"，长矢即弧矢星。大家最熟悉的牛郎织女的故事也蕴含星宿，"牵牛"即牵牛星，又叫牛郎星，是夏秋夜空中最亮的星，在银河东。"织女"即织女星，在银河西，与牵牛星相对。《古诗十九首》中有"迢迢牵牛星，皎皎河汉女"的诗句。

除了星宿之外，古诗文还常用

一些其他的天文意象，例如银河、东曦、云气、月亮，等等。

银河，又名银汉、天河、天汉、星汉、云汉，是横跨星空的一条乳白色亮带，由一千亿颗以上的恒星组成。曹操《观沧海》："星汉灿烂，若出其里。"陈子昂《春夜别友人》："明月隐高树，长河没晓天。"苏轼《阳关曲》："暮云收尽溢清寒，银汉无声转玉盘。"秦观《鹊桥仙》："纤云弄巧，飞星传恨，银汉迢迢暗度。"东曦，指初升的太阳，古代神话中太阳神的名字叫曦和，驾着六条无角的龙拉的车子在天空驰骋。蒲松龄的《促织》："东曦既驾，僵卧长愁。""东曦既驾"就是指东方的太阳已经出来了。此外，古代人迷信，认为龙起生云，虎啸生风，即所谓"云龙风虎"。又说真龙天子所生的地方，天空有异样云气，占卜测望的人能够看出来。《鸿门宴》中有"吾令人望其气，皆为龙虎，成五采，此天子气也"之句。

我们重点来说说月亮。月亮是古诗文提到的自然景物中最突出的被描写对象，它有很多的别称。因初月如钩，故被称为银钩、玉钩；因弦月如弓，又称玉弓、弓月；因满月如轮如盘如镜，又有金轮、玉轮、银盘、玉盘、金镜、玉镜等说法；因传说月中有兔和蟾蜍，故称银兔、玉兔、金蟾、银蟾、蟾宫；因传说月中有桂树，还称桂月、桂轮、桂宫、桂魄；因传说月中有广寒、清虚两座宫殿，又称广寒、清虚；因传说为月亮驾车之神名望舒，故称月亮为望舒；因传说嫦娥住在月中，故称月亮为嫦娥；因人们常把美女比作月亮，故称月亮为婵娟。

知识归纳

彗星袭月：彗星俗称扫帚星，彗星袭月即彗星的光芒扫过月亮，按迷信的说法是重大灾难的征兆。

分野：古代占星家为了用天象变化来占卜人间的吉凶祸福，将天上星空区域与地上的国州互相对应，称作分野。具体说就是把某星宿当作某封国的分野，把某星宿当作某州的分野，或反过来把某国当作某星宿的分野，把某州当作某星宿的分野。

文曲星：星宿名之一。旧时迷信说法，文曲星是主管文运的星宿，旧时称文章写得好而被朝廷录用为大官的人是文曲星下凡。

北斗：又称"北斗七星"，指在

北方天空排列成斗形（或杓形）的七颗亮星。七颗星的名称是：天枢、天璇、天玑、天权、玉衡、开阳、摇光。排列如斗杓，故称"北斗"。根据北斗星便能找到北极星。

东曦：古代神话中太阳神的名字叫曦和，驾着六条无角的龙拉的车子在天空驰骋。东曦指初升的太阳。

牵牛织女："牵牛"即牵牛星，又叫牛郎星，是夏秋夜空中最亮的星，在银河东。"织女"即织女星，在银河西，与牵牛星相对。

银河：又名银汉、天河、天汉、星汉、云汉，是横跨星空的一条乳白色亮带，由一千亿颗以上的恒星组成。

云气：古代迷信说法，龙起生云，虎啸生风，即所谓"云龙风虎"。又说真龙天子所生的地方，天空有异样云气，占卜测望的人能够看出来。

当堂练习

根据诗意填空。

1. 三五明月满，四五蟾兔缺。（《古诗十九首·孟冬寒气至》）诗里"蟾兔"指_____。

2. 北斗佳人双泪流，眼穿肠断为牵牛。（曹唐《织女怀牵牛》）这里"北斗"指_____；"牵牛"指_____。

3. 荧惑守心。心，宋之分野也，景公忧之。（《史记·宋微子世家》）这里"荧惑"指_____。

相关链接

前些年大火的小说《盗墓笔记》中写到，吴邪一行人在墓中发现了七个棺材，按北斗七星的顺序排列，书中说这是古人为了防盗墓贼而设计的迷魂阵，这七口棺材，如果开错其中一个，就会触动机关，死无葬身之地，这种棺材方队，被叫作"七星疑棺"。这种"北斗七星"的墓葬形式其实在古代是真实存在的。前些年的时候，在广西上思县思阳镇广元村，就发现了一座400多年前的明代古墓，经过考古人员开棺之后，发现内棺的底板上，有七个排列成北斗七星形状的小孔，学者推断，这是古代风水大师们的杰作，古代的风水先生认为，带有北斗七星式的墓葬方式，可以为墓主人的墓穴"藏风聚水"，使墓穴与天象相互对应，能够给墓主人的尸体带来不朽的神奇功效。在我国古代，北斗七星被认为是指极星，位于天空的正中，有点舍我其谁的意思。还有就是古代有许多有一定地位、权力的贵族阶层，在他们死后的棺椁当中，会放一块木板，木板上会有北斗七星形状的小孔，而且还会在小孔里放上不同朝代的钱币，这都是风水上的寓意，为子孙后代藏风聚气，从而福泽子孙。

（摘自百家号《七星巨棺》）

第三课 中国古代地理

专题分析

一说到中国,大家自然地就想到了我们的中华人民共和国,但实际上"中国"一词自古就有,在古代文献中多用来泛指中原地区。如孟子《齐桓晋文之事》:"莅中国而抚四夷也。"司马光《赤壁之战》也有"若能以吴、越之众与中国抗衡,不如早与之绝""驱中国士众远涉江湖之间"之语。而中原又称中土、中州,狭义的中原指今河南省一带,广义的中原指黄河中下游地区或整个黄河流域。如《出师表》:"当奖率三军,北定中原。"陆游《示儿》:"王师北定中原日,家祭无忘告乃翁。"此外,中国还有一些别称,比如九州、神州。九州,指的是传说中的我国上古时期划分的九个行政区域,州名分别为:冀、兖、青、徐、扬、荆、豫、梁、雍,后来成为中国的别称。陆游诗云:"死去元知万事空,但悲不见九州同。"《过秦论》中有"序八州而朝同列",秦居雍州,加上八州即九州。州是行政单位,是不带三点水的,这里需要注意。中国的地名中带三点水的洲,一个是湖南的株洲,一个是满洲里。古人还把中国称作"赤县神州"。辛弃疾《南乡子》:"何处望神州,满眼风光北固楼。"

古代对于全国、天下的解释也有很多不同的说法，如海内、四海、六合、八荒等。

先说海内，古代传说我国疆土四面环海，故称国境之内为海内、四海，指天下、全国，王勃《送杜少府之任蜀州》"海内存知己，天涯若比邻"，贾谊《过秦论》"有席卷天下，包举宇内，囊括四海之意"。六合，指的是上下和四方，泛指天下。李白《古风》："秦王扫六合，虎视何雄哉。"八荒，指四面八方遥远的地方，犹称"天下"。《过秦论》："囊括四海之意，并吞八荒之心。"

除此之外，古代的一些专指地理名词常常会和现代的行政区域划分相重合，如果不了解这些就会造成理解上的重大失误。比如江河，古代许多文章中专指长江、黄河，如《鸿门宴》"将军战河北，臣战河南"，再如《祭妹文》"先茔在杭，江广河深"，此处"江"即指长江，"河"则指运河；西河，又称河西，黄河以西的地区，黄河总体上是自西向东，中间部分是个"几"字形，所以有河西之说，如《廉颇蔺相如列传》："会于西河外渑池。"黄河之外，还有长江，因长江在安徽境内，尤其芜湖到南京一带，是从西南向东北方向斜流的，古人地理感觉又不是特别准，而以这段长江为标准确定东西和左右。比如江东，所指区域有大小之分，既可指南京至芜湖一带，也可指芜湖以东的长江下游南岸地区，即今苏南、浙江及皖南部分地区，又因古人以东为左，以西为右，故江东又称江左，《史记·项羽本纪》："且籍与江东子弟八千人渡江而西，今无一人还，纵江东父兄怜而王我，我何面目见之。"《群英会蒋干中计》："即传令悉召江左英杰与子翼相见。"而江表、江南即指长江以南地区，《赤壁之战》中有"江表英豪，咸归附之"之语。

江河之外还有山关，古诗文中常见"山东"一词，顾名思义，即在山的东面，但须注意的是，"山东"之"山"，可指崤山、华山、太行山、泰山等数种不同的山，而所指地域不尽相同。下面是以崤山为标准的"山东"。如《汉书》曾提到"山东出相，山西出将"，《鸿门宴》"沛公居山东时，贪于财货"。以函谷关或者潼关为界，又有关东、关西、关中之区别。关东，古代指函谷关或潼关以东地区，近代指山海关以东的东北地区。曹操《蒿里行》："关东有义士，兴兵讨群凶。"关西，指函谷关或潼关以西地区。《赤壁之战》："马超、韩遂尚在关西，为操后患。"需要注意的是关中，关中所指范围不一，古人习惯上将函谷关以西地区称为关中。《鸿门宴》："沛公欲王关中，使子婴为相。"

古人还有一种"山水阴阳"的区分，古代以山南、水北为阳，以山北、水南为阴。《愚公移山》："指通豫南，达于汉阴。""汉阴"指汉水南面。《登泰山记》："泰山之阳，汶水西流；其阴，济水东流。"现代的城市名有的保留了这种用法，可以推测建城之初的大致位置，如：江苏省淮安市旧称"淮阴"，即为淮水之南；江苏省江阴市，即为长江之南。

除了自然地理的区别之外，古代行政区域的划分也各有不同，有郡、州、道、路之分。秦统一天下设三十六郡，隋唐后州郡互称，明清称府。《琵琶行》中有"元和十年予左迁九江郡司马"，《赤壁之战》有"荆州之民附操者，逼兵势耳"；州郡之外，汉代在少数民族聚居区设道，这是一种行政特区，与县相当。唐代的道，先为监察区，后演变为行政区，是州以上一级行政单位；明清在省内设道，其中守道是小行政区，而巡道只有监察区性质，《谭嗣同》"旋升宁夏道"，这里的"道"，指道的长官；宋元时期行政区域设路，相当于现在的省。《永遇乐·京口北固亭怀古》："望中犹记，烽火扬州路。"

还有一些特别的地理称呼需要留意。如古代越族居住在如今苏浙闽粤各地，统称为百越，又作百粤、诸越，古文中常泛指南方地区。《过秦论》中有"南取百越之地"。国都及其附近的地区叫作京畿，《左忠毅公逸事》中"乡先辈左忠毅公视学京畿"即指国都及附近。又如三辅，西汉时本指治理京畿地区的三位官员，后指这三位官员管辖的地区。《张衡传》："衡少善属文，游于三辅。"隋唐以后简称"辅"。三辅之外还有三秦，指潼关以西的关中地区。项羽灭秦后曾将此地封给秦军三位降将，故得名。《送杜少府之任蜀州》："城阙辅三秦，风烟望五津。"

古代的很多地方都会有一些别称，以"六朝古都"南京为例。南京又称建康、金陵、江宁、白下。《柳敬亭传》："尝奉命至金陵。"《病梅馆记》："江宁之龙蟠……皆产梅。"《梅花岭记》："吴中孙公兆奎以起兵不克，执至白下。"又如扬州称广陵、维扬，李白《送孟浩然之广陵》："烟花三月下扬州。"姜夔《扬州慢》："淳熙丙申至日，予过维扬。"再如杭州称临安、武林，苏州称姑苏，福州称三山，成都称锦官城，等等。

知识归纳

中国：古代多用来泛指中原地区。

中原：又称中土、中州。狭义的中原指今河南省一带，广义的中原指黄河中下游地区或整个黄河流域。

九州：传说中的我国上古时期划分的九个行政区域，州名分别为：冀、兖、青、徐、扬、荆、豫、梁、雍。后成为中国的别称。

海内：古代传说我国疆土四面环海，故称国境之内为海内。

六合：上下和四方，泛指天下。

八荒：四面八方遥远的地方，犹称"天下"。

西河：又称河西，黄河以西的地区。

江东：因长江在安徽境内向东北方向斜流，而以此段江为标准确定东西和左右。所指区域有大小之分，可指芜湖至南京一带，也可指芜湖以东的长江下游南岸地区，即今苏南、浙江及皖南部分地区称作江东。

江左：即江东。古人以东为左，以西为右。

江表：长江以南地区。

淮左：淮水东面。

关东：古代指函谷关或潼关以东地区，近代指山海关以东的东北地区。

关西：指函谷关或潼关以西地区。

关中：所指范围不一，古人习惯上将函谷关以西地区称为关中。

百越：又作百粤、诸越。古代越族居住在如今苏浙闽粤各地，统称为百越。古文中常泛指南方地区。

京畿：国都及其附近的地区。

三辅：西汉时本指治理京畿地区的三位官员，后指这三位官员管辖的地区。

三秦：指潼关以西的关中地区。

郡：古代的行政区域。秦统一天下设三十六郡，隋唐后州郡互称，明清称府。

道：汉代在少数民族聚居区设道，这是一种行政特区，与县相当。唐代的道，先为监察区，后演变为行政区，是州以上一级行政单位。明清在省内设道，其中守道是小行政区，而巡道只有监察区性质。

路：宋元时期行政区域，相当于

现在的省。

当堂练习

解释下列各句中的画线词语：

1. <u>山东</u>豪俊遂并起而亡秦族矣。（贾谊《过秦论》）

_____

2. 所谓华阳洞者，以其乃<u>华山之阳</u>名之也。（王安石《游褒禅山记》）

_____

3. 晓看红湿处，花重<u>锦官城</u>。（杜甫《春夜喜雨》）

_____

相关链接

提到六安，人们总爱引用清人《咏六安州》这首诗的前四句来表述它："屏障东南水陆通，六安不与别州同。山环英霍千重秀，地控江淮四面雄。""六安"这个地名的产生，与这里的地质风貌和历史沿革息息相关。它还有"不与别州同"的地方，就是这个名字是两个历史名人每人起一字合成的。

上古尧舜时期以中原为核心地区，确立了华夏国家的雏形。华夏国家将周边的部族称为东夷、南蛮、西戎、北狄。六安所处的江淮地区位于中原的东南，所以这里的居民被称为"东夷"。皋陶是尧舜禹三代华夏部落联盟首领的主要助手，四千多年前，为了治理洪水和驱逐三苗部落，舜、禹、皋陶率领华夏部落来到淮河流域。皋陶帮助禹建立了国家，部落联盟确定皋陶为禹的继任者，因皋陶早死而没有接任。史书载："皋陶卒，葬之于六（音lu，第四声，同'陆'）。""禹封其少子于六，以奉其祀。""六"和"陆"是通假字，可以互用，意思是水边的高坡。这个地方是大别山余脉，丘岗起伏，错落有致，分布在淠河两岸。禹据这个地形把它称为"六"，将皋陶安葬于此，并又作为方国封给了皋陶的后裔。"六"是地形地貌，而不是一个数字。因为是皋陶后裔的封地，所以六安又称作"皋城"。因此，"六安"这个地名中的两个字，是大禹起了第一个字：六。

公元前196年英布起兵反汉，因谋反罪被杀。其墓现在六安城内。刘邦杀了英布后，封自己的小儿子刘长为淮南王。公元前174年，刘长与匈奴、闽越首领联络，图谋叛乱，事泄被拘，朝廷议处死罪，被汉文帝赦免，废王号，贬徙到现在的四川雅安，途中绝食而死。刘长死后，公元前164年，其子刘安16岁被袭封了淮南王。此人才思敏捷，好读书，善文辞，"招致宾客方术之士数千人"，集体编写了《淮南子》，在历史上留下盛名。然而，公元前122年，汉武帝刘彻却以刘安"阴结宾客，拊循百姓，为叛逆事"等罪名，派兵入淮南，刘安被迫自杀。这样一来，在"六"这个地方，先后有英布、刘长、刘安三任淮南王连续造反，令汉武帝沉思不解。于是在公元前121年，他取"六地平安，永不反叛"的吉祥之意，设六安国，封刘庆为六安王。"六安"地名从此便正式诞生。

六安的六，要读"lù"，可不要读成"liù"，"六地平安"是说六这个地方平安，可不是六个地方平安。

（摘自六安新闻网《六安的"六"为什么读lù》）

第四课 中国古代历法

专题分析

中国是世界上最早发明历法的国家之一，历法的出现对国家经济、文化的发展都有深远的影响。今天我们就来学习中国古代历法，主要从纪年、纪月、纪日、纪时和节气五个方面来说。

先说说什么叫年，"年"的本义指谷物成熟、丰收，比如古时说"大有年"就是指庄稼丰收。后来才由谷物成熟的周期引申指寒来暑往的周期，即今天意义上的"年"。

中国古代纪年法，主要有三种：一是王公即位年次纪年法，以王公在位年数来纪年。如《曹刿论战》中"十年春，齐师伐我"，指鲁庄公十年，此文就选自《左传·庄公十年》。二是年号纪年法，从汉武帝起开始有年号，此后每个皇帝即位都要改元，并以年号纪年。如《兰亭集序》里说的"永和九年"、《岳阳楼记》中的"庆历四年春"、《琵琶行》的"元和十年"，其他像万历多少年、康熙多少年，也是这种纪年法。还有一种是干支纪年法，就是将十天干与十二地支依次两两相配，共60种组合方式，周而复始。这里需要记住十天干和十二地支：十天干分别是甲（jiǎ）、乙（yǐ）、丙（bǐng）、丁（dīng）、戊（wù）、己（jǐ）、庚（gēng）、辛（xīn）、壬（rén）、癸（guǐ）；十二地支分别是子（zǐ）、丑（chǒu）、寅（yín）、卯（mǎo）、辰（chén）、巳（sì）、午（wǔ）、未（wèi）、申（shēn）、酉（yǒu）、戌（xū）、亥（hài）。十二地支和十二生肖相对应，比如2020年是鼠年，就是庚子年。有的年比较有名，和重大历史事件有关，如"甲午战争""戊戌变法""庚子赔款""辛丑条约""辛亥革命"。因干支名号繁多且相互交错，又称"花甲"。今天称年过60为"年过花甲"，就来源于此。书法绘画作品的落款，也喜欢用这种纪年法。

接下来我们来说说纪月。为什么叫月呢？因为古人是按照月亮的变化来计时的。古代纪月，通常和今天一样，也用序数，一月、二月、三月。但是此外还有其他一些特殊的称呼。例如，一年分为春夏秋冬四季，每季中的三个月按孟、仲、季来分别称呼，如孟春、仲夏、仲秋等。农历一月叫正月，十一月叫冬月，十二月叫腊月。补充一点，关于旬是十日为一旬（一个月分三旬），唐代官员十旬休假一天，上班还是比较辛苦的，当然明代更辛苦，朱元璋是劳模，一年休息三天：春节、冬至和皇帝生日。

古人也常用干支纪日，如"元丰七年六月丁丑"，就是六月初九。除此之外，每个月中有几天还有特殊的称呼：农历初一称"朔"，初三称"朏"，十五称"望"，十六称"既望"，月末最后一天称"晦"。为什么称最后一天，而不称三十呢，因为还有大月和小月，二十九日的为小月，三十日为大月。例如《五人墓碑记》"丁卯三月之望"，《赤壁赋》"壬戌之秋，七月既望"。也有我们今天的序数纪日法。《〈黄花岗七十二烈士事略〉序》："死事之惨，以辛亥三月二十九日围攻两广督署之役为最。"或者变相的说法《项脊轩志》："三五之夜，明月半墙。""三五"指农历十五日。

纪时最为复杂，古人纪时常用日晷、刻漏、更鼓等方法计量一天的时刻。例如把一昼夜分为十二段，一个时段两小时，叫一个时辰。用十二地支来表示，子时即相当于今天的23点到次日1点，丑时相当于1点至3点，寅时即3点至5点，依此类推。如《地震》"康熙七年六月十七日戌时，地大震"中的"戌时"就是晚上7点至9点。干支纪时法之外，还有天色纪时法。古人最初是根据天色的变化划分，它们的名称是：夜半、鸡鸣、平旦、日出、食时、隅（yú）中、日中、日昳（dié）、晡（bū）时、日入、黄昏、人定。如《芙蓉楼送辛渐》："寒雨连江夜入吴，平明送客楚山孤。"平明是平旦的别称。再如《失街亭》"魏兵自辰时困至戌时"，就是从早上七点困到晚上八九点，为干支纪时法的例子。古人还把一夜分成五段，这就是流传至今的五更。因为打更时击鼓报更次，所以几更又称为几鼓，如《与妻书》"辛未三月念六夜四鼓"。

节气产生于中国古代，它反映了四季的变化，反映了农时季节，在农村家喻户晓。随着中国古历外传，华侨足迹所到之处，节气也广为流传。节气也叫二十四节气，是相间排列的十二个中气和十二个节气的统称，一月有两节，一节十五天。下面的《二十四节气歌》有利于我们记忆：

（正月）立春天气暖，雨水粪送完
（二月）惊蛰快耙地，春分犁不闲
（三月）清明多栽树，谷雨要种田
（四月）立夏点瓜豆，小满不种棉
（五月）芒种收新麦，夏至快犁田
（六月）小暑不算热，大暑是伏天
（七月）立秋种白菜，处暑摘新棉
（八月）白露要打枣，秋分种麦田
（九月）寒露收割罢，霜降把地翻
（十月）立冬起完菜，小雪犁耙开
（冬月）大雪天已冷，冬至换长天
（腊月）小寒快买办，大寒过新年

知识归纳

纪年法：我国古代纪年法主要有三种：一、王公即位年次纪年法，以王公在位年数来纪年。二、年号纪年法，汉武帝起开始有年号。此后每个皇帝即位都要改元，并以年号纪年。一个皇帝可以有多个年号。三、干支纪年法。天干：甲、乙、丙、丁、戊、己、庚、辛、壬、癸；地支：子、丑、寅、卯、辰、巳、午、未、申、酉、戌、亥。十干和十二支依次相配，组成六十个基本单位，古人以此作为年、月、日、时的序号，叫"干支纪法"。

纪月法：我国古代纪月法主要有三种：一、序数纪月法，一年十二个月，依次分别叫正二三四五六七八九十冬腊。二、地支纪月法，古人常以十二地支配称十二个月，每个地支前要加上特定的"建"字。三、时节纪月法，农历以正月、二月、三月为春季，分别称作孟春、仲春、季春；以四月、五月、六月为夏季，分别称作孟夏、仲夏、季夏；秋季、冬季以此类推。

纪日法：我国古代纪日法主要有三种：一、序数纪日法，每月二十九天或者三十天，依次叫初一初二……二、干支纪日法。三、月相纪日法，指用"朔、朏、望、既望、晦"等表示月相的特称来纪日。每月第一天叫朔，每月初三叫朏，月中叫望（小月十五日，大月十六日），望后这一天叫既望，每月最后一天叫晦。

纪时法：我国古代纪时法主要有两种：一、地支纪时法，以十二地支来表示一昼夜十二时辰的变化，子丑寅卯辰巳午未申酉戌亥。二、天色纪时法，古人最初是根据天色的变化将一昼夜划分为十二个时辰，它们的名称是：夜半、鸡鸣、平旦、日出、食时、隅中、日中、日昳、晡时、日入、黄昏、人定。

二十四节气：是我国古代历法的重要组成部分。古人根据太阳一年内的位置变化以及所引起的地面气候的演变次序，把一年三百六十五又四分之一的天数分成二十四段，分列在十二个月中，以反映四季、气温、物候等情况，这就是二十四节气。每月分为两段，月首叫"节气"，月中叫"中气"。二十四节气的名称和顺序为：

正月　立春、雨水
二月　惊蛰、春分
三月　清明、谷雨
四月　立夏、小满
五月　芒种、夏至
六月　小暑、大暑
七月　立秋、处暑
八月　白露、秋分
九月　寒露、霜降
十月　立冬、小雪
十一月　大雪、冬至
十二月　小寒、大寒

当堂练习

解释下列各句中的加点词语：

1. 壬戌之秋，七月既望。（苏轼《赤壁赋》）"壬戌"采用_____纪年法；"既望"是_____日。

2. 奄奄黄昏后，寂寂人定初。（《孔雀东南飞》）"人定"采用_____纪时法，时间是_____。

3. 时雨及芒种，四野皆插秧（陆游《时雨》）诗句中提到_____（节气）。

相关链接

我国农历中有些时候会出现闰月,这是为什么呢?又该如何确定闰哪个月呢?这与上文谈到的二十四节气密切相关。每个月有两个节气,月首的称"节气",月中的称"中气",原本农历十二个月约有354天,与回归年差11天左右,农历置闰可以使农历年的平均长度接近回归年,而又兼具了鲜明的月相特征,是一个两全其美的办法。而二十四节气只与太阳的黄道位置相关,这样的话,每隔两三年左右时间就会有某个农历月份只有节气而没有中气,历法上会把该月作为上个月的闰月。以2006年为例,农历七月之后正好有一个只有节气而没有中气的月份,因此便置闰七月来调整误差。按照二十四节气来推算闰月,较为科学。而在殷周时期,置闰一般置在年末,因称"十三月"。

(摘自王力《中国古代文化常识》)

第五课 中国古代称谓（上）

专题分析

今天我们常把姓氏、姓名、名字、字号等放在一起说，其实它们是有区别的，这节我们就来讲中国古代的称谓。

我们先说一下姓名。其实，先秦只有贵族才有姓，平民只有名。《孟子·弈秋》中有"弈秋，通国之善弈者也"，这里"弈"就是下围棋，又指下棋的人，弈秋，就是一位名叫秋的棋手，没有姓。《庄子·庖丁解牛》中"庖"就是厨子，庖丁就是名叫丁的厨师，无姓。这些都是根据他们从事的职业或具有的专长来称呼的。即使到了秦汉，贵族女子依旧有姓无名。未嫁时，姓前加孟、仲、叔、季，如：孟姜、仲姬、叔姬；出嫁后，就在姓的后面加个"氏"字，姜氏、姬氏。

名和字也是不同概念，名是小时候起的，供长辈呼唤，只有到了成年才取字。"男子二十冠而字""女子十五笄而字"，就是说，男子到了20岁，举行冠礼，表示已经成年了，要另取一个字。女子到了15岁，举行笄礼，笄，就是簪子，表示可以许嫁了。未嫁女子就叫未字、待字，"待字闺中"说的就是这个。"字"只是限于古代有身份的人。字的目的是让人尊重他，供他人称呼。所以称别人只能称字不能称名，尤其是对平辈或尊长，绝不能直呼其名。自称的时候，都是自称名，而没有自称字的，所以孔子自称"丘"，项羽自称"籍"，诸葛亮写《出师表》开篇就是"臣亮言"。名与字之间一般是有关系的，两者之间意义相同、相近或相反，如：屈平，字原；诸葛亮，字孔明；朱熹，字元晦。

接下来我们再说号，名与字大多是父亲或尊长取的，号多是自己起的，也有他人赠号的情况。自号一般都有寓意在内，或以居住地环境自号，如：陶潜，自号五柳先生；李白自幼生活在四川青莲乡，故自号青莲居士。或以旨趣抱负自号，如欧阳修晚年自号六一居士，这和他"一万卷书，一千卷古金石文，一张琴，一局棋，一壶酒，一老翁"的抱负有关。别人赠号主要有三种情况：一种是以其逸事特征为号，宋代贺铸因写了"一川烟草，满城风絮，梅子黄时雨"的好词句，人称"贺梅子"，张先因写了"云破月来花弄影""浮萍断处见山影""隔墙送过秋千影"三句带"影"字的好诗，人称"张三影"；一种是以郡望、官职、任所或出生地为号，如，韩愈称韩昌黎，柳宗元又号柳河东、柳柳州，王安石称王临川，贾谊称贾长沙等；还有一种是以封爵、谥号为号，人死了之后会有谥号，像文公、文正、文忠等，诸葛亮封武乡侯，人称武侯，司马光封温国公，岳飞谥号武穆。

古代的诸侯和封建帝王常常自称"孤""寡人""不谷"。"孤"，谓自己不能得众人；"寡人"即"寡（少）德之人"；"不谷"，谷可以养人，为善物，不谷即不善。这些都是君主的谦称。显然在"自谦"的背后，隐藏着笼络人心，以求巩固统治的目的。当然后来皇帝都不用不谷来自称，所以，"不谷"大体上是指诸侯国的国君。而我们熟悉的"朕"，在古代为通用的第一人称代词，相当于"我"。如爱国诗人屈原在《离骚》首句中云："帝高阳之苗裔兮，朕皇考曰伯庸。"秦始皇统一中国以后，遂成帝王自称的专用词，别人是不准再用的。

对皇帝的称呼有"天子""万岁""陛下"等。"天子"即"天之骄子"，他拥有的权利是上天所赋予的，因此"天子"的地位是至高无上的。"万岁"，大约始于战国，盛行于秦汉。"万岁"一词本是人们于喜庆时的欢呼语。如《战国策·齐策》记冯谖替孟尝君烧掉债券，"民皆呼万岁"。秦汉以后，臣子朝见国君，拜恩庆贺，以呼"万岁"为常，遂成为帝王之代称。"陛下"本指侍卫在宫殿台阶下的国君近臣或侍卫人员。群臣与天子言，不敢直呼天子，恐有渎圣颜，故呼其身旁侍卫之人以传达。"陛下"遂成为对国君的尊称。

再说说皇帝的庙号和谥号。庙号就是皇帝死后，在太庙中被供奉时所称呼的名号。简单说，庙号就是祖宗，带祖的或带宗的，一般是一个朝代的开创者、第一个皇帝，如汉称刘邦为高祖，三国魏以曹操为太祖，唐以李渊为太祖，宋以赵匡胤为太祖，明以朱元璋为太祖，清以努尔哈赤为太祖。太祖是一朝的开国之君，所以他的太庙百世不迁。凡是有功德的帝王死后，他们的庙号一律称为宗，如汉称文帝刘恒为太宗，唐称李世民为太宗等，不过庙号不是所有皇帝都有。谥号是所有的皇帝都有的，一般分为三类，一类是表扬的：文、景、武、惠、昭等，如汉武帝、汉文帝、汉景帝，其他的像周平王、齐桓公、秦穆公等；一类是批评的，比较少，有：灵、厉、炀等，如周厉王、隋炀帝；第三类是表示同情的，用哀、怀等，如楚怀王、汉哀帝。

说了君王，顺便说说百姓，大家可能很难想象，"百姓"本来是指百官的，到了战国以后，才成为平民的通称，与民同义。关于平民百姓的不同说法，其实主要是不同朝代和时期的说法，意义上并没有太大区别。古时称黎民，黎，就是黑，秦国和后来的秦朝称黔首，要穿黑衣服，用黑头巾裹头。布衣，这算是借代的修辞，用穿的衣服代指身份。庶人，或庶民，西周以后对农业生产者的称呼，比奴隶地位高一些，秦汉以后也泛指平民百姓。还有小人，是相对于君子的，这算是一个蔑称，所以后来也用于自谦的说法。

古代称谓简表（上）

	姓	名	字	号
贵族	贵族女子有姓无名，未嫁时，以家中长幼为名，如孟姜，出嫁后，在姓后冠以氏，如姜氏。	名一般用于自称，字用于他称。如《陈情表》"臣密言"。	男子20岁冠以字，女子15岁笄以字。	1.自号：（1）居住地为号，如李白，号青莲居士；（2）旨趣抱负为号，如欧阳修自号六一居士。2.别人赠号：（1）逸事特征为号。（2）郡望、官职、任所或出生地为号。（3）封爵、谥号为号。
平民	无	有名无姓，一般以他们从事的职业或具有的专长来称呼，如"庖丁"。	无	无
帝王	自称："孤""寡人""不谷""朕"。	他称："天子""万岁""陛下"。		

知识归纳

姓、名、字：先秦只有贵族才有姓，平民只有名。到了秦汉，贵族女子有姓无名。古人幼时命名，成年（男20岁、女15岁）取字，字和名有意义上的联系。字是为了便于他人称谓，对平辈或尊辈称字出于礼貌和尊敬。

号：号又叫别号、表号。名、字与号的根本区别是前者由父亲或尊长取定，后者由自己取定。号，一般只用于自称，以显示某种志趣或抒发某种情感；对人称号也是一种敬称。

庙号：皇帝死后，在太庙中被供奉时所称呼的名号。

谥号：所有的皇帝都有，一般分为三类，一类是表扬的：文、景、武、惠、昭等，如汉武帝、汉文帝、汉景帝，其他的像周平王、齐桓公、秦穆公等；一类是批评的，比较少，有：灵、厉、炀等，如周厉王、隋炀帝；第三类是表示同情的，用哀、怀等，如楚怀王、汉哀帝。

百姓：本来是指百官的，到了战国以后才成为平民的通称，与民同义。

当堂练习

根据常识或句意填空：

1. 陶潜号_____，李白号_____，杜甫号_____，白居易号_____，李商隐号_____，贺知章晚年自号_____，欧阳修号_____，晚年又号_____，苏轼号_____，陆游号_____，李清照号_____。

2.《寡人之于国也》中"寡人"是_____的谦称。

3. 对帝王的尊称有_____、_____、_____等。

相关链接

古代讲究避讳，比较典型的例子是李世民，他当了皇帝之后，"世"和"民"都不能说了，"世"就改成了"代"，所以大家感觉唐代以前没有叫"代"的，都是叫"世"，"问今是何世，乃不知有汉"。更麻烦的是，"民"就不得不改成了"人"，所以唐代人写文章用到"民"的时候都改成"人"，这实在不方便，所以宋代以后，大多又改回去了。当然因为名中两个字都避讳，在一篇文里就避一个就可以了，比如柳宗元写《捕蛇者说》避了"民"字，本来应该说"以俟夫观民风者得焉"，改成了"以俟夫观人风者得焉"，但就没有避"世"，文中说"有蒋氏者，专其利三世矣"，这里照样用"世"。大家知道六部之一的户部，本来叫民部，也是为了避李世民讳，后来就改为"户部"，并一直叫下来了。

谐音的也要避，当然不是君王的也要避讳。唐代大诗人李贺，因为父亲名叫李晋肃，有个"晋"字，竟然不能参加进士考试。今天想来着实荒唐。

（摘自从良老师微课《古代文化常识专题》）

第六课
中国古代称谓（下）

专题分析

上一课我们讲了姓和名、字和号、庙号与谥号、君主与百姓。这一课我们再讲一讲亲属称谓、年龄称谓和自我称谓。

我们常说亲戚，但其实"亲"和"戚"是有区别的，内亲外戚，亲与血缘关系有关，戚与婚姻关系有关。先说亲。我们常说九族，九族就是从自己开始向上数四代，向下数四代，加上自己这一代，共九代，分别是高祖、曾祖、祖父、父母、自己、子、孙、曾孙、玄孙。还有像从子、从弟、伯叔，这些也都属于"亲"的范畴。现在学生对戚类的称呼要陌生一些，因为独生子女时代，有些称呼很少了，如：中表，又称姨表，即姨之子女；妯娌，古时弟媳妇与嫂子的简称；等等。其他的，像亲家，妻之父母与夫之父母之间的称呼，具体地说，夫之父为姻，妻之父为婚，《鸿门宴》中"约为婚姻"，就是刘邦把女儿许配给项伯的儿子。还有娅，大家知道的恐怕不多，指的是连襟，是两婿互称，就是娶了同一家姐妹的两位男士之间的关系。我们常看到"舅姑"的说法，舅，又称嫜、公，与今义不同，指的是丈夫的父亲；姑，又称婆，指的是丈夫的母亲，也与今天含义不同。说完了舅姑，自然还有外舅、外姑。外舅，就是妻之父，也称为岳父、岳丈、丈人、泰山、岳翁；外姑，就是妻之母，也称为岳母、丈母、泰水。

关于岳父、岳母的由来很有意思。古代帝王常临名山、登绝顶，设坛祭天地山川，晋封公侯百官，史称"封禅"。唐玄宗李隆基一次封禅泰山，中书令张项做封禅使。张项把女婿郑镒由九品下提成五品，越了好几级。后来玄宗问起郑镒的升迁事，郑镒支支吾吾，无言以对。在旁边的黄幡绰讥笑他："此乃泰山之力也。"玄宗才知张项徇私，很不高兴，不久把郑镒降回九品。后来，人们知道此事，把妻父称"泰山"。又因泰山乃五岳之首，又称为"岳父"，同时，又把妻母称为"岳母"。岳父还有一个别称叫"丈人"，但在古代"丈人"就不仅指岳父，是对老者和前辈的尊称，也指家长或主人，还可以是女子对丈夫的称呼。

说完了岳父岳母，我们来说一说夫妻。夫妻在古今有结发、鸳鸯、伉俪、配偶、伴侣、连理、秦晋、百年之好等称呼。我国古代，年少之时结为夫妻，称为结发，后因以"结发"为结婚，指原配夫妇；而鸳鸯，原指兄弟，我国古代曾把鸳鸯比作兄弟，鸳鸯本为同命鸟，双栖双宿，所以古人用它来比喻兄弟和睦友好，鸳鸯来比夫妇，始于唐代诗人卢照邻。

女婿，又称东床。东晋时郗鉴让门人到王导家去物色女婿。门人回来说："王家少年都不错，但听得消息时，一个个都装出矜持的样子，只有一个年轻人，坦腹东床，只顾吃东西，好像没听到我们说话一样。"郗鉴一听忙说："这个人正是我要物色的好女婿！"这个年轻人就是后来的大书法家王羲之。以后，人们就称女婿为"东床"。

我们现在称男人的配偶为妻子，而从古至今，对妻子的称呼竟有近40种之多。比较常用的有几种：一是夫人，古代诸侯的妻子称夫人，明清时一二品官的妻子封夫人，近代用来尊称一般人的妻子，现在多用于外交场合；二是荆妻，这是旧时对人谦称自己的妻子，又谦称荆人、荆室、荆妇、拙荆、山荆、贱荆，有表示贫寒之意，荆是一种落叶灌木，枝条可编筐篮或者门，是一种借代用法；三是娘子，古人对自己妻子的通称；四是糟糠，形容贫穷时共患难的妻子；五是内人，过去对他人称自己妻子的说法，书面语也称内助，一般尊称别人妻为贤内助；六是内掌柜，这好似旧时称生意人的妻子为"内掌柜"，也有称"内当家"的；七是太太，旧社会一般称官吏的妻子，或有权有势的富人对人称自己的妻子为"太太"，现在有尊敬的意思；八是堂客，江南一些地方俗称妻子为堂客；另外还有家里人、屋里人、做饭的，这些都是方言对妻子的称谓。

如何称呼自己的亲人呢？我们常会听到或见到"家、舍、亡、先、犬、小"这几个字，这是一种谦称。家，是用来称比自己辈分高或年长的活着的亲人，含有谦恭平常之意，如称己父为家父、家严，称己母为家母、家慈，以及家兄、家嫂等等；舍，是用来谦称比自己卑幼的亲人，如舍弟、舍妹、舍侄、舍亲，但注意，不能说舍儿、舍女；先，含有怀念、哀痛之情，是对已故长者的尊称，如对已离世的父亲称先父、先人、先严、先考，对已离世的母亲尊称先母、先妣、先慈，对已离世的祖父称先祖等等；亡，用于对已死卑幼者的称呼，如亡妹、亡儿，对已故的丈夫、妻子、挚友，也可称亡夫、亡妻、亡友；犬，是旧时谦称自己年幼的子女，如犬子、犬女等；小，则是常用来对人称己一方的谦辞，如自称自己儿女为小儿、小女等。

对己方亲属要用谦称，对他人亲属要用敬称。例如，旧时称对方父亲为"令尊""尊公""尊大人""尊大君"，令有美、善之意，尊与卑相对，指地位或辈分高。旧时称对方母亲为"令堂"，称对方儿子为"令郎""令嗣""令子"；称对方女儿作"令爱""令媛"，此外还有令正（对方嫡妻）、令兄（对方之兄）、令弟（对方之弟）、令坦（对方女婿）等。

说完了亲属称谓，我们继续说年龄称谓。一般对于不满周岁的孩子称"襁褓"；童年泛称"总角"，语出《诗经》，如《卫风·氓》"总角之宴"，又《齐风·甫田》"总角兮"，还可称"垂髫"，这是因为古时童子未冠，头发下垂，因而以"垂髫"代指童年，潘岳《藉田赋》"被褐振裾，垂髫总发"；女子15岁称"及笄"，语出《礼记·内则》"女子……十有五年而笄"，"笄"，谓结发而用笄贯之，表示已到出嫁的年岁；男子15岁称"束发"，这时应该学会各种技艺，《大戴礼记·保傅》"束发而就大学，学大艺焉，履大节焉"；男子20岁称为"弱冠"，行冠礼，表示可以娶妻；男子30岁称"而立"，40岁称"不惑"，50岁称"知命"，60岁称"花甲""耳顺",70岁称"古稀",八九十岁为"耄耋之年",百岁为"期颐"。

自我称谓,一般多为谦称。如鄙人,其本意指发居于郊野之人,后古人用来谦称自己,表示地位不高,见识浅陋;不肖,也是旧时男子自谦,原指子不似其父那样贤能,故男子在其父母死后多借以自称,表示谦恭;不才,即没有才能,旧时男子借以自称,以示谦恭,与之同类的还有不佞、不敏,而小生、晚生等是旧时晚辈对尊长称自己的谦辞。说了男子,还有女子。女子的谦称有"妾""奴""奴家"等。妾是旧时正妻之外的小妻、侧室、偏房,在家庭中地位极低,故妇女借以自称,表示对对方的敬重;奴即表示不自由、被人役使的仆役,故借以自称,表示对对方的敬重,有时男子亦以之为谦称。还有大家看古装剧经常听到的"在下",其实也是自称的谦辞,这是因为古时座席,尊长在上座,所以自称"在下"。

古代称谓简表(下)

人称	古代称谓
公婆	舅姑(舅:嫜、公;姑:婆)
岳父	外舅、岳父、岳丈、丈人、泰山、岳翁
岳母	岳母、丈母、泰水
夫妻	结发、鸳鸯、伉俪、配偶、伴侣、连理、秦晋、百年之好
女婿	东床

续表

人称	古代称谓
妻子	(1)夫人 (2)丈夫称:荆妻、荆人、荆室、荆妇、拙荆、山荆、贱荆 (3)娘子 (4)糟糠 (5)内人(妻子称丈夫有时也叫外子) (6)内掌柜 (7)太太 (8)堂客
称呼家人	家、舍、亡、先、犬、小
称呼对方家人	令尊、令堂、令郎等
自我称谓	(1)男子:鄙人、不肖、不才、不佞、不敏、小生、晚生 (2)女子:妾、奴、奴家

知识归纳

九族:从自己开始向上数四代,向下数四代,分别是高祖、曾祖、祖父、父母、自己、子、孙、曾孙、玄孙。

谦称:表示谦逊的态度,用于自称。后辈的谦称有小生、晚生、晚学等,表示自己是新学后辈,如果自谦为不才、不佞、不肖,则表示自己没有才能或才能平庸;古人称自己一方的亲属朋友时,常用"家""舍"等谦辞。"家"是对别人称自己的辈分高或年纪大的亲属时用的谦辞,如家父、家母、家兄等;"舍"用以谦称自己的家或自己的卑幼亲属,前者如寒舍、敝舍,后者如舍弟、舍妹、舍侄等。

敬称:表示尊敬客气的态度,也叫"尊称",对于对方或对方亲属的敬称有令、尊、贤等。令，意思是美好，用于称呼对方的亲属，如令尊（对方父亲）、令堂（对方母亲）、令阃（对方妻子）、令兄（对方的哥哥）、令郎（对方的儿子）、令爱（对方的女儿）。尊，用来称与对方有关的人或物，如尊上（称对方父母），尊公、尊君、尊府（皆称对方父亲），尊堂（对方母亲），尊亲（对方亲戚），尊驾（称对方），尊命（对方的嘱咐），尊意（对方的意思）。贤，用于称平辈或晚辈，如贤家（称对方）、贤郎（称对方的儿子）、贤弟（称对方的弟弟）。仁，表示爱重，应用范围较广，如称同辈友人中长于自己的人为仁兄，称地位高的人为仁公等。称年老的人为丈、丈人，唐朝以后，丈、丈人专指妻父，又称泰山，妻母称丈母或泰水。称谓前面加"先"，表示已故，用于敬称地位高的人或年长的人。

襁褓：本义指婴儿的被子，后来借指未满周岁的婴儿。

垂髫：是三四岁至八九岁的儿童。髫，古代儿童头上下垂的短发。

总角：是八九岁至十三四岁的少年。古代儿童将头发分作左右两半，在头顶各扎成一个结，形如两个羊角，故称"总角"。

及笄：女子15岁。笄，古代盘头发用的簪子，表示成年了。

弱冠：男子20岁。古代男子20岁行冠礼，表示已经成人，因为还没达到壮年，故称"弱冠"。

而立：男子30岁。立，"立身、立志"之意。

不惑：男子40岁。不惑，"不迷惑、不糊涂"之意。

知命、半百：男子50岁。

花甲、耳顺：男子60岁。

古稀、中寿：男子70岁。

耄耋：指八九十岁。

期颐：指一百岁。

当堂练习

根据要求选择正确的答案：

1. 下列各句所涉及的年龄，由小到大排列正确的一项是（　　）。

①余自束发读书轩中

②豆蔻梢头二月初

③既加冠，益慕圣贤之道

④年近知命，位止方州

⑤行行向不惑，淹留遂无成

A. ③①②④⑤

B. ③②①⑤④

C. ②④③①⑤

D. ②①③⑤④

2. 下列古人"谦称""敬称"的用法不正确的一项是（　　）。

A. 张三有问题向朋友讨教，说："愚不才，有一事请教。"

B. 朋友的父亲七十大寿，张三对朋友说："祝令堂大人寿比南山！"

C. 朋友问候张三生病的母亲，张三拱手谢曰："家母身体已无恙。"

D. 朋友询问张三妹妹的婚姻状况，张三说："舍妹尚待字闺中。"

相关链接

有个小名叫傻瓜的男孩儿，有一天，他爸妈外出了，一位客人正巧来访，傻瓜去应门。客人问："令尊、令堂在家吗？"傻瓜瞄了客人一眼，大声说："没这个人！"客人看家里没有大人，就离开了。不大一会儿，傻瓜的爸妈回来了，傻瓜对爸爸说："刚才有一个人好奇怪，他来我们家找令尊令堂，我跟他说没这个人。"爸爸听到后就告诉傻瓜说："唉！令尊就是我，令堂是你妈妈，你是傻瓜。我们家就三个人。明白了吗？"第二天，傻瓜的爸妈又外出，又是同一位客人来访，傻瓜就去开门。客人依然客气地问："令尊、令堂在家吗？"傻瓜回答说："唉！令尊就是我，令堂是你妈妈。"客人看没有大人在家，也就没理会傻瓜准备离开，才一转身，就听到傻瓜继续说："你是傻瓜。"

（摘自网络）

第七课
中国古代结婚礼俗

专题分析

一提古代结婚，大家容易想到"父母之命，媒妁之言"。其实还有一种无形的力量，古时讲十二生肖和生辰八字。

古人拿十二种动物来配十二地支，子为鼠，丑为牛，寅为虎，卯为兔，辰为龙，巳为蛇，午为马，未为羊，申为猴，酉为鸡，戌为狗，亥为猪。后来一个人生在哪一年，属相就是哪种动物。古人又迷信，一遇到福祸，就和十二生肖联系起来，所以男女配婚是非常讲究的，有"鸡狗断头""龙虎不相容"等说法。今天科学认为不应该有的表亲结婚，在古代是非常自然的，而且在重亲戚关系的背景下，表亲结婚还常常是人们的优先选择；但对相克的属相，是特别忌讳的。

和这个情况相类似的，还有生辰八字。很多同学常听说生辰八字，却不知道是哪八个字。一个人出生的年、月、日、时，各有天干、地支相配，这就是每项两个字，四项共八个字。这叫生辰八字。古人认为根据这八个字，可推算出一个人的命运。遇有大事，就要推算八字。订婚时，男女双方互换庚帖，庚帖上写着生辰八字，然后算是不是可以成婚，是吉还是凶。

今天结婚已经很不讲究形式了，互相喜欢的两个人就到一起了，或者在一起生活很久后举行婚礼。也有很多搞形式的东西，比如即使是自由恋爱，也要找个媒人，当然是名副其实的假媒人了。而古代人讲究"天上无云不下雨，地下无媒不成亲"，这事儿是马虎不得的。

古代婚姻有六道手续，称为"六礼"，即纳采、问名、纳吉、纳征、请期、亲迎。纳采就是男方家请媒人去女方家提亲，女方家答应议婚，就是答应商量、可以考虑之后，男方家送上见面礼，一般是一只大雁，因为鸿雁传书，代表信物。然后就是问女方的名字和出生年月日，好算生辰八字，这叫问名。纳吉就是男方将女子的名字、八字取回后，在祖庙进行占卜算卦。纳征，也叫纳币，即男方家以聘礼送给女方家，主要是送钱，后来有了中国非常贵重的礼金，那就变成陋习了，现在逐渐改观。请期，男家择定婚期，还要备好礼物告知女方家，求其同意。最后就是亲迎，婚前一天或者前两天女方送嫁妆，铺床，到了日子新郎家派人到女方家迎娶。

很多学生都对歌里唱的"带上你的嫁妆，带着你的妹妹，到我的家里来"很困惑。其实这是我们中国古代的陪嫁制度。我们学的《阿房宫赋》里有一句"妃嫔媵嫱"，其中的"媵"，指陪嫁的人。大户人家的小姐出嫁了，她的女仆也要跟着出嫁。分成两种情况，一种是陪房丫头，一种是通房丫头。理论上说，陪房丫头只是陪嫁过去服侍女主，等自己长大了，可以再嫁人。通房丫头就算是嫁过去做妾，实际上比妾的身份还要低一些。说白了，算是陪嫁的物品，其实那个"媵"既可以指人，也可以指物，有时还指男仆人。

今天结婚，要布置婚房。古代北方民族会设置青庐，一般在住宅的西南角，是临时搭建的露天的帐幕。新娘和新郎在这里举行婚礼仪式。《孔雀东南飞》里说"其日牛马嘶，新妇入青庐"，说的就是这个。

结婚的第二天，要拜丈夫的父母，也就是拜舅姑。程序很复杂。新妇要沐浴盛装，捧着一个竹篮，里面放着枣、栗子、肉等，先献给公公婆婆，表示孝敬。然后公婆再请新娘吃，还要取酒让新娘喝，表示回敬。吃完后，还要从不同的台阶下堂，表示新妇要代替婆婆主持家务。唐代朱庆馀的诗"昨夜洞房停红烛，待晓堂前拜舅姑"，杜甫的《新婚别》"暮婚晨告别，无乃太匆忙！妾身未分明，何以拜姑嫜"，这里的"拜舅姑""拜姑嫜"都是指这个礼节。

再说说"归""归宁"和"大归"。归，就是指出嫁，要以男家为家；"归宁"，是指回娘家。明代归有光的《项脊轩志》里说到"后五年，吾妻来归"，还有"吾妻归宁"，都是这个说法。但如果是"大归"那就麻烦了，那就是被休了，回娘家不再回来了。

今天的婚姻礼仪，多是受到西方的影响。但很多传统婚礼，多少还有古代婚姻的痕迹。

再说说抢亲。大家一听这个，觉得是野蛮的。但其实从历史发展角度看，有一定意义。部落只在内部解决婚姻问题，生的孩子多是畸形的，而从别的部落里抢来的女子生的都是大胖小子。古人慢慢明白了一个道理："男女同姓，其生不蕃。"意思是，同姓通婚，其子孙不会繁盛。不管他们是经验得来的，还是出于伦理考虑，他们得来的这点认识还是有进步意义的。直到如今，偏僻的乡下仍有同姓不婚的所谓族规。

而且，旧时农村结婚的很多礼俗，完全有抢亲的痕迹。比如男方迎娶女方，女方要蒙红盖头，原意大概是为了防止女子半路伺机出逃，防止她们记住回家的路，这跟抢亲时用黑布蒙住眼睛，是一个道理。以前乡下结婚，都是要放枪的，就是那种火铳，放枪的人走在迎新队伍的最前面，后面是十几个年轻力壮的男子护卫，大家看这和抢亲多么像。你再看女人臂弯上所戴的手镯，大概可以想象成绳索或者手铐。还有哭嫁，女子结婚完全没有喜悦，这大概就是被抢后的求救。还有撒红包，完全是因为有人拦路才撒钱，让大家忙着抢钱，趁机带着女子逃跑。

知识归纳

生辰八字：一个人出生的年、月、日、时，各有天干、地支相配，每项两个字，四项共八个字。根据这八个字，可推算出一个人的命运。遇有大事，都需推算八字。旧俗订婚时，男女双方互换庚帖，上面有生辰八字。双方各自卜问对方的生辰八字命相阴阳，以确定能否成婚，吉凶如何。

六礼：纳采、问名、纳吉、纳征、请期、亲迎。

青庐：婚房。

舅姑：公婆。

归：出嫁。

归宁：回娘家。

大归：女子被休。

秦晋之好：春秋时，秦、晋两国国君几代都互相通婚，后称两姓联姻为"秦晋之好"。

举案齐眉：古代妻子为丈夫捧膳食时要举案于眉，表示相敬。

婚冠礼：古代嘉礼之一。《周礼》"以婚冠之礼亲成男女"。古代贵族男子20岁行冠礼后即可成婚，并享受成人待遇，女子15岁行笄礼（笄：束发用的簪子。古时女子满15岁把头发绾起来，戴上簪子）后也可结婚。所以把婚礼、冠礼合称为婚冠礼。

当堂练习

解释下列各句中的画线词语：

1. 昨夜洞房停红烛，待晓堂前拜<u>舅姑</u>。妆罢低声问夫婿，画眉深浅入时无。（朱庆馀《近试上张水部》）

_____

2. 至舍，四支僵劲不能动，<u>媵人</u>持汤沃灌，以衾拥覆，久而乃和。（宋濂《送东阳马生序》）

_____

3. 其日牛马嘶，新妇入<u>青庐</u>。奄奄黄昏后，寂寂人定初。（《孔雀东南飞》）

_____

相关链接

我老家村里有一个老太太，个子非常高，大概有一米七，她丈夫只有一米五几。后来人家就问她，你长这么高，长得还漂亮，你怎么能看上他呢，他又矮又瘦又丑。我记得老太太非常平静地说："唉，见面的时候，他让他堂哥来的，我一看，长得高，也好看，就愿意了。结果结婚那天，换成他了，你说怎么办？"这就是那时的结婚，今天我们听了难免要感慨一番。这事我的确没有想出任何文明的价值，只记得30多年前，他们两口子打架，男的矮小，就被女的摁到喂牛的槽里，用给牛拌料的棍子打，像剁饺子馅一样，从这头打到那头。

（摘自刘从良《这样学语文》）

第八课 中国古代节日

专题分析

中国有很多有趣的传统节日、节日礼俗，为了说得清晰，我们就按时间顺序，从春节说到除夕。

春节，又叫元日、正日。春节有很多习俗，例如：穿新衣，古时叫鲜衣；少年要给长者拜年，大家互相问好祝福；还有放爆竹、摆"五辛盘"等。"五辛盘"里面放着五种"荤东西"，大家肯定认为是各种肉，实际上一样肉都没有，是什么呢？是现在的葱、蒜、韭菜、油菜、香菜五种带有辛辣味的蔬菜，古时人说沐浴斋戒不吃荤，是不吃这几样辛辣的东西。宋代改喝屠苏酒，年龄最小的先喝，苏辙写诗说"年年最后饮屠苏，不觉年来七十余"，意思是自己是年龄最大的。此外，家家门板上钉上桃木板，称"桃符"，每年换一块新的。王安石《元日》诗"千门万户曈曈日，总把新桃换旧符"。皇帝也要接受百官或外国使官的朝贺，当然也要赏赐礼物，就像今天给压岁钱一样，或者要赐宴，算是新年团拜会。大家熟悉的贴春联活动，就是起源于宋代的桃符，到明代因为朱元璋的大力推进，而成为一种习惯，延续到今天。据说朱元璋还要微服巡视，察看春联。有一家没贴,这是一家从事杀猪和阉猪营生的师傅,过年特别忙,还没有来得及请人书写。朱元璋问清了家里的营生,就命人拿来笔墨纸砚,为这家书写了一副春联:"双手劈开生死路,一刀割断是非根。"后来朱元璋又路过这里,见到这个屠户家还没有贴上他写的春联,就问是怎么回事,这家主人很恭敬地回答道:"万岁爷的墨宝,已经裱在中堂,焚香供奉起来了。"朱元璋非常高兴,就命令侍从赏了30两银子。

元宵节,又叫上元节,在古诗、文言文里很常见。也叫元夜、灯节。唐宋两代,元宵观灯,成为习俗。十五、十六、十七三天解除宵禁,晚上不管是富家公子小姐,还是市民年轻人,都可以尽情观灯,毫无避讳。所以产生了很多生动的故事,还有诗词。像我们特别熟悉的,辛弃疾的《青玉案》"蓦然回首,那人却在灯火阑珊处",欧阳修的《生查子·元夕》"去年元夜时,花市灯如昼。月上柳梢头,人约黄昏后。今年元夜时,月与灯依旧。不见去年人,泪湿春衫袖"。

再来说说寒食节。很多同学以为寒食节和清明节是同一天,其实不是,只是因为离得太近了。寒食节在清明前一两天,准确的说法是冬至后第105天。寒食节和一个叫介子推的人有关。春秋时晋公子重耳流亡在外,大臣介子推追随他19年,甚至还曾经割自己腿上的肉给重耳吃。重耳回国做国君后,准备封赏他,给他高官,但他不求利禄,与母亲归隐绵山,晋文公为了逼其出山相见,下令放火烧山,介子推坚决不出山,抱着大柳树,最终被烧死。晋文公感念忠臣的志向,将其葬于绵山,修祠立庙,并下令在介子推死难之日禁火寒食,以寄哀思,这就是寒食节的由来。寒食节一开始在中国北方流传,不过最早,这个节日比较过分,都是一个月不开火,很多人因此而死去。三国时期,曹操曾下令取消这个习俗。曹操还是非常开明的,他认为北方天气这么冷,老人和孩子,还有体弱多病的,多少天只吃冷食,是极不合适的。到了晋朝以后,由于与春秋时晋国的"晋"同音同字,因而对晋地掌故特别垂青,纪念介子推的禁火寒食习俗又恢复起来。不过时间缩短为三天。同时,把寒食节纪念介子推的说法推而广之,扩展到了全国各地,于是寒食节成了全国性的节日。并且在发展中,除了吃冷食,逐渐增加了祭扫、踏青、荡秋千、蹴鞠、斗鸡等风俗，这个节日可是有两千六百多年了，是中国第一大祭日，比端午节还要早358年。

清明节，因为和寒食节离得近，区分其实不太明显，如今主要是扫墓、踏青等，但因为是中国古代四大节日之一，影响比较大。在文人创作中，关于这个节日的作品非常多。

端午，又称端阳、重午、重五。一般认为，该节与纪念屈原有关。屈原忠而被黜，投水自尽，于是人们以吃粽子、赛龙舟等方式来悼念他。为什么呢？楚人用竹筒盛米，投入江中，是要救屈原，龙舟也是，争着划龙舟来救他，后来就变成赛龙舟了。端午习俗南方有喝雄黄酒、挂香袋、插花和菖蒲的习惯，北方主要点艾草，也有在胸前挂小扫帚的，都为了避瘟疫毒气。而且还有捉蟾蜍、蝼蛄来做药用的，所以俗语中有"癞蛤蟆躲端午，躲过初一躲不过十五"的说法。

近些年西方情人节很热，这里我们说说中国情人节。七夕节，又叫乞巧节。这个节和牛郎织女有关。每年农历七月初七夜晚，他们在鹊鸟搭成的桥上相会。每年七月初七晚上，妇女们趁织女与牛郎团圆之际，摆设香案，穿针引线，向她乞求织布绣花的技巧。杜牧的《七夕》"天阶夜色凉如水，卧看牵牛织女星"，秦观《鹊桥仙》"两情若是久长时，又岂在朝朝暮暮"，都是在写七夕。

中秋节，也叫八月节、团圆节。农历八月十五，因为在秋季三个月的正中，所以叫中秋。古人认为这一天月亮最圆最亮，所以全家团聚赏月，吃月饼。这个大家太熟了，不多说了。

此外，还有重阳节。《易经》将"九"定为阳数，两九相重，故农历九月初九为"重阳"。重阳时节，秋高气爽，风清月洁，故有登高望远、赏菊赋诗、喝菊花酒、插茱萸等习俗。陶渊明写"菊花如我心，九月九日开。客人知我意，重阳一同来"，王勃有"九日重阳节，开门有菊花"，孟浩然有"待到重阳日，还来就菊花"，王维有"遥知兄弟登高处，遍插茱萸少一人"。汉代有习俗，这一天佩茱萸、食米糕、饮菊花酒，自此有重阳求寿之俗。所以今天有人又称重阳节为老人节。

这里特别提到一个节日——冬至，在每年农历十一月，公历十二月二十一到二十三之间，是二十四节气之一。这一天开始，白天渐渐变长，"冬至阳生"。这在唐宋时都是极其隆重的节日。从冬至之后开始数九，这个学生大多不熟悉，会听到老年人说，就是从这一天开始，每九天为一九，共九九，就是八十一天。有民谣"一九二九不出手，三九四九冰上走，五九六九河边看柳，七九河开，八九燕来，九九加一九，耕牛遍地走"。当然，民谣各地说法有差异，还有的说"三九四九冻死狗，七九河不开，八九燕不来"。另有一个"春打六九头"，就是六九的第一天立春。

再说说腊日，现在叫腊八，顾名思义，是农历十二月初八，是祭祀众神、庆祝丰收的节日。腊日通常在每年的最后一个月（腊月），南北朝时腊日已固定在农历十二月初八。有吃赤豆粥、祭拜祖先等习俗。佛教的腊八粥后也渗入腊日习俗。

最后就是除夕。农历十二月三十日晚，家家在打扫一清的屋里，摆上丰盛的菜肴，全家团聚吃"年饭"。此夜大家通宵不眠，或喝酒聊天，或猜谜下棋，嬉戏游乐，谓之"守岁"。零点时，众人争相奔出，在庭前拢火燃烧（古称"庭燎"，取其兴旺之意），并在这"岁之元，月之元，时之元"的"三元"之时抢先放出三个"冲天炮"，以求首先发达，大吉大利。此时，爆竹声、欢叫声响成一片，"爆竹声中除旧岁"。

中国古代节日简表

名称	别称	时间	来历	习俗
除夕		农历十二月三十		"守岁""庭燎"
春节	元日、正日	农历正月初一		放爆竹，贴春联，穿新衣（鲜衣），喝屠苏酒，拜年，摆"五辛盘"
元宵节	上元节、元夜、灯节	农历正月十五		元宵观灯
寒食节		在清明前一两天	纪念介子推	吃冷食，逐渐增加了祭扫、踏青、荡秋千、蹴鞠、斗鸡等风俗
清明节			祭祀祖先	扫墓、踏青
端午节	端阳、重午、重五	农历五月初五	纪念屈原	吃粽子、赛龙舟
七夕	乞巧节	农历七月初七	与牛郎织女有关	妇女们趁织女与牛郎团圆之际，摆设香案，穿针引线，向她乞求织布绣花的技巧
中元节	鬼节、七月半、祭祖节、盂兰盆节、地官节	农历七月十五	祖先信仰、秋尝祭祖	节日习俗主要有祭祖、放河灯、祀亡魂、焚纸钱、祭祀土地等
中秋节	八月节、团圆节	农历八月十五		全家团聚赏月，吃月饼
重阳节	老人节	农历九月初九		登高望远、赏菊赋诗、喝菊花酒、插茱萸等
冬至		每年农历十一月		
腊八	腊日	农历十二月初八	祭祀众神、庆祝丰收	吃赤豆粥、祭拜祖先等习俗。佛教的腊八粥后也渗入腊日习俗

知识归纳

春节：我国传统习俗中最隆重的节日。此节乃一岁之首。古人又称元日、元旦、元正、新春、新正等，而今人称春节，是在采用公历纪元后。古代"春节"与"春季"为同义词。

元宵：我国民间传统节日。又称正月半、上元节、灯节。元宵习俗有赏花灯、包饺子、闹年鼓、迎厕神、猜灯谜等。

寒食：节日里严禁烟火，只能吃寒食。在冬至后的一百零五天或一百零六天，在清明前一二日。

清明：按农历算在三月上半月，按阳历算则在每年四月五日或六日。此时天气转暖，风和日丽，"万物至此皆洁齐而清明"，清明节由此得名。其习俗有扫墓、踏青、荡秋千、放风筝、插柳戴花等。

端午：又称端阳、重午、重五。端午原是月初午日的仪式，因"五"与"午"同音，农历五月初五遂成端午节。一般认为，该节与纪念屈原有关。端午习俗有喝雄黄酒、挂香袋、吃粽子、插花和菖蒲、斗百草、驱"五毒"等。

乞巧：又称少女节或七夕，每年农历七月初七，与牛郎织女的传说有关。

中秋：又称团圆节。农历八月在秋季之中，八月十五又在八月之中，故称中秋。中秋节的主要习俗有赏月、祭月、观潮、吃月饼等。

重阳：《易经》将"九"定为阳数，两九相重，故农历九月初九为"重阳"。重阳时节，秋高气爽，风清月洁，故有登高望远、赏菊赋诗、喝菊花酒、插茱萸等习俗。

腊日：这是古代岁末祭祀祖先、祭拜众神、庆祝丰收的节日。腊日通常在每年的最后一个月（腊月）举行，南北朝时腊日已固定在农历十二月初八。有吃赤豆粥、祭拜祖先等习俗。

除夕：农历十二月三十日晚，有吃年饭、守岁、放爆竹等习俗。

当堂练习

根据要求选择正确答案：

1. 下列选项描绘的不是七夕的是（　　）。

　A.迢迢牵牛星，皎皎河汉女

　B.两情若是久长时，又岂在朝朝

暮暮

C.木兰桨子藕花乡，唱罢厅红晚气凉

D.十年生死两茫茫，不思量，自难忘

2.下面四首古诗都含有我国民间的传统节日，按照节日时间先后排列正确的是（　　）。

①去年元月时，花市灯如昼。月上柳梢头，人约黄昏后。

②银烛秋光冷画屏，轻罗小扇扑流萤。天阶夜色凉如水，卧看牵牛织女星。

③细雨成阴近夕阳，湖边飞阁照寒塘。黄花应笑关山客，每岁登高在异乡。

④爆竹声中一岁除，春风送暖入屠苏。千门万户曈曈日，总把新桃换旧符。

A.①③②④　　B.③②①④

C.④①②③　　D.②①③④

相关链接

古时候，有一种小妖叫"祟"，大年三十晚上出来用手去摸熟睡着的孩子的头，孩子往往吓得哭起来，接着头疼发热，变成傻子。因此，家家都在这天亮着灯坐着不睡，叫作"守祟"。有一家夫妻俩老年得子，视为心肝宝贝。到了年三十夜晚，他们怕"祟"来害孩子，就拿出八枚铜钱同孩子玩。孩子玩累了睡着了，他们就把八枚铜钱用红纸包着放在孩子的枕头下边，夫妻俩不敢合眼。半夜里一阵阴风吹开房门，吹灭了灯火，"祟"刚要伸手去摸孩子的头，枕头边就迸发道道闪光，吓得"祟"逃跑了。第二天，夫妻俩把用红纸包八枚铜钱吓退"祟"的事告诉了大家，以后大家学着做，孩子就太平无事了。原来八枚铜钱是八仙变的，是暗中来保护孩子的。因为"祟"与"岁"谐音，之后逐渐演变为"压岁钱"。到了明清，"以彩绳穿钱编为龙形，谓之压岁钱。尊长之赐小儿者，亦谓压岁钱"。所以一些地方把给孩子压岁钱叫"串钱"。到了近代则演变为红纸包一百文铜钱赐给晚辈，寓意"长命百岁"。对已成年的晚辈红纸包里则放一枚银圆，寓意"一本万利"。货币改为纸币后，长辈们喜欢到银行兑换票面号码相连的新钞票给孩子，祝愿孩子"连连高升"。

（摘自严敬群《中国传统节日趣闻与传说》）

第九课 中国古代刑罚

专题分析

为了更好地了解史实知人论世，也为了更好地学习文言文，这一课我们学习在文言文阅读中常见的、需要了解的古代刑罚。

先说一下刑罚的起源和演变。刑罚起源于"杀人者死，伤人者偿"的一种原始的复仇心态，其实严格来说刑和罚是有区别的。刑，主要是肉刑，而罚主要是通过金钱来赎罪，不过后来刑和罚就放在一起说了，这是一个笼统的说法，其实是侧重于刑，是一个偏义词。

刑罚大概到了夏代初具雏形，逐步确立了墨、劓（yì）、刖（fèi）、宫、大辟（pì）的五刑制度。到了商代以后，刑罚变得更加严酷，死刑除去斩刑外，还有炮烙、剖心等各种更残忍的手段。春秋战国时期仍然以五刑为主，残酷性并没有改变，比如说我们熟悉的商鞅被处死时，即用车裂之刑。秦朝刑罚出现了新的变化，主要有笞、徒、流放、肉、死、羞辱、经济、株连八大类，其中前五类相当于现代的主刑，后三类相当于现代的附加刑。到了汉朝，汉文帝下令废除那些比较残忍的肉刑，比如说往脸上刺字，不过汉文帝的刑罚却变得更重，原来应当割鼻子的就改为打三百棍，基本上就把人打死了，应当斩左脚趾的打五百棍，应当斩右脚趾的直接杀头，所以到汉景帝的时候，汉景帝下诏减少笞数，笞五百减为三百，笞三百减为二百。魏晋南北朝时期最大的一个进步就是废除了宫刑，增加了鞭刑。隋朝实际上废除了不少残酷的刑罚，比如说把死刑法定为两种，一个是绞，一个是斩。到了唐代刑罚就变得更轻了，一方面死刑和流刑大为减少，徒刑一般都是一到三年，而且打板子数目也大为减少，不再是几百几百的，而是几十几十的。到了宋朝，刺配变得比较常见，我们比较熟悉的《水浒传》当中的林教头就是被刺配，而且宋代把凌迟作为一种法定刑罚，其实一开始凌迟只用于那些用妖术来杀人祭鬼的犯罪，但后来适用的范围越来越广。元朝废除了绞刑保留了凌迟，此外元朝有一些习惯，比如一般人犯盗窃罪，除断本罪外，"初犯刺左臂，再犯刺右臂，三犯刺项"，只有蒙古人可不受此刑。明代和清代的刑罚有一些新的变化且更加残酷，而且大量复活了原来被废除的肉刑，像明朝东厂、西厂、锦衣卫运用了大量的酷刑，包括在人头上钉钉子，而且明代还有一个廷杖制度，就是当朝打板子。

下面我们介绍常见的刑罚。首先说一下五刑，其实五刑在不同的时代有不同说法，但是一般认为最早的五刑是墨、劓、剕、宫和大辟。第一个是墨，也可以叫黥（qíng），就是刺字，然后再涂上墨作为惩罚的一种标记；第二个是劓，就是割鼻子；第三个是剕，就是砍脚；第四个是宫刑，也可以叫腐刑，对于男子也可以叫割势，简单说就是变成太监，最著名的就是司马迁，因为他替战败投降的李陵辩护，最后以诽谤皇帝的罪名受到了宫刑；第五个大辟，就是砍头。

流刑的起源是很早的，大概商周时代就有把犯人送到边远的地区服劳役的刑罚，这个实际上是统治者为了表示宽宥，说白了就是不忍心杀你，只是把你送到远地方去，有的是送1000里，有的是送1500里，有的是送2000里，而且这个距离和年数是相关的，1000里一般是两年，1500里是两年半，2000里一般是三年。服刑结束以后，可以留在当地落户生活，也可以回到原来的地方。

鞭刑就是用荆条或竹板拷打犯人的臀部、腿部、后背等等。鞭刑和杖刑基本相同。杖刑到了明朝有不同的说法，比如给我打、给我用心打、给我着实打。明朝有个故事，有一个人屁股上打掉一块肉，他老婆把它捡回去，然后把它腌起来，就是要让家里人记住这段耻辱。

徒刑就是迫使犯人服劳役的刑罚，跟今天说判有期徒刑差不多，当然那时候的徒刑一般还要加上杖刑。

刖（yuè）刑和膑刑也是非常残忍的刑罚，刖刑就是砍掉脚，膑刑就是挖掉人的膝盖骨，据说夏代就有了。

髡（kūn）刑就是把头发剪掉一部分或者是全部剪掉，古人认为"身体发肤，受之父母，不敢毁矣"，所以古人都留头发，于是剃头就当作对人心灵的惩罚，这大概是所有刑罚当中最轻的一种。

烹和汤镬（huò）差不多，都是烧开水煮人。《史记》中有记载，项羽对刘邦说"你不出来我就把你爹给煮了"，刘邦还说："我们俩是兄弟啊，我爹就是你爹，你一定要把他煮了，记得分给我一杯汤喝。"（为高俎，置太公其上，告汉王曰："今不急下，吾烹太公。"汉王曰："吾与项羽俱北面受命怀王，曰'约为兄弟'，吾翁即若翁，必欲烹而翁，则幸分我一杯羹。"《史记·项羽本纪》）

炮烙，据说是商纣王用的酷刑，就是把铜器烧红让受刑者走，最后受刑者坠入火中烧死。

车裂，就是用车马之力来撕裂人的肢体。

凌迟是最为残忍的，明代有很多人要割3000刀，而且为了增大这个犯人的痛苦，割10刀还要停一下，不能让他晕过去，晕过去他就感受不到疼痛了。

绞刑，就是用绳子套住犯人脖子把他勒死。

腰斩，就是从腰部把身体斩为两段。

弃市，就是在闹市中执行死刑，并且将尸体暴露街头。

枭首，先将罪人斩首，然后把他的头悬到竿子上。

戮尸，就是人死了以后，为了惩罚他的罪行，将他的尸体从坟墓中扒出来，用鞭打。这实际上主要是一种泄愤的行为，不是一个正刑。

最后来说说灭族和连坐。古代一人犯罪，父母、兄弟、妻子等全族被杀，古代有灭三族、灭九族不同的说法，所谓的三族就是父母、兄弟、妻子。关于灭族，历史上我们最熟悉的就是明代的方孝孺，他被永乐帝朱棣诛灭十族，共杀了870余口人。连坐与灭族略有不同，连坐就是一人犯罪，他的家属、亲友以至邻里都要受罚。

古代刑罚的发展变化

时期	刑罚及变化
夏	墨、劓、剕、宫、大辟的五刑制度
商	更加严酷，死刑增加了炮烙、剖心等
春秋	以五刑为主
秦	出现了新的变化，主要有笞、徒、流放、肉、死、羞辱、经济、株连八大类，其中前五类相当于现代的主刑，后三类相当于现代的附加刑
汉	废除那些比较残忍的肉刑，但是刑罚依然严酷
魏晋南北朝	废除了宫刑，增加了鞭刑
隋	废除了不少残酷的刑罚，死刑定为斩和绞两种
唐	刑罚变轻，死刑和流刑大为减少，徒刑一般都是一到三年
宋	刺配变得比较常见
元	废除了绞刑，保留了凌迟
明	廷杖制度

知识归纳

黥刑：又叫"墨刑"，额颊上刺字涂墨。

劓刑：割鼻子。

笞刑：又叫"杖刑"，打板子（背、腿、臀）。

刖刑：将脚砍掉（卞和因和氏璧而受此刑）。

宫刑：又叫"腐刑"（司马迁曾受此刑）。

膑刑：剔去膝盖骨（孙膑曾受此刑）。

大辟：砍头。

车裂：又叫"五马分尸"（商鞅曾受此刑）。

汤镬：将人煮死。

腰斩：从腰部斩断。

凌迟：又叫"千刀万剐"。

弃市：暴尸街头。

连坐：一人犯罪，家属、亲友以至邻里都要受罚。

当堂练习

根据文化常识判断对错：

1.夏代五刑为：黥、劓、剕、宫、大辟。（　　）

2.鞭刑起源于明代。（　　）

3.髡刑是程度最重的肉刑。（　　）

相关链接

现在的电视剧里有一句常用的台词：推出午门斩首。可实际上午门从建城那天起，就没有一个人头在这里被砍过。

午门是紫禁城的正门，"午"者中也，在罗盘上，午代表正南，所以午门也是南大门的意思，是皇帝为了显示自己像中午的太阳一样，高高在上，普照山川大地。这样一个地方怎么能用来杀人呢？午门的实际功用，一是进出，午门中间的门是供皇帝出入的"御道"；二是举行国家重要典礼的地方；三是"廷杖"大臣，也就是打屁股的地方。这就和民间传说的"推出午门斩首"联系起来了。事实上，午门斩首根本就是虚构的，哪个皇帝会让自己家门口沾染到血腥？那这种说法又是从何而来的呢？明朝有一位皇帝十分好色，按规定应三年选一次妃，可他是年年都要选妃。而且他大部分时间都沉浸于后宫中，对于朝中大事也不太用心。朝中大臣十分忧心，便群体跪在午门，希望皇帝能了解他们的忧心。皇帝哪能听进劝说？盛怒之下，又不能把这些大臣全给杀了，都杀了谁给他干活？朝廷也会大乱的。可是不惩罚又不行，于是他就想了个办法，打屁股，用木棍打100下，由太监来执行。就这样，传言有数十位大臣被打死了，尸体拖出午门，所以关于"推出午门斩首"这句话的来源，最有可能的是明朝中后期的百姓听说午门打死了那么多官员后臆想出来的，再加上后来人不断地以讹传讹，这句话就被一部分人当真了。事实上，明朝真正的刑场是在紫禁城西北的西市，而清朝的刑场大家就更熟悉了，是在紫禁城西南的菜市口。

（摘自"高银华说历史"公众号《午门并不存在》）

第十课 中国古代官职

专题分析

　　文言文阅读中常会出现官职名称以及官员任免升降常用的词语，这一课我们就学习古代官职。主要讲三点：第一是三省六部，因为这是中国封建社会一套组织严密的中央官制，影响太大了，不能不讲；第二是官员任免升降常用的词语，这个文言文阅读里很多；第三是古代常见官职。

　　三省为中书省、门下省、尚书省。隋唐时，三省同为最高政务机构，一般中书省管决策，门下省管审议，尚书省管执行。中书省长官称中书令，下有中书侍郎、中书舍人等官职；门下省长官称侍中，下有门下侍郎、给事中等官职；尚书省长官为尚书令，下有左右仆射等官职。尚书省下辖六部：管官吏任免与考核的吏部，大概相当于现在的组织部；管土地户口、赋税财政等的户部；管典礼、科举、学校等的礼部，和现在的教育部类似；还有管军事的兵部，相当于现在的国防部；管司法刑狱的刑部，相当于现在的司法部；管工程营造、屯田水利等的工部，类似于住建部、水利部。各部长官称尚书，副职称侍郎，下有郎中、员外郎、主事等官职。每部各辖四司，共为二十四司。

六部制从隋唐开始实行,一直延续到清末。有一个故事,在电视剧里被安到了纪晓岚、和珅身上,还有说是高士奇、索额图和明珠三个人的。为了便于讲这个故事,我们就以后者为例。清朝康熙年间,高士奇在上书房做侍郎时,与吏部尚书索额图和都御史明珠是同僚,三人经常开玩笑。一日,三人一起徒步外出办事,行走间突然有一条狗跑出来。明珠问了一句:"是狼是狗?"索额图一听,哈哈大笑道:"是狼是狗(侍郎是狗),你得问高士奇。"高士奇听出两人是在一唱一和地用谐音骂自己,但他不露声色地说:"那是条狗。"两人以为他没有听出话中的玄奥,便得意地打趣道:"何以见得?"高士奇笑着道:"狼、狗区别主要有二:其一,看它的尾巴,下垂是狼,上竖是狗(尚书是狗);其二,看它吃什么,狼只吃肉,狗却是遇肉吃肉,遇屎吃屎(御史吃屎)。"

上面讲到,"三省六部"制出现以后,官员的升迁任免由吏部掌管。官职的任免升降有一些常用词语。比如"征",是由朝廷征聘社会知名人士充任官职。征召,特指君招臣,如《后汉书·王涣列传》:"岁余,征拜侍御史。"又如"拜"和"除",都是授予官职,略微有点区别,"拜"多含有用一定的礼仪授予某种官职或名位,而"除"则侧重指授予官职。另外"擢",指的是提升官职,如《陈情表》"过蒙拔擢,宠命优渥"。而"谪",指的是降职贬官或调往边远地区。《岳阳楼记》"滕子京谪守巴陵郡"中的"谪"就是贬官。还有常见的"迁",指调动官职,包括升级、降级、平级转调三种情况,为易于区分,人们常在"迁"字的前面或后面加一个字,升级叫迁升、迁授、迁叙,降级叫迁削、迁谪、左迁,平级转调叫转迁、迁官、迁调,离职后调复原职叫迁复。至于"黜""罢""免""夺",都是免去官职,"去官",也指解除职务,其中有辞职、调离和免职三种情况,辞职和调离属于一般情况和调整官职,而免职则是削职为民。此外,还有"权""摄""署""守""行""假"等,指的是代理官职,《史记·项羽本纪》:"乃相与共立羽为假上将军。"还有"领",指的是兼任,一般用于较为低级的官职。还有一些容易误解的用词,如"视事"指官吏到职开始工作,如范晔《后汉书·张衡传》:"视事三年,上书乞骸骨,征拜尚书。"还如"下车",指新官到任,这可能因为一个地方不轻易来车,一来车就是来了一个新的官员吧。年老请辞就叫作"乞骸骨",也用"致仕""告老""乞退",等等。

再说说古代常见的一些官职。爵,即爵位、爵号,是古代皇帝对贵戚功臣的封赐。旧说周代有公、侯、伯、子、男五种爵位。后来各朝都不完全一致。如汉初刘邦既封皇子为王,又封了七位功臣为王,彭越为梁王,英布为淮南王等;魏曹植曾封为陈王;唐郭子仪被封为汾阳郡王;再如宋代寇准封莱国公,王安石封荆国公,司马光封温国公;明代李善长封韩国公,李文忠封曹国公,刘基封诚意伯,王阳明封新建伯;清代曾国藩封一等毅勇侯,左宗棠封二等恪靖侯,李鸿章封一等肃毅伯。

太师,指两种官职,其一,古代称太师、太傅、太保为"三公",后多为大官加衔,表示恩宠而无实职,如宋代赵普、文彦博等曾被加太师衔;其二,古代又称太子太师、太子太傅、太子太保为"东宫三师",都是太子的老师,太师是太子太师的简称,后来也逐渐成为虚衔。如《梅花岭记》"颜太师以兵解",颜真卿曾被加太子太师衔,故称。再如明代张居正曾有八个虚衔,最后加太子太师衔;清代洪承畴也被加封太子太师衔,其实并未给太子讲过课。

太尉,元代以前的官职名称,是辅佐皇帝的最高武官,汉代称大司马,宋代定为最高一级武官。《林教头风雪山神庙》中,"我因恶了高太尉,生事陷害,受了一场官司"。高太尉指高俅。

士大夫,旧时指官吏或较有声望、地位的知识分子。《师说》"士大夫之族,曰师曰弟子云者,则群聚而笑之"。

节度使,是唐代总揽数州军政事务的总管,原只设在边境诸州,后内地也遍设,造成割据局面,因此世称"藩镇"。《红楼梦》第四回"雨村便疾忙修书二封与贾政并京营节度使王子腾"。

尚书,最初是掌管文书奏章的官员,隋代始设六部,各部以尚书、侍郎为正副长官。

学士,唐以后指翰林学士,成为皇帝的秘书、顾问,参与机要,因而有"内相"之称。

郎中,战国时为宫廷侍卫,自唐至清成为尚书、侍郎以下的高级官员,分掌各司事务。

巡抚,明初指京官巡察地方,清代正式成为省级地方长官,总揽一省的军事、吏治、刑狱等事,地位略次于总督,别称"抚院""抚台""抚军"。

知府，即"太守"，又称"知州"。还有"刺史"，原为巡察官名，东汉以后成为州郡最高军政长官，有时称为太守。唐白居易曾任杭州、苏州刺史，柳宗元曾任柳州刺史。"县令"，指一县的行政长官，又称"知县"；"里正"，古代的乡官，即一里之长，"里胥"，管理乡里事务的公差；等等。

古代官员升迁任免表

类型	名称
升迁	征、拜、除、擢、迁升、迁授、迁叙
贬谪	迁削、迁谪、左迁、迁复（离职后官复原职）
罢免官职	黜、罢、免、夺、去官
辞官	乞骸骨、致仕、告老、乞退
代理官职	权、摄、署、守、行、假、领（兼任）
到职工作	视事、下车（新官上任）

知识归纳

三省六部：三省为中书省、门下省、尚书省。尚书省下辖六部：吏部、户部、礼部、兵部、刑部、工部。

爵：即爵位、爵号，是古代皇帝对贵戚功臣的封赐。旧说周代有公、侯、伯、子、男五种爵位。后来各朝都不完全一致。

太师：指两种官职。其一，古代称太师、太傅、太保为"三公"，后多为大官加衔，表示恩宠而无实职。其二，古代又称太子太师、太子太傅、太子太保为"东宫三师"，都是太子的老师，太师是太子太师的简称，后来也逐渐成为虚衔。

太尉：元代以前的官职名称，是辅佐皇帝的最高武官，汉代称大司马。宋代定为最高一级武官。

士大夫：旧时指官吏或较有声望、地位的知识分子。

尚书：最初是掌管文书奏章的官员。隋代始设六部，各部以尚书、侍郎为正副长官。

学士：唐以后指翰林学士，成为皇帝的秘书、顾问，参与机要，因而有"内相"之称。

郎中：战国时为宫廷侍卫。自唐至清成为尚书、侍郎以下的高级官员，分掌各司事务。

巡抚：明初指京官巡察地方。清代正式成为省级地方长官，总揽一省的军事、吏治、刑狱等事，地位略次于总督，别称"抚院""抚台""抚军"。

知府：即"太守"，又称"知州"。

刺史：原为巡察官名，东汉以后成为州郡最高军政长官，有时称为太守。

第十一课
中国古代兵器

专题分析

中国古代对兵器有很多说法,"三革五刃十八般武艺"。三革就是甲、胄、盾,五刃就是刀、剑、矛、戟、矢,十八般武艺其实就是十八种兵器,一般是指弓、弩、枪、棍、刀、剑、矛、盾、斧、钺、戟、殳、鞭、锏、锤、叉、耙、戈。

我们先来讲剑类,剑最早见于商代,盛行于春秋战国时期。大家今天可能很难想象,剑最早不是战斗工具,而主要是为了吃肉,就类似于西方的刀叉,吃肉的时候用于切割,后来才用于格斗。最开始的时候剑柄非常短,有点像匕首。1965年,在湖北出土的越王勾践剑,在地下埋藏了两千多年,依然闪光锋利。

春秋战国时期有很多的名剑,我们最熟悉的大概是干将、莫邪、龙泉、泰阿。相关故事流传很广,其实都是传说。《搜神记·列异传》里边提到干将莫邪,他们是夫妇两个,楚王让他们来造宝剑,三年就造成雌雄两把剑,一个叫干将,一个叫莫邪,因为做了三年,时间太长了,他们知道楚王一定会因为延期杀了他们,于是就将剑留给儿子,夫妻两人自杀,后来他们的儿子不负嘱托,成功地向楚王复仇。另外还有不同的说法，据说炼铁炉三个月都没有铁汁流出来，然后夫妻两个人以身铸剑，直接跳到炉子当中，最终功成宝剑出世，后来，因为这个故事流传太广，干将莫邪就成为宝剑的名字。鲁迅曾经根据这个故事写成了小说《铸剑》，收录在鲁迅的小说集《故事新编》里边。

龙泉剑本来是龙渊剑，到了唐代为了避讳唐太祖李渊的名字，就成了龙泉。龙泉的故事也和干将有关系。据说那楚王派风胡子到吴国去请欧冶子和干将来铸剑，他们铸了三把剑，一名龙泉，二名泰阿，三名工布。《晋书·张华传》里边还记述了一个故事，说张华看见两个星宿之间有紫气，然后派人到丰城的狱中去挖地，挖了四丈，得到一个石函，就是一个石箱子，里面装着两把剑，一柄叫龙泉，一柄叫泰阿。《滕王阁序》中"物华天宝，龙光射牛斗之墟"，说的就是这个故事。这里补充说一下匕首。匕首在古时候也叫作剑，只不过是一种短剑。那为什么叫匕首呢？其实意思是说它的首就在它尖上，类似于匕，那匕是什么东西呢？说简单点就有点像汤勺，所以叫匕首。《史记》写专诸刺王僚的时候就是用匕首来吃饭，吃饭的时候趁机去刺杀。

另外，剑一开始是没有剑鞘的，直接插在束腰的带子上，战国以后出现了铁剑，剑身慢慢变长，剑柄也非常大，剑刃又很锋利，插在腰里边不安全，就做了剑鞘，而中国人又比较讲究竹木皮革，然后再装饰上金银铜锡或者玉石，所以就形成了后来非常奢华的剑鞘。

刀和剑差不多，夏朝的时候就有刀，商代就有了青铜刀，到战国的时候就有铸铁刀。其实春秋战国时期的人们都喜欢佩剑，不喜欢佩刀。到了汉代，帝王公卿都喜欢佩刀，而不喜欢佩剑，所以就产生了影响。两汉的时候就出现了朴（pō）刀，现在提到古代的兵器刀，我们往往想出来的就是朴刀的形象。还有一把很有名气的刀——青龙偃月刀，因为它的形状就像偃月（即半月、弯月）一样，并且上面雕有青龙，所以叫青龙偃月刀，《三国演义》中关云长的青龙偃月刀重82斤，这应该不大可信。

戈和矛我们放在一起讲。矛最早采取天然的兽角、竹木或者是带尖儿的石头来做，如果是竹木做的就不用再加杆子，如果是兽角石块就绑在锚杆上。商朝有了青铜冶炼技术以后，就开始出现青铜的矛头，汉代以后大多用铁矛，相对来说更锋利一些。相关的还有我们熟悉的槊，比如说"横槊赋诗"。杆子比较长的长矛当然就是最早说的枪。而"戈"，盛行于商至战国时期，秦以后逐渐消失。其突出部分名援，援上下皆刃，用以横击和钩杀，钩割或啄刺敌人，因此，古代叫作勾兵或称啄兵。而"戟"其实就是矛和戈的合体。

还有椎（chuí）和鞭。椎是古代锤击的兵器，下面是柄，上面是头，有木、铜、铁各种材质，形状多种多样，重量也不相同。张良当年用的铁椎，准备狙击秦始皇，据说重120斤，当然这个重量也不一定可信。而鞭，是短兵器械的一种，起源较早，至春秋战国时期已很盛行。鞭有软硬之分。硬鞭多为铜制或铁制，软鞭多为皮革编制而成。古代的九节鞭，每节长三四寸，它实际上是暗器，用铁环连起来，不用的时候就缠在腰间，用的时候抽出。

再说说弓和弩。据说黄帝时代的先民已经会制作弓箭，原始的弓箭比较粗糙简单，是用坚韧的细木完成，然后用皮条、动物的筋或绳索来做弦。春秋后期，弓箭已经特别精良，而且制作也比较烦琐。弓用竹板做，然后再附上牛筋，包上桦树皮，捆牢，还会涂上漆，这样弓的硬度和弹性都非常好。箭大多都是竹子做的，箭尾也会装上雕羽或鹅鸭的羽毛，用于保持箭身的平衡。弩，是在弓的基础上创造出来的，射程更远，杀伤力更强，命中率比较高。此外，古代人射箭的时候会在右拇指上戴玦，玦用象牙、兽骨也有可能是玉石制成。《鸿门宴》中有范增举玉玦示意项羽，那个时候玉玦已经是装饰品，但是最早的时候它是用来保护手指的。

战国以后有些人为了求长生不老而炼制丹药，在长期的实践过程当中就发现硝石、硫黄和木炭混合起来会燃烧并爆炸，这就是早期的火药。大概在唐朝末期火药就已经用在军事上了，唐朝把火药制成球形，然后捆在箭头的后面，目的主要是把东西射出去，能够点燃对方粮草。到了宋朝的时候就开始形成了火枪，主要目的也是烧敌人，每支火枪由两个人来操作，再后来就发展成火铳，又名铜将军。火铳里面装上石球、铁球等，它不光是燃烧，它还能够给对方造成生命伤害，比如朱元璋的部将徐达进攻张士诚的时候，就用了火铳，后来张士诚的弟弟张士信就是被石球给打死的。但是总体上来说，火枪在古代的运用并不成熟，常会出现意外，在战争当中没有成为主体武器。

最后我们来说说防御类的。一是胄，就是头盔，最早是用来防御的。现在能看到的最早的头盔出自河南安阳殷墟墓，里面是红铜外面镀的锡，一般高大概十几厘米，当然这种金属的是奢侈品。大多数胄都是皮质的，到了元代以后才出现很多的铁胄。提到胄，大家自然就会想到甲，甲就是铠甲，大多用皮革制作，也有的用金属片制成。古代的盾直到清朝为止，主要还是用藤条编的，也有用皮革制作的，而不是大家认为的金属材质。

鞭：短兵器械的一种，起源较早，至春秋战国时期已很盛行。鞭有软硬之分。硬鞭多为铜制或铁制，软鞭多为皮革编制而成。

椎：是古代锤击的兵器，下面是柄，上面是头，有木、铜、铁各种材质，形状多种多样，重量也不相同。

知识归纳

三革：甲、胄、盾。

五刃：刀、剑、矛、戟、矢。

十八般武艺：十八种兵器，一般是指弓、弩、枪、棍、刀、剑、矛、盾、斧、钺、戟、殳、鞭、锏、锤、叉、耙、戈。

戈：盛行于商至战国时期，秦以后逐渐消失。其突出部分名援，援上下皆刃，用以横击和钩杀，钩割或啄刺敌人，因此，古代有叫作勾兵或称啄兵的。

戟：矛和戈的合体。

当堂练习

画出下列各句中表示兵器的词语：

1. 伯兮朅兮，邦之桀兮。伯也执殳，为王前驱。（《诗经·卫风·伯兮》）

2. 岂曰无衣？与子同袍。王于兴师，修我戈矛。与子同仇！（《诗经·秦风·无衣》）

3. 楚人有鬻盾与矛者，誉之曰："吾盾之坚，物莫能陷也。"（《韩非子·难一·自相矛盾》）

相关链接

古代的江南，即苏南和浙江一带，在春秋时期称作"吴越之地"，是野蛮、勇武的代名词。有道是"吴钩越剑，天下名重"。相传吴钩由吴王阖闾下令叫人打造。这是一种削铁如泥的弯刀。关于这种弯刀，还有一个令人毛骨悚然的故事。吴王想要征服天下，于是重金下令叫人打造绝世武器。一名铁匠竟然杀死自己两个儿子，把他们的血融入材料中，打造出一对锋利的弯刀。铁匠向吴王讨要赏赐，但是钩子大同小异，而且送来的弯刀实在太多，铁匠的弯刀已经混在里面，难以分辨。吴王说："这些弯刀看上去差不多，你的弯刀有什么稀奇的地方吗？"铁匠提气大喊一声："吴鸿，扈稽，我的儿子们！你爹我在这里，你们还不出来！"话音一落，两把弯刀就飞了起来，牢牢贴住铁匠的胸口。吴王大吃一惊，给了铁匠丰厚的赏赐。之后他就把这对弯刀随身携带。其中一定被赋予了神话色彩，因为在当时的乱世情况下，必须用魔幻的说法起到震慑敌人的作用。用活人锻造刀剑，一定程度上和古代的邪恶祭祀有关。而春秋的武器材料大多是青铜，这对吴钩可能用的是铁。至于被吸到胸口，可能是吸铁石的威力。而用人锻造可能也不是子虚乌有。春秋时期，冶炼的工具不够，达不到炼化铁的熔点，而人体有很多可燃物，蛋白质、脂肪、盐等。可能在他们眼里，用活人锻造就像用活人殉葬一样。

（摘自历史解说君博客《古代为什么用活人铸造绝世刀剑？》）

第十二课 中国古代车马

专题分析

中国古代车马并举，提到马就会提到车，提到车也就意味着有马，也就是说没有无马的车，没有马，车就没有发动机了；也没有无车的马，因为那个时候的人还不会骑马，这里指的是先秦时期。一般认为，在战国之前，马是专为拉车用的，到了战国时代，赵武灵王从匈奴那里学会了骑马，"胡服骑射，每战必胜"，之后其他各国效仿学习，骑马之风逐渐兴起。先秦时期的文献里边有车必有马。文言文中常会看到"乘马""驭车"的说法，这看似很奇怪，"乘马"不是"骑马"，是乘车，"驭车"就是驭拉车的马，《论语》有"赤之适齐也，乘肥马，衣轻裘"，这句话意思就是公西华到齐国去，乘的是肥马拉的车。此外，古时候所谓的乘马车，跟我们今天想象的悠闲地坐在马车里不一样，那时候是"立乘"，就是站在车厢里边，而且站的时候还要讲究仪容姿势，只有妇女可以坐着，但是也要讲究坐车之容，不能太随便。

古代常见的车的类别主要有马车、兵车、辇、轩等等。第一类马车，又叫小车，也叫戎车，马车车厢较小，用于出行，也用于作战。商代和西周的马车，都是双轮独辕。汉代以后，独辕车才逐渐减少。马车叫小车，那大车是什么呢？是牛车。春秋战国一直到两汉，人们一般只乘马车不乘牛车，牛车主要用于货运，但是到了魏晋以后，牛车变得非常流行，一些贵族名士都讲究乘牛车，这大概就像今天我们穿布鞋骑自行车突然很流行一样。第二类兵车，就是战车。用战车作战，古时候叫车战。战斗的时候冲击敌阵，行军的时候载运粮草，驻军的时候结阵扎营，这是战车非常重要的三大功能。战车单位是"乘"，一乘包括一辆车，四匹马，战车的指挥甲士三人，后面还有步卒72人，所以那时候说千乘之国，就是大国、强国了。还有几种有意思的车，一种叫辇，辇的特点是人力，是人拉或推车，类似于今天的三轮车；还有一种叫轩，轩的特点是曲辕，前顶较高，一般装有帷幕，是档次很高的车，先秦的时候只供卿大夫和夫人乘坐，汉代以后供高级官员乘坐。还有一种叫轺，这是古代的敞篷车，一般单马，独辕，有盖，四面敞开可以用来远望。此外，还有辎车、襜车、槛车、轿车、太平车。辎车，就是古代的货车，用于载运货物，人也可以在车中寝卧；襜车，就是装有帷幕的车子，四周有围布，是专门给妇女乘坐的，后来使用范围扩大不局限于女子，《滕王阁序》有"都督阎公之雅望，棨戟遥临；宇文新州之懿范，襜帷暂驻"，"襜帷"用了借代手法，就是指这种车；槛车，就是装有栅栏的车，主要用于囚禁犯人，也有可能装载一些野兽猛兽；轿车，今天我们经常说"轿车"，其实这个词古代就有，古时候就有一种用马或者是骡子拉的车，有顶，四面有帷帐，车的整个形状就像一个轿子，所以叫作轿车，由于经常用骡子拉，所以有时候又叫骡车，大概是从唐朝开始流行坐轿子，所以将车做成了轿子的形状，可能是为了满足心理上的一种需要；太平车，古代主要就是用来装运货物，大的叫太平车，小的叫平头车，车两边有栏板，前面有多头牲畜牵引，可以装很多货物。

那么古代的车有哪些构件呢？首先是辕，辕就是夹在牲畜两侧的直木，连接车轴与轭；辕前端连接的固定牲畜的横梁叫轭；还有轼，轼是指人站立的时候或下车的时候前面所扶的横梁；辙，本来是指轨，就是两个车轮之间的距离，后来也用来指车行走之后路上留下的痕迹；还有轫，古代车停下来的时候就在车轮下面放一块木条，把它固定住，轫就是这个木条，把木条抽出来，那就说明这个车准备出发了，准备启程了，所以有个词语叫"发轫"。

关于车马有一些相关的说法。一人一马称为"骑"，《鸿门宴》有"沛公旦日从百余骑来见项王"；两马并驾称之为"骈"，后来我们把对仗的文章称为"骈文"，就是从这里来的；三马并驾为"骖"；四马并驾为"驷"，四马就是那时候大动力的马车了，所以有"一言既出，驷马难追"。古代战车上面有三个人，中间的人是驭者，由他控制马；右边的人称之车右，车右往往要选择力士，作战之时要保护行车，遇到阻碍时就下车推；而左边的人往往是尊者，古代以左为尊，当然每个时代有所不同，比较熟悉的就是"虚左以待"。

知识归纳

马车：又叫小车，也叫戎车，车厢较小，用于出行，也用于作战。

兵车：即战车。用战车作战，古时候叫车战。战斗的时候冲击敌阵，行军的时候载运粮草，驻军的时候结阵扎营，这是战车非常重要的三大功能。

辇：是人拉或推的车，类似于今天的三轮车。

轩：曲辕，前顶较高，一般装有帷幕，先秦的时候只供卿大夫和夫人乘坐，汉代以后供高级官员乘坐。

轺：一般单马，独辕，有盖，四面敞开可以用来远望。

辎车：古代的货车，用于载运货物。

檐车：就是装有帷幕的车子，四周有围布，是专门给古代妇女乘坐的，后来使用范围扩大不局限于女子。

槛车：装有栅栏的车，主要用于囚禁犯人，也有可能装载一些野兽猛兽。

轿车：古时候就有一种用马或者是骡子拉的车，有顶，四面有帷帐，车的整个形状就像一个轿子，所以叫作轿车，由于经常用骡子拉，所以有时候又叫骡车。

太平车：古代主要就是用来装运货物，大的叫太平车，小的叫平头车，车两边有栏板，前面有多头牲畜牵引，可以装很多货物。

辕：夹在牲畜两侧的直木，连接车轴与轭。

轭：辕前端连接的固定牲畜的横梁叫轭。

轼：指人站立的时候或下车的时候前面所扶的横梁。

辙：本来是指轨，就是两个车轮之间的距离，后来也用来指车行走之后路上留下的痕迹。

轫：古代车停下来的时候在车轮下面放的木条。

骑：一人一马称为"骑"。

骈：两马并驾称为"骈"。

骖：三马并驾为"骖"。

驷：四马并驾为"驷"。

当堂练习

解释下列各句中的画线词语：

1.东方千余<u>骑</u>，夫婿居上头。（《汉乐府·陌上桑》）

————————

2.沛公之<u>参乘</u>樊哙者也。（《鸿门宴》）

————————

3.下视其<u>辙</u>，登<u>轼</u>而望之，曰："可矣。"（《曹刿论战》）

————————

相关链接

现在的商人，动辄上百万上千万的豪车。甚至有一些家底并不十分丰裕的，为了撑场面，在坐骑上也非常舍得下血本。但是在汉朝，商人的地位极其低。汉朝的法律规定："商人毋得乘骑马。"明令禁止商人乘车骑马。汉朝人觉得那些商人不耕不织，唯利是图，算不上良民，因此非常鄙夷。西汉时期有个词叫作"七科谪"，是七种不同身份的人，分别指：犯了罪的官吏、杀人犯、入赘的女婿、在籍商人、曾做过商人的人、父母做过商人的人、祖父母做过商人的人。当时的人认为，这七种人重利轻生，故此战斗力很强，因此随时可以征发他们去前线。这七种人中，与商人有关的就占了四种。汉武帝曾经发布一道命令："发天下七科谪及勇士，遣贰师将军李广利将六万骑，步兵七万人，出朔方。"在这十三万大军中，大部分都是商人。

（摘自网络）

第十三课 中国古代文字

专题分析

中国字是谁创造的？早在战国时期，就已流行黄帝的史官仓颉创造了汉字的说法。传说上古黄帝时代，黄帝与蚩尤作战，因丢失地图，号令不齐，即命仓颉研发文字。仓颉苦思冥想，偶然发现鸟兽不同的足迹，便以象形造字，这就是仓颉造字的传说，仓颉就成为中国文字的始祖。现在陕西仍存有纪念他的仓颉庙。但现代学者认为，中国汉字应起源于原始图画，是古代许多人参与创造并慢慢形成的。

最早的汉字由大汶口文化晚期（约4800年前）陶器上的刻画符号演变而来。距今约3400年到2700年前的殷周时代是汉字的"甲金时代"，刻在龟甲兽骨上关于占卜的文字称为甲骨文，刻铸在青铜器上的铭文称为金文。从战国到魏晋时代，人们主要是在狭长的竹片或木片上写字的，这称为简书，也有写在绢帛上的，称为帛书。大家注意过没有，报刊的"刊"，左边是"干"，右边是立刀旁，古时在木片或者竹简上写错了字，刀就相当于今天的橡皮，所以"刊"这个字，古时的意思就是"改正"，今天流传下来的成语"不刊之论"就是"不能更改的言论"。

汉字的构成是有规律的，古代学者研究总结出汉字有六种构成方法，称为"六书"。六书包括四种"造字法"——象形、指事、会意、形声，两种"用字法"——转注、假借。象形和指事，都属于"独体造字法"。象形，即用文字的线条或笔画，把要表达物体的外形特征，具体地勾画出来，例如日、月、鱼、牛等；指事与象形的主要分别是字里含有绘画中较抽象的东西，例如上、下、刃；会意和形声，属于"合体造字法"，会意字由两个或多个独体字组成，以所组成的字形或字义，合并起来，表达此字的意思。比如我们熟悉的"拿"，上面是个"合"，下面是个"手"，合手为"拿"；还有像"尖""歪"等；还有"臭"，一个"自"下面一个"犬"，"自"在甲骨文里写作一道鼻梁，两个鼻孔，像人的鼻子，是鼻子的意思，后来慢慢发展出"自己"的意思，古人很早就发现狗的鼻子十分灵敏，懂得辨识气味，所以"臭"字由表示鼻子的"自"和"犬"组成，表示气味。形声字由两部分组成，形旁（又称"义符"）和声旁（又称"音符"），形旁是指示字的意思或类属，声旁则表示字的相同或相近发音，例如柏、缨、篮等。转注属于"用字法"，各家解释不同，大致有"形转""音转""义转"三说；假借，就是同音替代，口语里有的词语，没有相应的文字对应，于是就找一个和它发音相同的同音字来表示它的含义。

汉字在发展过程中形成了七种字体。甲骨文—金文—篆—隶书—楷书—草书—行书，以上七种字体称为"汉字七体"。"汉字七体"除了将文字作为语言工具外，更体现于中国文字的艺术价值和历史价值，使得中国书法与中国绘画并称为艺术宝库中的双绝。商朝时刻在龟甲、兽骨上的文字，称为"甲骨文"，甲骨文是目前我国发现的最早的比较成熟的文字，我国有文字可考的历史也是从商朝开始的。商周时代铸刻在青铜器上的铭文，又称金文，由于它铸刻在钟鼎上，所以又称钟鼎文。金文有粗而宽的笔画，点画圆浑，体势雍容。金文和甲骨文属于同一系统的文字，但比甲骨文更规范，结构更整齐。西周晚期，金文形体趋向线条化，笔画比较整齐、匀称，这种字体叫大篆。战国时期，各国的文字差异很大。秦统一后，为维护国家统一，秦始皇接受丞相李斯的建议，统一文字。李斯按照秦国的文字标准，对汉字进行整理和简化（大家看，所谓汉字简化，实际上秦朝就进行过一次了），李斯还制定标准写法，在全国推行，这种新字体叫小篆。在篆书形成的同时，民间流行一种更简单的字体，叫隶书。隶书字形扁平，字的构架多有方折棱角，笔画有粗有细，形成波势和挑法，所谓"一波三折、蚕头燕尾"。其次还有楷书，也叫"真书"或"正书"，"楷"是规矩、整齐、楷模的意思，是说这种字体可作为法式、模范，即标准字体。楷书是由隶书演变而来的，兴于汉末，盛于魏晋南北朝，直到现在仍是汉字的标准字体，已有近2000年的历史了。草书，一般是比正式字体草一些的字体，广义地说，自有汉字以来，篆、隶、楷书通行时，都有相应的草体，但"草书"成为一种字体的专称，是东汉以后，并分"章草""今草""狂草"三种。行书，是介于今草和楷书之间的一种字体，始于楷书出现以后，盛于魏晋，晋代已非常流行了，直到现在仍是手写时最多、最广泛的一种字体。另外汉字还有一些在七体的基础上发展出来的字体，例如宋体、仿宋体、黑体等。古代书法家在书写楷书时创造出带有个人风格的书体，比如唐代欧阳询所创的"欧体"，颜真卿所创的"颜体"，柳公权的"柳体"，到今天一直是中国读书人练习书法的范本。

汉字在发展过程中形成的七种字体

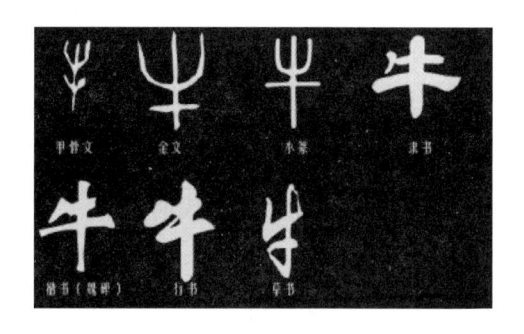

在历史上，汉字一直在经历着简化的过程。古文字字形有图形性，书写起来比较麻烦，因此最初的简化主要是由以图形为主转变为以线条为主。唐宋时期，由于刻印技术进步，书籍出版大量增加，通俗文学繁荣，简体字也就在民间广为流行。20世纪初以来，为了教育民众的便利，很多学者呼吁大规模推行简化汉字。这一思潮在新中国成立以后得到官方的支持。1952年，考虑到全国文盲还非常多，为了让更多人认识字，方便文化普及，中国成立文字改革研究委员会，推行简化汉字方案。我国香港、台湾和澳门仍然沿用繁体字。

汉字在发展演变过程中，字形、字音、字义一直在发生变化，只有通过各个时代的"字书"才能了解每个汉字在每个时期的意思。中国最著名的字书是东汉文字学家许慎写于公元2世纪的《说文解字》，该书是中国最早的文字学经典著作，它收录汉字9353个，第一次系统地论述了汉字自萌生到东汉前的演变过程，还首创了沿用至今的部首编排法；南北朝时期，南梁顾野王编撰的《玉篇》，收字16,917个，这部书在唐代、宋代时修订，收字增至22,726个；宋代丁度等编纂的《广韵》，收字达53,525个；清代张玉书奉诏编纂的《康熙字典》，收字达47,035个；辛亥革命后，欧阳溥存等编的《中华大字典》，收入汉字达到48,000个；近年来出版的《汉语大字典》，共收录汉字56,000个，是迄今为止收录汉字最多的字典，堪称当今汉语字典的"世界之最"。当然，这么多字，我们经常使用的只占很少一部分，20世纪50年代就有学者整理出了常用汉字3,000个，只要能够掌握，大多数的普通报刊的阅读就不成问题了。另外，大家要注意，使用白话文以后，我们需要认识的字就骤然减少，为什么呢？因为文言文中以单音节词为主，也就是说一个词大多就是一个字。我在微课里曾经讲过一个例子，文言文里马字旁的字有那么多，《古代汉语词典》里收录的有一百多个，为什么现在一下变少了很多呢？

因为古时的白马、黑马、肥马、瘦马、老马、壮马，各种颜色的马，都要用一个专门的字来表示。有的今天看来是非常可笑的，比如"駓"，意思是毛色黄白相间的马；再比如，还有一个字，上面是"马"，下面是"艹"，像草字头，这个字，读"zhù"，我偶然间翻字典看到，它的意思是"后左足为白色的马"，细致到这种地步。看了这个例子，大家就容易明白为什么今天常用的字那么少了。

知识归纳

六书：六书是指汉字六种构造体例，是后人根据汉字的形成所作的整理，而非先民原始造字法则的全部。六书形成后，文字的造字基本就是以六书作为标准进行的，为中国汉字的发展起到了指导纲领的作用。六书的起源，目前公认的是最晚形成于东汉时期。

象形：属于"独体造字法"。用文字的线条或笔画，把要表达物体的外形特征，具体地勾画出来。

指事：属于"独体造字法"。与象形的主要分别，是指事字专指较抽象的东西。

形声：属于"合体造字法"。形声字由两部分组成：形旁（又称"义符"）和声旁（又称"音符"）。形旁是指示字的意思或类属，声旁则表示字的相同或相近发音。

会意：属于"合体造字法"。会意字由两个或多个独体字组成，以所组成的字形或字义，合并起来，表达此字的意思。

转注：属于"用字法"。各家解释不同。大致有"形转""音转""义转"三说。

假借：假借就是同音替代。口语里有的词语没有相应的文字对应，于是就找一个和它发音相同的同音字来表示它的含义。

七体：指汉字在发展过程中形成的七种字体。甲骨文—金文—篆—隶书—楷书—草书—行书，以上七种字体称为"汉字七体"。

甲骨文：商朝时刻在龟甲、兽骨上的文字，称为"甲骨文"。

金文：商周时代铸刻在青铜器上的铭文。由于它铸刻在钟鼎上，所以又称钟鼎文。

篆书：西周晚期金文形体趋向线条化，笔画比较整齐、匀称，这种字体叫大篆。

隶书：在篆书形成的同时，民间流行一种更简单的字体，叫隶书。隶书字形扁平，字的构架多有方折棱角，笔画有粗有细，形成波势和挑法，所谓"一波三折、蚕头燕尾"。

楷书：也叫"真书"或"正书"。楷是规矩、整齐、楷模的意思，是说这种字体可作为法式模范，即标准字体。

草书：一般是比正式字体写得草一些的字体。广义地说，自有汉字以来，篆、隶、楷书通行时，都有相应的草体。但"草书"成为一种字体的专称，是东汉以后，并分"章草""今草""狂草"三种。

行书：是介于今草和楷书之间的一种字体。始于楷书出现以后，盛于魏晋，晋代已流行。

当堂练习

根据常识判断对错：

1. "六书"中象形字、指事字、会意字都是独体字，形声字是合体字。（　　）

2. 汉字七体按照时间发展顺序是：甲骨文—金文—篆—隶书—楷书—草

书—行书。（ ）

3.西汉文字学家许慎的《说文解字》是中国最早的文字学经典著作。
（ ）

相关链接

"凤"字人人皆知，但是错用者颇多。其他字错用常被提醒改正，"凤"字却被原谅，由它错下去。错不算错，中文字中并不多见，"凤"字真是得天独厚了。

"凤"字来自"凤凰"，凤凰来自古代传说中的百鸟之王，美丽无比，高贵超群，象征祥瑞。雄的称凤，雌的称凰。汉朝司马相如追求卓文君时，曾作《凤求凰》，歌中唱道："凤兮凤兮归故乡，遨游四海求其凰。"你看，凤男凰女不是明明白白吗？再有，古称天子诏书为"凤诏"；三国时代称诸葛亮为"卧龙"，称庞统为"凤雏"……均说明"凤"用于男性。自古以来，一些男人名字喜用"凤"字，取其英俊超凡、吉兆祥瑞之意，绝无不妥。但是，到了近代，男人名中虽仍有用此字的，却日渐稀少，而且，有人用了"凤"字，还被他人耍笑"起了女名"。"凤"字逐渐成了女人专利。你到选民登记处走一圈，会看到一大批凤仪、凤英、美凤、彩凤、大凤、小凤的名字，性别九成九是错用男名的女子，男人用"凤"已在不知不觉中被踢出局。

人们常说"望子成龙"，有人觉得要男女平等，于是就创造了"望女成凤"。其实，冀望女儿成男身还是不公平呢！

（摘自"晋京民之子"博客《"凤"字变性》）

第十四课 中国古代典籍

专题分析

文言文中常会出现"三坟五典""四书五经""经史子集"之类的词汇，那么这些是什么意思呢？这一课，我们来介绍中国古代典籍。

古代的典籍称"策"或"册"，它包括用细竹片做成的简册和用木片做成的版牍，写满或刻满字的一个个竹简或版牍，要用皮条串联在一起，这样才能形成一本"书"。在古代的文字中，"册"字就是两根绳条穿着一串竹简或版牍的象形。

制作竹简时，为了防止虫蛀和腐烂，要先在火上烘烤，烘干水分，称为"杀青"或"汗青"，因此后代又用汗青指代史册，如文天祥《过零丁洋》"留取丹心照汗青"，现在说电影杀青也是借用这个说法。这种竹木制的"书"使用不便，携带及存放更不便，古人说"汗牛充栋"，搬家把牛累出汗了，房子里都放满了，本来指的就是这样的书。

春秋末期，又出现了写在丝织品上的"书"，称为"帛书"或"素书"，一部书或其中的一部分卷成一卷，因而"卷"就成为计算书籍的单位，如《木兰诗》"军书十二卷，卷卷有爷名"。又有用卷代称书的，如"东坡右手执卷端"(《核舟记》),成语"开卷有益"等。

古代典籍,在唐代以前几乎都是手写本,称为"钞本";宋代以后大都用雕版印刷,即"板印"。印本称为"版本",又作"板本",所以《活板》中说:"板印书籍,唐人尚未盛为之,五代时始印五经,以后典籍皆为板本。"刻印书籍称为"付梓",梓就是木板。如《祭妹文》"汝之诗,吾以付梓"。

我国古代典籍浩如烟海,为方便查阅,就要分类。汉代刘歆继承父业(其父刘向),完成了第一部图书总目录《七略》。《黄生借书说》中说"七略四库,天子之书",就指此。

下面我们来介绍一些古代典籍常见称呼。比如"三坟五典",这其实是古书名的统称,伏羲、神农、黄帝的书称为"三坟",少昊、颛顼、高辛、唐尧、虞舜的书为"五典"。

下面重点说下"经史子集"。我国古代图书分为经、史、子、集四部,四部的名称和顺序是在《隋书·经籍志》中最后确定下来的。

经部,指儒家学说,"四书五经"属于经部,四书,是《大学》《中庸》《论语》《孟子》的合称,宋人抽出《礼记》中的《大学》《中庸》两篇,与《论语》《孟子》配合,至南宋,朱熹撰《四书章句集注》,"四书"之名由此而定;五经,是《诗》《书》《礼》《易》《春秋》五部儒家经典的简称,始称于汉武帝时。后来,又有"六经""九经""十二经""十三经"的说法,"五经"再加《乐经》,就是"六经",也称为"六艺";唐代把"三礼"即《周礼》《仪礼》《礼记》和"春秋三传"即《公羊传》《穀梁传》《左传》,连同《易》《书》《诗》称为"九经";至唐文宗刻石经,将《孝经》《论语》《尔雅》列入经部,则为"十二经";宋代又将《孟子》提升为经,故有"十三经"之称。这里要说明一下,"六经"又称"六艺",但"六艺"并不只指"六经",还指古代学校的六门学科:礼、乐、射、御、书、数。

史部,指记载历史兴衰治乱和各种人物以及制度沿革等的历史书。古史、野史、法典、地志、职官、政书、时令等,凡记事的书籍均归入史部。我国现存最早的编年体史书是《春秋》,相传是孔子在鲁国旧史基础上修撰的;最早的国别体史书是《国语》,相传为左丘明编撰;第一部纪传体通史是司马迁的《史记》;第一部纪传体断代史是班固的《汉书》;最大的一部编年体通史是司马光的《资治通鉴》。我们常说"四史",指的是《史记》《汉书》《后汉书》《三国志》。"二十四史",指的是《史记》《汉书》《后汉书》《三国志》《晋书》《宋书》《南齐书》《梁书》《陈书》《魏书》《北齐书》《周书》《隋书》《南史》《北史》《旧唐书》《新唐书》《旧五代史》《新五代史》《宋史》《辽史》《金史》《元史》《明史》二十四部纪传体史书,被称为"正史";清代乾隆年间编定,加上《清史稿》,即为"二十五史"。其中《史记》是通史,其余的都是断代史。

子部,指记录先秦诸子百家及其学说的书籍。春秋战国之际,学者辈出,百家争鸣,哲学、名学、法学、医学、算学、兵学、天文学、农学十分发达。每家著书一种,后人因为其次于经书而成一家之言,所以称为子书。道教、宋明理学、清朝的考据学也都归入子部。

集部,泛指诗词文赋专集等著作。凡历代作家的散文、骈文、诗、词、曲等集子和文学评论著作,均归入此类。属于一人专有的称为别集,汇选若干人的作品称为总集,有关诗的集子称为诗集。

此外,我国古代类书、丛书也很多,如:现存最早的类书是隋唐时虞世南编的《北堂书钞》,最大的一部百科全书式的类书是明代的《永乐大典》,最大的一部丛书是清代的《四库全书》。《钦定四库全书》是在乾隆皇帝的主持下,由纪昀等360多位高官、学者编撰,3,800多人抄写,耗时十年编成的丛书,共有3,500多册书,7.9万卷,3.6万册,约8亿字。

还有一些古代文学常识,我们来整理一下,比如:"风骚",指《国风》和《离骚》,后来泛称文学;"风雅",指《国风》《大雅》《小雅》,后来泛指诗文方面的事;"四大名剧",指元代王实甫《西厢记》,明代汤显祖《牡丹亭》,清代洪昇《长生殿》,清代孔尚任《桃花扇》;"四大奇书",《三国演义》《水浒传》《金瓶梅》《西游记》;"四大名著",《三国演义》《水浒传》《西游记》《红楼梦》;"四大谴责小说",清末李伯元《官场现形记》,吴趼人《二十年目睹之怪现状》,刘鹗《老残游记》,曾朴《孽海花》;等等。

知识归纳

汗青：制作竹简时，为了防止虫蛀和腐烂，要先在火上烘烤，烘干水分，称为"杀青"或"汗青"。

帛书：写在丝织品上的"书"，称为"帛书"，又称"素书"。

钞本：古代典籍在唐代以前几乎都是手写本，称为"钞本"或"抄本"。

三坟五典：古书名。伏羲、神农、黄帝的书称为"三坟"，少昊、颛顼、高辛、唐尧、虞舜的书称为"五典"。

经史子集：我国古代图书分为经、史、子、集四部，四部的名称和顺序是在《隋书·经籍志》中最后确定下来的。

四书五经：四书，是《大学》《中庸》《论语》《孟子》的合称，南宋朱熹撰《四书章句集注》，"四书"之名由此而定；五经，是《诗》《书》《礼》《易》《春秋》五部儒家经典的简称，始称于汉武帝时。

六经：六部儒家经典，即"五经"，再加《乐经》。也有称"六经"为"六艺"的。

十三经：十三部儒家经典。汉代开始，把《诗》《书》《礼》《易》《春秋》称为"五经"。唐代把"三礼"（《周礼》《仪礼》《礼记》）、"春秋三传"（《公羊传》《穀梁传》《左传》），连同《易》《书》《诗》称为"九经"。至唐文宗刻石经，将《孝经》《论语》《尔雅》列入经部，则为"十二经"。宋代又将《孟子》提升为经，故有"十三经"之称。

六艺：指古代学校的六门学科：礼、乐、射、御、书、数；也指六经：《易经》《尚书》《诗经》《礼仪》《春秋》《乐经》。

四史：指的是《史记》《汉书》《后汉书》《三国志》。

二十四史：指的是《史记》《汉书》《后汉书》《三国志》《晋书》《宋书》《南齐书》《梁书》《陈书》《魏书》《北齐书》《周书》《隋书》《南史》《北史》《旧唐书》《新唐书》《旧五代史》《新五代史》《宋史》《辽史》《金史》《元史》《明史》二十四部纪传体史书，被称为"正史"。

当堂练习

根据要求选择最恰当的答案：

1. 下面所列名著与信息，对应正

确的一项是（　　）。

A.《论语》　四书　语录体　舍生取义　逝者如斯夫

B.《三国演义》　章回体小说　以时间为序　拥刘反曹　三打祝家庄

C.《家》　现代小说　巴金　高觉新　激流三部曲

D.《哈姆莱特》　悲剧　文艺复兴　莎士比亚　卡西莫多

2. 下列解说，不正确的一项是（　　）。

A. "三坟""五典"传为我国古代典籍，后又以"坟籍""坟典"为古代典籍通称。

B. "阙"原指皇宫前面两侧的楼台，又可作为朝廷的代称，赴阙也指入朝觐见皇帝。

C. "践阼"原指踏入古代庙堂前台阶，又表示用武力打败敌对势力，登上国君宝座。

D. 逊位，也称为让位、退位，多指君王放弃职务和地位。

相关链接

中国古代官方藏书屡遭厄运，古人称为"书厄"。两千多年间，可以称为书厄者，竟有15次之多。

第一次，秦始皇焚书，许多先秦典籍聚之一焚，不复存在；

第二次，西汉末年赤眉军入关，长安兵起，宫室图书尽焚；

第三次，东汉末年董卓移都，图书损毁惨重；

第四次，西晋末年五胡乱华；

第五次，江陵焚书，西魏攻下江陵，梁元帝纵火焚书，江左二百年间收藏的图书大部分化为灰烬；

第六次，隋末沉船，唐军攻下洛阳，将隋朝藏书由水路运往长安，船只触礁沉没；

第七次，安史之乱，两都覆没，早期旧籍亡散殆尽；

第八次，黄巢起义，大量焚烧图书；

第九次，靖康之难，金军攻破北宋都城，掳走徽、钦二帝及大量图书典籍，运往北方的图书流传极少；

第十次，李自成起义，攻入北京，焚烧图书；

第十一次，乾隆修《四库全书》，对全国图书大清查，禁毁甚多；

第十二次，嘉庆宫火，嘉庆二年宫中失火，四百余种宋元善本荡然无存；

第十三次，太平天国起义，大量焚烧图书，江南尤甚，以致一般士子无书可读；

第十四次，英法联军纵火焚烧圆明园，文渊阁《四库全书》及《四库全书荟要》等书被毁；

第十五次，八国联军侵华，图书损失极大。

如果追溯到当代，十年内乱，将相当一部分图书冠以"牛鬼蛇神"，列为禁书，焚毁严重。

（摘自杜泽逊《文献学概要》）

阶段二

文言实词

第一课 如何学好高中文言实词

专题分析

有同学说，背文言实词和背英语单词差不多，实际上文言文实词的学习要简单得多。因为用的是我们熟悉的汉字，而且很多文言实词的意思和我们现代汉语词语意思有密切的联系，只要想办法架起文言文实词和现代汉语的桥梁，学起来是非常轻松的。

一个是要了解一些字源。有位同学听我的微课，说自从听了"即"和"既"的本来意思后，一下就记清了，再也没忘过。大家看，甲骨文中，"即"字，左边是吃饭的器皿，学生说像火锅，这是开玩笑，火锅产生是很晚的，而且说出来大家就不想吃了，火锅本来是江上船家因为长时间不吃肉，会从水中捞一些动物的内脏放锅里煮，因为只有一个锅，所以就一边烧一边往锅里放东西，因为那些东西都是不新鲜的，所以要用上很重的料，就是现在的麻辣佐料之类。说回来，这个字左边是吃饭的器皿，右边是一个人伸着头靠近器皿，表明将要吃饭，所以这个字意思是将要、即将。另外一个字"既"，大家一眼就看懂了，左边也是吃饭的器皿，右边是一个人吃饱了，转身打着饱嚼离开了，表示完成、已经。再比如说"本"和"末"，其实这是两个指事字，大家知道，指事字大多是在象形字上加提示符号来表示意思，比如"刀"是象形字，再加一点表示刀的边上，就是"刃"。"本"呢，就是在"木"字下面加一个符号，就代表树的最下面，是树根；"末"呢，就是在树的最上边，就是树梢。了解字源，对理解文言实词很有帮助。

还有成语，其实成语里有大量的文言文现象，学好成语，也能学好文言文，后面第二节我们会讲怎样通过成语学好文言文。这里举两个例子，比如不远万里，我们理解时就动用了文言文思维，不然的话，就不合逻辑，都"万里"了，还"不远"？其实，这里的"远"是意动用法，意思是，不以万里为远。还有怨天尤人，这里的"尤"就保留了文言文意思，我们通过这个成语的结构就可以推断出来，对应位置的词，应该是同义或反义，这里的"尤"和前面的"怨"就是同一个意思，文言文里也有大量这样的现象，这个可以训练我们的推断能力。

具体来说，应该怎样学习呢？可以概括为三个字，一个是"记"，一个是"悟"，一个是"练"。

一、记

所谓的"记"就是一定数量的文言知识的积累。主要记这样几个方面的内容。

1. 词类活用

比如说"夏雨雪"，雨读yù，这是名词用作动词。"以女妻之"，就是把女儿嫁给他。"吾妻之美我者"，这个"美"是"认为……美"，意动用法。"臣活之"，活，使动用法，"使之活"。"故天下尽以为扁鹊能生死人"，是使死人复活。我想起小时候看毛主席给刘胡兰的题词，说"生的伟大，死的光荣"，我当时就想，死的时候可以这么说，为什么说生的时候伟大呢？出生有什么伟大的呢？哦，原来是我理解错了，那个"生"是"活着"的意思。

2. 一词多义

比如说"发"，在不同的语境中意思不同。"见其发矢十中八九"的"发"是发射；"发图"是打开，"图穷匕首见"；"非常之谋难于猝发"，这里是指发动；"发闾左谪戍渔阳"，这里是征发；"野芳发而幽香"，这里是盛开；"涂有饿莩而不知发"，是打开粮仓。

3. 习惯用法

比如说文言文里边说的"三"，很多时候都是指约数而不是确数。所以"三人行，必有我师"中的"三人行",我们往往翻译成几个人一起走路,而不是三个人一起走路。像"故人",就是指老朋友;"故友",就是指死去的朋友,这是一种约定。比如说"婚姻","婚"用来指女方的父亲,"姻"用来指男方的父亲,他们实际上是儿女亲家的关系,《鸿门宴》里提到刘邦和项伯"约为婚姻",那当然就是刘邦把自己的女儿许配给了项伯的儿子。

还有一些习惯用法,理解时要和现代汉语区分开,比如说,文言文里的"卑鄙","卑"是地位低下,"鄙"是见识短浅;"下车"是指官员上任,可能这个地方一般不轻易来车,来了一辆马车,从车上下来一个人,就是当地的新父母官到了;"风流",是指才学、才华;"身体"指亲自;"无赖",就是无所依靠;"非礼"就是不合乎礼节。

二、悟

"悟"就是要培养文言思维。大家知道,学一门语言,最高境界就是用那门语言的思维方式去思维、去思考。我们可以从以下几个方面来进行:

1. 根据教材中学过的知识进行推断

比如考试文言文中出现"行李",《烛之武退秦师》中有"行李之往来",由此我们知道这里的"行李"是指"使者"。

2. 根据现代汉语词语意思推断

比如通过"剧烈"推断"剧职",这里的"剧"就是重要的或繁重的意思。今天我们说"款待"就是真诚地招待,文言文中"款附"就是真心地依附。这是根据现代汉语常见的用法来推断的。

3. 根据语境推断

因为有不喝酒的语境,就可以推断"降忌谢过"里的"谢"应该是"道歉"或者是"推辞"的意思。

4. 根据生活逻辑判断

比如说"一狼/儿啼",有同学读成"一狼儿/啼",其实是一只狼,像小孩哭一样嚎叫,这里的"儿"是名词用作状语。"猿挂蛇行",就是像猿一样攀着岩壁,像蛇一样匍匐前行,这要跟生活场景结合起来进行推断。

三、练

这里说的"练习"是广义上的,大量的阅读、重点实词的整理、文言词语解释训练、模仿着写文言文,都是练习,主要是促进自己的刻意学习,巩固学习效果。文言文实词的学习是离不开练习的。尤其是常用词,记住了常用实词的意思,阅读文言文就不成问题了。

当堂练习

1.阅读下面文言文语段，选出对加点词语解释不正确的一项。（   ）

马文升，字负图，貌瑰奇多力。登景泰二年进士，授御史。历按山西、湖广，风裁甚著。成化初，召为南京大理卿。满四之乱，录功进左副都御史，振巩昌、临洮饥民，抚安流移，绩甚著。是时败寇黑水口，又败之汤羊岭，勒石纪之而还。

（节选自《明史·马文升传》）

A. 登景泰二年进士　登：升职。
B. 录功进左副都御史　录：记载。
C. 振巩昌、临洮饥民　振：救济。
D. 勒石纪之而还　勒：铭刻。

2. 阅读下面文言文语段，选出对加点词语解释不正确的一项。（   ）

廖刚字用中，南剑州顺昌人。绍兴元年，盗起旁郡，官吏悉逃去，顺昌民以刚为命。刚喻从盗者使反业，既而他盗入顺昌，部使者檄刚抚定。刚遣长子迟喻贼，贼知刚父子有信义，亦散去。寻召为吏部员外郎，言："古者天子必有亲兵自将，所以备不虞而强主威。愿稽旧制，选精锐为亲兵，居则以为卫，动则以为中军，此强干弱枝之道。"又言："国家艰难已极，今方图新，若会稽诚非久驻之地。请经营建康，亲拥六师往为固守计，以杜金人窥伺之意。"

（节选自《宋史·廖刚传》）

A. 刚喻从盗者使反业　喻：教导，劝说
B. 部使者檄刚抚定　檄：文告，文书
C. 愿稽旧制，选精锐为亲兵　稽：考证，查考
D. 以杜金人窥伺之意　杜：杜绝，防范

相关链接

学习古代汉语，对于语音、语法、词汇这三个方面的知识，都应该学习，但首先应该强调词汇方面。因为音韵只在阅读古代的诗词歌赋时，问题才比较突出；至于语法，古今差别不大，问题容易解决；而词汇处在不断变化之中，有些词，古代常用，现在变得罕用或根本不用了，有些词古今意义或者完全不同，或者大同小异，读古书时，一不留神，就会指鹿为马，误解了词义。因此，我们学习古代汉语，重点必须放在词汇上。至

于词汇，重点须放在掌握常用词上。古代汉语里的词并不都是同样重要的，有些僻字僻义只出现在个别的篇章或著作里，它们不是常用词，我们只在读到这些作品时才需要了解它们的意义，翻检字典辞书，就可以解决问题，可以暂时不必费很大的力量去掌握。至于常用词就不同了，只要我们阅读古书，几乎无时无地不和它们接触；我们如果掌握了它们一般的常用的意义，我们就能扫除很多的文字障碍。过去有人专门钻研僻字僻义，那不是学习本课程的迫切任务；正是这些常用词似懂非懂，才使人们对古代作品的了解，不是囫囵吞枣，就是捕风捉影。掌握常用词也可以说是掌握了一把钥匙，它把文言词汇中的主要问题解决了，就不会再是头痛医头，脚痛医脚，读一篇懂一篇，不讲就不懂了。常用词的掌握一方面是感性认识，另一方面也是理性认识。说它是感性认识，因为词汇的系统性远不像语法那样强，要掌握每个词的词义和用法，非一个一个地掌握不可。我们如果有计划地掌握一千多个常用词，也就能基本上解决阅读古书时在词汇方面的困惑。这些常用词不可能在课堂上一一讲授，要求学生在课外自习时切实掌握，特别注意古今词义上的细微差别，防止一知半解，一览而过。我们说常用词的掌握也是理性认识，因为把各书的常用词的词义集中在一起，需要一番概括的功夫。古人对古书词义的注释，往往只照顾到在特定的上下文里讲得通就算了，而有些字典按字收列许多古代注释家的训诂，就显得五花八门，杂然纷呈。其实，许多表面上看来像是分歧的意义，都可以概括为一个基本意义，或者再加上一两个或者再多一点的引申义，就可以说明百分之九十以上的问题。这样删繁就简，芟翦枝节，就有了一些真功夫，会大大提高阅读古书的能力。

（选自王力主编《古代汉语 绪论》）

第二课 借助成语学习文言实词

专题分析

成语是中国古人智慧的结晶，也是古代汉语在当下的活化石。借助成语学习文言实词，不失为一个"古为今用"的好办法。

由于成语凝结了古代汉语的语法和词义特点，如果要研究某个常见文言实词，翻翻字典，找找与之相关的成语，往往会很有收获。

一、成语与文言实词

《世说新语》记载的《陈太丘与友期行》，这个小故事大家都很熟悉，开篇的"陈太丘与友期行，期日中"就出现了一个常见词"期"，解释为动词"约定"。实际上成语中的"期"也有同样的用法，比如"不期而遇"。再比如《廉颇蔺相如列传》中蔺相如的属下见将军被辱而说："臣所以去亲戚而事君者，徒慕君之高义也。"蔺相如则向愤愤不平的家臣解释道："强秦之所以不敢加兵于赵者，徒以吾两人在也。"两句中的"徒"解释为副词"只有、只是"，成语"家徒四壁"都予以了保留。其实现代汉语词语也留有古汉语的痕迹，比如"徒弟"这个词，就是白给师父干活，不给钱，或者说，只干活，不给钱，而"徒"在文言中最常见的两个意思，就是"白白的"和"只"。

二、成语与一词多义

一词多义的出现是语言发展的必然结果，从一个词出发，词义被引申、实在的意义被虚化、词义的范围发生变化都能在成语中反映出来。我们来看几个例子：

备：德才兼备（具备、具有）、关怀备至（周到，尽）、戒备森严（防备）。

兵：短兵相接（兵器）、兵强马壮（士兵，军队）、兵贵神速（用兵策略）。

当：势不可当（抵挡）、首当其冲（对着，面对）、安步当车（当作）。

这样，我们通过同一个实词的几个成语，就能较快地掌握一个实词的一词多义了。

三、成语与通假字

通假字也是成语与文言文之间血缘关系的证明，通过这些成语，我们能归纳实词通假的基本情况。比如：

《劝学》中"虽有槁暴，不复挺者"。——暴：通"曝"，晒。如：一暴十寒。

《荆轲刺秦王》中"今日往而不反者，竖子也"。《逍遥游》中"夫列子御风而行，泠然善也，旬有五日而后反"。——反：通"返"，返回。如：拨乱反正、义无反顾、收视反听。

《荆轲刺秦王》中"秦王发图，图穷而匕首见"。——见：通"现"，显露、显示。如：瑕瑜互见、捉襟见肘。

虽然有的成语现在已经约定俗成不再读原来本字的读音了，但其含义却被保留了下来，成了我们学习实词的一个工具。

四、成语与词类活用

在高中阶段的语文学习中，能够熟练掌握和使用成语也是同学们必备的技能。成语之所以能成为现在我们所看到的样子，和成语本身的结构特点密不可分；另外，一个四字格的成语往往表面语言凝练，内涵却丰富多彩。这些都和一个成语的词类活用现象分不开，下面我们以名词为例看看成语中包含的文言实词词类活用：

A.不翼（长翅膀）而飞　莫名（说出）其妙

在A组的两个例子中，名词"翼""名"分别被放在了副词"不""莫"的后面，在解释成语的时候，就分别被解释成了括号中的意思。从现代汉语的语法来解释，因为副词一般紧跟动词来修饰这个动词，那么成语中副词后本该是动词的名词自然要被活用成动词。

这启示我们，在文言文中，副词后紧跟的名词往往具有动词的性质。

B1.口（口含）蜜腹（腹藏）剑　计（计算）日程功

B2.一诺千金（价值千金）　心猿意马（像猿猴跳跃，像快马奔驰）

在B1组的两个例子中，两个成语都是由动宾短语形成的，从解释的结果来看，本来两个成语共八个字，每个字都是名词，但由于每个成语中都有两个动宾性质的短语，就导致其中必有一个名词要活用成动词，即处于动词位置的那个名词，于是口、腹、计、程就被活用成了动词。

而B2组的两个成语从结构上来看都是主谓结构的，但原本"一诺千金"中的"一诺"和"千金"都是名词，"心猿意马"中的四个字也都是名词，那么就必然有名词被放在了谓语的位置上，从具体的解释来看，就分别是"一诺""猿""马"被活用成了动词。

以上两组例子启示我们，在文言文中，两个名词形成主谓或动宾结构时，其中一个名词一般活用为动词。

就动宾结构而言，谁在动词位置上，谁就活用；就主谓结构而言，谁在谓语位置上，谁就活用。

C1.日（每天）理万机　蒸蒸日（一天天地）上

在C1组的两个成语中，时间名词"日"都被放在了一个动词性质的词前面，分别是"理"（打理、处理）和"上"（活用成动词，发展、提升），按照现代汉语的语法来看，能放在动词前修饰的词只能是状语，于是对应位置的时间名词"日"就被活用成了状语了。

C2.东（向东）奔西（向西）走　星（像星星）罗棋（像棋子）布　人才辈（一代代地）出　车（用车）载斗（用斗）量

C2组的几个成语虽然没有时间名词，但是也都被相应地放在了不同的动词前面，活用的原理和C1组的成语是一样的，只不过翻译的结果不尽相同，同学们可以比较一下。

以上例子启示我们，在文言文中，放在谓语（一般是动词或被活用成动词）前的名词一般具有状语的性质。

细心的你也许发现了，C组成语的例子和A组成语的例子可以相互印证。

五、成语与古今异义

成语的形成和固化反映了语言从古至今的变化，我们现如今之所以仍使用大量的成语，其中一个很重要的原因就是它们包含了这些汉字的文言文意思。需要说明的是，高中阶段提到的"今义"并不是今天才有的意义，而是相比较于古代，现代社会更常用的意义。关于古今异义，且看下面的例子：

破涕为笑——古义：_____；今义：鼻涕。

走马观花——古义：_____；今义：行走。

赴汤蹈火——古义：_____；今义：煮东西的汁水。

爱莫能助——古义：_____；今义：喜爱，热爱。

不速之客——古义：_____；今义：迅速。

同学们，你能写出上面词的古义吗？从结果来看，我们所说的"古义"也不是古代才有的意义，而是文言文当中常用的几个意义，更直接一点说，就是一个实词在句中的意义；我们利用成语学习文言实词，那么就是这个词在这个成语中的意义。

请对照下面的参考结果，你做对了吗？

涕：眼泪。走：跑。汤：热水。爱：可怜。速：招致，引申为邀请。

当堂练习

一、解释下列成语，特别是加点词。

安步当车　陈陈相因　久假不归
敬谢不敏　各行其是

_____
_____
_____
_____
_____

二、分析下列成语中的一词多义现象。

短兵相接　斩木为兵　兵强马壮
草木皆兵　纸上谈兵

兵：_____

亡命之徒　亡羊补牢　亡国之音
家破人亡　唇亡齿寒

亡：_____

道不拾遗　道高一尺，魔高一丈
得道多助，失道寡助
以其人之道还治其人之身　说长道短

道：_____

三、分析下列成语中的通假字。

被坚执锐　暴虎冯河　厝火积薪

春华秋实　受益匪浅　秀外惠中

四、分析下列成语中的词类活用现象。

汗牛充栋　完璧归赵　草菅人命
不远千里　从善如流　居安思危
耳闻目睹　土崩瓦解

五、分析下列成语中加点词的古今异义。

乳臭未干　屡试不爽　抱恨终天
不名一钱　巧言令色　追亡逐北
不刊之论　防患未然

六、除了这节课提到的成语，你还借助过哪些成语来学习文言文？写在下面，并说说这些成语在哪些方面便帮助了你的文言文学习。

相关链接

这些是成语吗？

· 智者千虑，必有一失；愚者千虑，必有一得

十六个字的成语，你见过吗？它出自《晏子春秋》，后被《史记·淮阴侯列传》引用，意思是聪明的人在上千次考虑中，总会有一次失误；愚蠢的人在上千次考虑中，总会有一次收获。

· 想当然

没看错，口语表达中一句随意的"想当然"原来也是成语。它出自范晔《后汉书·孔融传》："以今度之，想当然耳。"公元203年，曹操同儿子曹丕率军攻占袁绍的老巢邺城，结果俘获了袁熙的妻子甄氏，曹丕强占甄氏。事情闹得舆情哗然，孔融得知此事后写信给曹操："武王伐纣，以妲己赐周公。"曹操问孔融是何意，孔融说："以今度之，想当然耳。"曹操明白了孔融的真实用意，心里自然不快，以后借口杀孔融，或多或少与这想当然有些干系。

· 酒店猛狗

这一成语乍听之下让人不知所云，原来也是有典故的。它出自《晏子春秋·内篇问上》，讲述了一个颇有深意的寓言故事：

有一个卖酒的人，使用的器皿很清洁，店家挂出的招牌也很醒目，但他卖的酒因卖不出去而发酸。他向四

邻询问原因，邻居说："您家的狗很凶，别人来打酒，狗就迎上来咬他，这就是您家的酒会卖不出去而发酸的原因啊。"一个国家也有这样的猛狗，这些专权的人就是国家的猛狗啊。有治国学说和方法的贤人，想要求见国君，但是国君左右把持权力的大臣迎上去诽谤他们，这些人就是国家的猛狗啊！对于这样的"酒店猛狗"我们应该怎么办呢——一个字就是"打"！领导者只有从全局出发，才能慧眼识人，要擦亮眼睛。

· 空心汤圆

这是什么？新出的美味吗？这也是我们成语大家族的一员，不过出生的年代稍晚一些。它出自茅盾的《"九一八"周年》："华盛顿也许要来'周年'：重申《九国条约》，再给高等华人空心汤圆。"通过这个出处，我们很自然就将它和空头支票联系起来，原来这个汤圆指的是徒有虚名，并无实利可图的东西，有华而不实之意。

· 博士买驴

学识渊博的"博士"去市场"买驴"，难道是和商贩讨价还价吗？原来这个成语出自《颜氏家训》，这里的博士是古代的官职。话说这位博士学富五车，家里的驴子死了，只得去市场买驴。博士要求商贩写个收据，奈何商贩大字不识，只得让博士代写。博士借来笔墨纸砚，洋洋洒洒写了三页纸。商贩说你给念念吧，结果博士摇头晃脑念了半天，不仅一个"驴"字没提到，还引得市场上众人围观哄笑——明明只要写日期和收到买卖驴子的钱款就行了，为何要说一堆无关的废话呢？于是这个成语就用来形容写文章或讲话不得要领，虽然写了一大篇，说了一大堆，却都离题很远。

除了上面这些让人"不明觉厉"的成语，你还见过哪些有意思的成语？翻翻字典，找到这些成语的出处，积累在下面吧。

第三课——文言文中的通假字

专题分析

通假字我们并不陌生，从学习文言文开始我们就接触过。通假字的概念有广义和狭义之分，广义的通假字包括通假字、异体字、分化字和繁简字四个方面，而狭义的通假字只包括通假本身。中学阶段，一般在字形或者字音上能考证出联系的均可视作通假字。如果A是本来的字，A1是通假字，一般在书面上则表示为"A1同/通A"。严格来说，"通"和"同"是不同的。"通"表示通假字，指"写错或印错的字"通"作者本来要写的字"。"同"表示古今字，即"文中的古体字"等同"现代汉语中的某字"。

学习通假字必须了解汉字的产生与分化。我们以分化字为例看看汉字是如何一步步聚少成多发展到今天这个庞大体系的。

古代早期社会并不发达，需要记录的内容也相对较少，需要用到的汉字自然也不多。但是随着社会的进步，需要被记录和人们生活中要描述的事物越来越多，字的记词功能也越分越细。原来为了方便，一个字可能同时用来记录几个义项，但后来这些义项由于经常使用，又被用另外的汉字来记录，从而被分化出来使用，这些字就称为分化字。例如：

①父之仇，弗与共戴天。（《礼记·曲礼》）

②行李之往来，共其乏困。（《烛之武退秦师》）

③为政以德，譬如北辰，居其所而众星共之。（《论语·为政》）

④民不知礼，未生其共。（《左传·僖公二十七年》）

从具体词义来看，上面四个例子分别解释成①共同、②供给、③拱揖、④恭顺，但是它们同时被"共"这个字记录，虽然从语言的发展来说比较经济实惠，人们不用记太多的字，但是由于身兼数职，在理解的时候容易造成歧义。于是随着语言的发展，后三个义项分别由供、拱、恭来记录，而且我们发现之后出现的三个字都是在本字"共"的基础之上通过增加结构而产生的，从而说明了它们之间并不是凭空想象产生的。

"通假"实际上是古人选字写词时的一种方法，即本应用A字而不用，用与A字在字音或字形上相近的B字进行替代。原本应用的A字我们称为本字，被借用的B字我们称为通假字，例如：

①"知之为知之，不知为不知，是知（智）也"——《论语·为政》

②"两岸连山，略无阙（缺）处"——《三峡》

③"学而时习之，不亦说（悦）乎？"——《论语·学而》

④"故虽有名马，祗（只）辱于奴隶人之手"——《马说》

上述例子中括号内的字都是加点字的本字，加点字是通假字。其中，①②两个例句中的通假字在字音和字形上都很相似，③是字形上的相似，④是字音上的相似。

也许你会有这样的问题：说不定通假字就是古人写错字而产生的呢？这种说法有一定的道理，从上面的例子我们已经发现了，通假字和本字实在是太像了，很容易写错；同时在古书传抄、印刷的过程中一旦写错，较难修改，有时则干脆将错就错。古人这个错误在当时可能未引起重视，也许文人间默认大家都知道这是错字，但没想到千百年之后却给我们学习文言文带来不小的挑战。

所以，我们掌握通假字，一般要关注两点：一是字音上是否相同或相近，二是字形上是否相近。进行判断时，还可以直接把通假的结果带入原句中进行检验。我们用几个例子来操作一下：

①由，诲女知之乎？（《论语十则》）

②满坐寂然，无敢哗者。（《口技》）

③今日往而不反者，竖子也。

(《荆轲刺秦王》)

④张良出，要项伯。(《鸿门宴》)

①中的"女"不可能是现代汉语的性别指向意义，而综合字音字形只能是指代孔子的弟子子由，同时又是在对话中，则考虑加上偏旁，通第二人称代词"汝"。

②中加点字是动词，且后面紧跟形容词，再考虑前面的修饰词"满"，能够确定加点位置不是动词"坐"，而是名词"座"，满座即是台下的观众。

③的通假很经典，在汉字发展的过程中，"反"已经没有了"返回"的意义，而且前面紧跟着否定副词"不"，则必然是通假，通动词"返"。

④的通假情况不再是字形上的相似，而是字音上的相似。该句在考虑时必须结合上下文语境，首先判断词性是动词，再结合句意判断意思是邀请，则通"邀"。

当堂练习

一、下面的句子选自初中课文，你一定不陌生。请判断句中通假字，写出本字并解释其在句中的意思。

担中肉尽，止有剩骨_____通_____，_____

河曲智叟亡以应_____通_____，

出门看火伴，火伴皆惊忙_____通_____，_____

争渡，争渡，惊起一滩鸥鹭_____通_____，_____

旧时茅店社林边，路转溪头忽见_____通_____，_____

两岸连山，略无阙处_____通_____，_____

舟首尾长约八分有奇_____通_____，_____

二、下面这些句子选自高中课文，你能判断下列句中的通假字吗？尝试写出本字并解释其在句中的意思。

焉用亡郑以陪邻_____通_____，

秦王必说见臣_____通_____，

今日往而不反者_____通_____，

卒起不意_____通_____，

秦王还柱而走_____通_____，

不可不蚤自来谢_____通_____，

失其所与，不知_____通_____，

距关，毋内诸侯_____通_____，

相关链接

常见通假字100例

序号	通假字与本字	例句	出处
1	"案"通"按"	召有司案图	《廉颇蔺相如列传》
2	"颁"同"斑"	颁白者不负戴于道路矣	《寡人之于国也》
3	"倍"通"背"	愿伯具言臣之不敢倍德也	《鸿门宴》
4	"被"通"披"	同舍生皆被绮绣	《送东阳马生序》
5	"辩"通"变"	若夫乘天地之正,而御六气之辩	《逍遥游》
6	"不"通"否"	秦王以十五城请易寡人之璧,可予不?	《廉颇蔺相如列传》
7	"裁"通"才"	裁如星点	《山市》
8	"采"同"彩"	须臾成五采	《登泰山记》
9	"曾"通"层"	荡胸生曾云,决眦入归鸟	《望岳》
10	"唱"通"倡"	为天下唱,宜多应者	《陈涉世家》
11	"从"通"纵"	合从缔交,相与为一	《过秦论》
12	"错"通"措"	洒规矩而改错	《离骚》
13	"当"通"倘"	当与秦相较,或未易量	《六国论》
14	"道"通"导"	来吾道夫先路也	《离骚》
15	"得"通"德"	所识穷乏者得我与?	《孟子·鱼我所欲也》
16	"底"通"抵"	大底圣贤发愤直之所为作也	《报任安书》
17	"而"通"尔"	早缫而绪	《种树郭橐驼传》
18	"而"通"耐"	德合一君,而征一国者	《逍遥游》
19	"尔"通"耳"	非死则徙尔	《捕蛇者说》
20	"反"同"返"	反归去之	《郑人买履》
21	"匪"通"非"	匪来贸丝	《诗经·卫风·氓》
22	"冯"通"凭"	浩浩乎如冯虚御风	《赤壁赋》
23	"父"通"甫"	余弟安国平父、安上纯父	《游褒禅山记》
24	"盖"通"盍"	盖亦反其本矣	《齐桓晋文之事》
25	"阁"通"搁"	阁泪汪汪不敢垂	《长亭送别》
26	"共"通"供"	共其乏困,君亦无所害	《烛之武退秦师》
27	"沽"通"酤"	径须沽取对君酌	《将进酒》
28	"灌"通"盥"	媵人持汤沃灌	《送东阳马生序》
29	"归"通"馈"	自牧归荑,洵美且异	《诗经·邶风·静女》
30	"还"通"环"	秦王还柱而走	《荆轲刺秦王》
31	"曷"通"何"	亦曷故哉?	《五人墓碑记》
32	"阖"通"合"	倾城阖户,连臂而至	《虎丘记》
33	"衡"通"横"	左手倚一衡木	《核舟记》
34	"惠"通"慧"	甚矣,汝之不惠	《愚公移山》
35	"火"通"伙"	出门看火伴	《木兰诗》
36	"机"通"几"	所赖君子见机,达人知命	《滕王阁序》
37	"简"通"拣"	盖简桃核修狭者为之	《核舟记》
38	"见"通"现"	疏条交映,有时见日	《与朱元思书》

续表

序号	通假字与本字	例句	出处
39	"狡"通"矫"	狡捷过猴猿	《白马篇》
40	"景"同"影"	赢粮而景从	《过秦论》
41	"句"通"勾"	句践之地,南至于句无	《勾践灭吴》
42	"具"通"俱"	百废具兴	《岳阳楼记》
43	"距"通"拒"	距关,勿内诸侯	《鸿门宴》
44	"决"通"诀"	辞决而行	《信陵君窃符救赵》
45	"离"通"罹"	进不入以离尤兮	《离骚》
46	"帘"通"奁"	箱帘六七十,绿碧青丝绳	《孔雀东南飞》
47	"敛"通"殓"	敛不凭其棺	《祭十二郎文》
48	"陵"通"凌"	贾家庄几为巡徼所陵迫死	《〈指南录〉后序》
49	"零丁"通"伶仃"	零丁孤苦,至于成立	《陈情表》
50	"陇"通"垄"	小麦覆陇黄	《观刈麦》
51	"闵"通"悯"	臣以险衅,夙遭闵凶	《陈情表》
52	"冥"通"溟"	北冥有鱼,其名为鲲	《逍遥游》
53	"莫"同"暮"	莫春者,春服既成	《子路、曾皙、冉有、公西华侍坐》
54	"内"通"纳"	毋内诸侯	《鸿门宴》
55	"纽"通"扭"	则被这枷纽的我左侧右偏	《窦娥冤》
56	"女"同"汝"	诲女知之乎?	《论语》
57	"攀"通"扳"	右手攀右趾	《核舟记》
58	"泮"通"畔"	淇则有岸,隰则有泮	《诗经·风·氓》
59	"畔"通"叛"	寡助之至,亲戚畔之	《得道多助,失道寡助》
60	"辟"通"避"	患有所不辟也	《孟子·鱼我所欲也》
61	"枪"通"抢"	见狱吏则头枪地	《报任安书》
62	"强"通"僵"	昂首观之,项为之强	《童趣》
63	"取"通"娶"	令壮者无取老妇	《勾践灭吴》
64	"趣"通"趋"	趣舍万殊	《兰亭集序》
65	"生"通"性"	君子生非异也,善假于物也	《劝学》
66	"世"通"逝"	皆不幸早世	《祭十二郎文》
67	"受"通"授"	师者,所以传道受业解惑也	《师说》
68	"孰"同"熟"	徐公来,孰视之	《邹忌讽齐王纳谏》
69	"属"通"嘱"	属予作文以记之	《岳阳楼记》
70	"帅"通"率"	将帅二三子夫妇以蕃	《勾践灭吴》
71	"说"通"脱"	士之耽兮,犹可说也	《诗经·风·氓》
72	"说"通"悦"	学而时习之,不亦说乎?	《论语》
73	"突"通"涂"	可怎生糊突了盗跖、颜渊	《窦娥冤》
74	"涂"同"途"	涂有饿莩而不知发	《寡人之于国也》
75	"亡"通"无"	河曲智叟亡以应	《愚公移山》
76	"为"同"谓"	孰为汝多知乎?	《两小儿辩日》
77	"无"通"毋"	则无望民之多于邻国也	《寡人之于国也》
78	"希"同"稀"	鼓瑟希,铿尔,舍瑟而作	《子路、曾皙、冉有、公西华侍坐》

续表

序号	通假字与本字	例句	出处
79	"县"通"悬"	胡瞻尔庭有县特兮	《伐檀》
80	"乡"通"向"	乡为身死而不受	《孟子·鱼我所欲也》
81	"飨"通"享"	飨德怀恩	《柳毅传》
82	"销"通"消"	云销雨霁,彩彻区明	《滕王阁序》
83	"信"通"伸"	孤不度德量力,欲信大义于天下	《隆中对》
84	"羞"通"馐"	使建中远具时羞之奠	《祭十二郎文》
85	"阳"通"佯"	皆阳应曰:"诺。"	《记王忠肃公翱事》
86	"要"同"邀"	张良出,要项伯	《鸿门宴》
87	"有"通"又"	衣水犀之甲者亿有三千	《勾践灭吴》
88	"于"通"吁"	于嗟鸠兮,无食桑葚	《诗经·卫风·氓》
89	"蚤"通"早"	旦日不可不蚤自来谢项王	《鸿门宴》
90	"振"通"震"	燕王诚振怖大王之威	《荆轲刺秦王》
91	"支"通"肢"	至舍,四支僵劲不能动	《送东阳马生序》
92	"知"通"智"	失其所与,不知	《烛之武退秦师》
93	"祗"通"只"	祗辱于奴隶人之手	《马说》
94	"直"通"值"	昂其直,居为奇货	《促织》
95	"止"通"只"	担中肉尽,止有剩骨	《狼》
96	"指"通"旨"	卜者知其指意	《陈涉世家》
97	"濯"通"浊"	自疏濯淖污泥之中	《屈原列传》
98	"赀"同"资"	敛赀财以送其行	《五人墓碑记》
99	"尊"通"樽"	一尊还酹江月	《念奴娇·赤壁怀古》
100	"坐"通"座"	先自度其坐,而置之其左	《郑人买履》

第四课
文言文中的古今异义

专题分析

中国的汉字不断发展的过程，其背后折射出的正是整个中华民族发展壮大的过程。我们在阅读文言文的时候，经常会发现一些字词的理解并不能完全按照现代汉语的思路来，但是细心的同学一定会发现，即使是那些现代汉语常见意义和文言文常见意义看似完全不相干的字词，实际上也是存在内在联系的，而我们学习古今异义，关键在于发现、了解、运用这些内在联系，读通、理解文言文。

对于一个词A，古代汉语常见意义是A1，而现代汉语的常见意义却是B，而且现代汉语理解的意义A1已经有另外的词C来表示了，那么我们就可以说词A是古今异义词，A1是它的古义，B是它的今义。从时间角度来说，古义先行，今义是后起的。比如说我们常说的动词"走"就是典型的古今异义词。

"走，趋也。徐行曰步。疾行曰趋。疾趋曰走。"（段玉裁《说文解字注》）

从上面的例子里我们不难看出，古代的"走"更多地指向今天"跑"的意思，速度很快，和今天意义上的"走"很不相同。杜甫在《石壕吏》

中就说"老翁逾墙走，老妇出门看"，《荆轲刺秦王》中还描述了"秦王方还柱走"的场景。

由于涉及词义的变化，学习古今异义可以从以下几方面入手。

第一是词义的扩大，今义包含古义。

词义的扩大是指词义所反映的客观事物范围从古到今的扩大，即从部分到整体，从个别到一般，使得我们今天除了可以看到一个词的原初意义，还能用它来指代与之相关的更广泛的意义。例如文言文中一般不加修饰限定的"河"通常就特指黄河，同理"江"则特指长江；而到了现代汉语的意思，"江""河"的意义就不再局限于这两条河而可以泛指一切河流了，在前面加上区别词加以区分。

再比如我们人体表面的"皮肤"，这个"皮"在文言文中其实并不用在人、植物上，而只能指"兽皮"。《左传·僖公十四年》的"皮之不存，毛将安傅"基本说明了皮之上还附着毛。古人以动物的皮毛制衣来抵御严寒，其中未经处理的动物皮毛称为"皮"，而处理去毛的皮就称为"革"，至于人的皮肤——常言道"身体发肤，受之父母"——我们便知道文言文的"肤"才是更多用在人、植物身上的，比如《种树郭橐驼传》中一些人种树拔苗助长，"甚者爪其肤以验其生枯"，这里的"肤"指的就是树皮。

还有如下例子：

	古义	今义
睡	坐着打瞌睡（眼睛"目"太困了"垂"下来，很形象）	打瞌睡、睡觉等
好	专指女子容颜好看，不涉及品德	修饰一切美好的

第二是词义的缩小，古义包含今义。

顾名思义，语言发展的结果是现代汉语的意思被古代汉语包含其中了，一个字的文言文意思比现代汉语更丰富。例如常说的"丈夫"，文言文的意思是男子汉，理论上只要是男性就可以，而现代汉语中就只能指代婚姻关系中女子的配偶了，单身的话就不在考虑范围内了。

黄金价值连城，但"金"本身在文言文的意思不局限于黄金，而可以泛指一切"金属"。所谓"二人同心，其利断金""锲而不舍，金石可镂"就是这个道理，李清照和赵明诚夫妇研究的"金石"，也不是专门研究"黄金""石头"，而是"铜器""石碑"。

又如在《送东阳马生序》中，"媵人持汤沃灌"的"汤"解释成"热水"，就是汤在文言文中的常见意义。现代汉语则不能泛指热水，而必须放上菜煮一煮才能成为"汤"。但是我们的邻国日本在学习汉字的时候保留了这个汉字的字形和文言文意思，"汤屋"就是盛放大量热水的屋子，大家猜到是哪里了吗？

还有如下例子：

	古义	今义
臭	xiù，泛指各种气味	臭味，难闻的气味
色	脸色，女色，种类（各色人等）	颜色，色彩
池	护城河（城池），池塘	池塘
亲戚	包含父母子女的亲属关系	排除直系亲属

第三是词义的转移，古义和今义指向不同的事物。

词义的转移和上面的扩大缩小不同，指的是一个词的古今意思指代的是两个不同的事物，虽然从这个描述上来看是两个不同的事物，但毕竟同出一源，我们分析几个例子，即便是词义发生转移，古今意思之间仍有千丝万缕的联系。

王安石在《游褒禅山记》中感慨"此所以学者不可以不深思而慎取之也"，这里的双音节词"学者"并不是现代汉语的意义，而是指"求学、治学之人"，反而和汉语在《师说》中谈到的"古之学者必有师"中"学者"的意思更相近。但大家一定发现了，即便是这两个事物之间其实也有"治学"这个含义作为联系古今意思的纽带，二者并不完全割裂，反映了汉语发展的连续性和继承性。

再看两个现代汉语差别不大的词——怨、恨。它们的关系大致如下：

古义	今义
怨	恨
恨	憾
情感强度	
古义：怨＞恨	今义：怨＜恨

大家一定发现了，在这组例子中，怨恨的古今含义差别主要在情感强度上，古今完全相反了，而联系这两个词的纽带，就是"恨"发生的意义转变。

其他例子如下：

	古义	今义
涕	眼泪（涕泗横流，泗：鼻涕）	鼻涕
牺牲	名词：祭祀祭品（色纯为"牺"，体全为"牲"）	动词：为了某种目的而舍弃生命或权利

第四是感情色彩发生变化。

这类古今异义还是原来的词，但是由于社会的变化，人们使用这些词的时候情感态度发生了变化。要么是词义褒贬发生反转，有的是原本不带色彩后来戴上了"有色眼镜"。

由褒到贬的典型例子是"爪牙"。

《国语·越语上》记载"夫虽无四方之忧，然谋臣与爪牙之士，不可不养而择也"，爪牙的含义是"勇武之人"，即便是荀子在《劝学》中大声疾呼"蚓无爪牙之利，筋骨之强"的时候尚是个中性词，他怎么也不会想到今天的爪牙变成了"党羽、帮凶"的代名词。

由中性到贬义的例子如"逢迎"。这两个字拆开任何一个都不带感情色彩，但是现代汉语用这样的形式组合在一起，就成了"奉承、溜须拍马"，而在古代更多的只是"迎接"。

还有如下例子：

	古义	今义
卑鄙	（中性）地位低下，见识短浅	（贬义）品德低下
下流	（中性）地位或处境低下的人	（贬义）卑鄙
风流	（褒义）杰出、英俊	（贬义）生活放荡

上述四类对文言文中的古今异义进行了举例说明，还有不少具体的解释翻译需要同学们在具体的阅读中去实践。由于古今异义现象也涉及文言文词义的变化，可以将本课内容与一词多义结合起来学习记忆。

当堂练习

一、结合例句，指出下列字词的古今常见意义分别是什么。

"行李之往来，共其乏困。"（《烛之武退秦师》）

_____

"寡君之师徒，不足以辱君矣。"（《勾践灭吴》）

_____

"于是焉河伯始旋其面目。"（《庄子·秋水》）

_____

"吾长见笑于大方之家。"（《庄子·秋水》）

_____

"备他盗之出入与非常也。"（《鸿门宴》）

_____

"今之众人，其下圣人也亦远矣。"（《师说》）

_____

"燕赵之收藏，韩魏之经营。"（《阿房宫赋》）

_____

"野马也，尘埃也，生物之以息相吹也。"（《逍遥游》）

_____

二、在你学习文言文的过程中，除了本课涉及的，你还遇到过哪些古今异义词？请写在下面并与你的同学分享。

_____

_____

相关链接

这些成语"变味儿"了

作为文言文活化石的成语是语言和文化的结晶，但随着时代的发展和社会文化认同的转变，不少成语已经与原初的意义不大一样了，有的甚至变得面目全非。下面举几个例子，我们可以在成语中体会祖国语言文化的流变。

· 逃之夭夭

语出《诗经·周南·桃夭》，原句是："桃之夭夭，灼灼其华。之子于归，宜其室家。"这句话原本是用来恭贺出嫁女子的，春天的桃花和柳条相映成趣，一派万物复苏欣欣向荣之景。这里涉及到"桃"与"逃"的通假，现在这个成语成了逃跑的意思，和"溜之大吉"呼应。

· 七月流火

语出《诗经·豳风·七月》，原句是："七月流火，九月授衣。"这是一个很容易望文生义的成语，容易理解为"七月的夏天非常热"，毕竟七八月份正值盛夏，用"流火"来夸张表达骄阳炙烤之下的汗如雨下似乎再合适不过。但请注意，这里的"七月"是我们的农历七月，一般对应现在公历的九十月；另外，这里的"火"并不是"火热"，而是天上的一颗星，古人称其为"大火星"，即心宿二，对应天蝎座主星α星。这颗星的变化视作天气转凉，古人便"知暑渐退而秋将至"。

· 衣冠禽兽

语出《二刻拍案惊奇》："不但衣冠中禽兽；乃禽兽中豺狼也。"作为中国古代的经典官场小说，明代凌濛初的这本《二刻拍案惊奇》已经说明当时的衣冠禽兽已经成为贬义词。但联系中国古代的官员服饰文化不难发现，衣冠禽兽在早期绝对是高大上的代名词。以明代为例，文武官员的官服纹样依据品阶各不相同，不可逾越。文官一律飞禽，武官一律走兽。如此一来，最初的衣冠禽兽无疑是一句赞语。但到了明朝中晚期，宦官的专权和政治氛围的腐化使得这个词的文化意义发生了翻转，成为外表衣帽整齐，行为如禽兽的人的代名词。

·川流不息

语出《论语·子罕》："子在川上曰：逝者如斯夫，不舍昼夜。"可见川流不息最初就是指水的流动，但现在使用的完全是这个成语的比喻意义，指人群像水流一样不停地流动。这个现象值得大家注意，就是在成语演进的过程中，剔除了成语的字面意义，而只使用成语的比喻意义。其实上文的"衣冠禽兽"也是如此。

第五课
名词的活用

专题分析

从字面上简单理解词类活用，其实就是"灵活使用词的各类意义、用法"，在高中阶段的语文学习中，文言文实词的词类活用现象和词的一词多义紧密相连。一个词能够同时兼有那么多义项，说到底其实还是语言有被使用的需要。既然同一个词在不同情况下的理解不同，必然受到其活用的影响，这也是我们学习词类活用的出发点。因此，对词一般活用情况总结和记忆就显得尤为重要。

知晓常见的词类活用类型只是一个手段，因为我们终究是要将文言文读懂。纵使一个词的活用情况千变万化，但有了具体的语境，能结合上下文进行合理的推断，这个活用的结果才是有意义的。因此，在学习词类活用的时候为自己创设合理的情境、目光聚焦在上下文、平时牢记常见的例句，是学习的重要策略。

这里有一点要说明，词类活用避不开被活用词的词性，高中阶段考虑的是这个词"本义"所归属的词性，也就是被大量文献证明的那个意思的词性，同时所有的活用语法关系也是遵循现代汉语的一般句子语法，即"主谓宾+定状补"。例如《鸿门宴》中曹无伤派人向项羽告密，说刘邦有称霸关中的野心义的——"沛公欲王关中"——我们说这个句子中的"王"是名词活用作动词义的"称王"，因为句中主语是名词"沛公"，宾语是地点名词"关中"，唯独缺少谓语。而"王"的本义是"君主、帝王"，是名词。因此我们说这里的"王是名词活用作动词"，我们理解"王"的词类活用时都是从它作为名词出发的。

文言文阅读最先接触的实词是名词，这一课，我们来学习文言文中名词的活用。

名词的活用有以下几种常见情况：

一、名词活用作一般动词，具有跟原名词意义密切相关的一般动词意义，如果后面跟上宾语，则一般是动宾关系

请看如下例子：

① 晋军函陵，秦军氾南。（《烛之武退秦师》）

② 范增数目项王。（《鸿门宴》）

③ 乃朝服，设九宾。（《荆轲刺秦王》）

④ 假舟楫者，非能水也。（《劝学》）

①句中的"军"本义是"军队"名词，前分别有名词"晋""秦"这两个名词做主语，后分别是"函陵""氾南"这两个地点名词作宾语，可见句中缺少谓语。于是将名词军队的意义活用为与之相关的动词"驻扎、驻军"作谓语，让句子结构完整。

②中的"目"本义也是名词"眼睛"，其前后分别是人名"范增"做主语，人名"项王"做宾语，缺少谓语。于是将名词"目"活用成与之意义相关的动词"看、使眼色"做谓语。

③中的"朝服"本义是名词"上朝穿的衣服"，由于这个分句里没有谓语，故活用成动词"穿上上朝的衣服"。

④中的"水"也是一样，原本句子是没有谓语的，只有主语"假舟楫者"，前面是能愿动词"能"，可是现代汉语理解句子能愿动词的后面还需跟上具体动词，于是名词"水"被活用成动词"游泳"。

总结来说，名词活用成动词的先决条件是在句子翻译时按照现代汉语理解，句子缺少谓语动词，那么处在主语和宾语之间的名词就要被关注，从而活用成与之意义相关的动词。

二、方位名词作一般动词，表示主语朝着这个名词指代的方位行动

大家要牢记常见的16个单音节方位名词，它们分别是——

上下左右前后+东西南北中+内里外间旁。

其在文言文中活用的例子如下：

① 樊於期乃前曰。（《鸿门宴》）

② 方其破荆州，下江陵，顺流而东也。（《前赤壁赋》）

③ 奚以之九万里而南为。（《逍遥游》）

④ 项王乃复引兵而东。（《项羽之死》）

⑤ 一拥而上。（成语）

除了①以外，我们不难发现，另外四个例子有共同之处，那就是句中的方位名词之后都没有其他的谓语动词了，那么此时它们就只能和主语搭配，成为句中的谓语动词。

所以，②解释为顺着江水"向东流"，③解释为鹏鸟为什么要去九万里的高空然后"向南飞"呢，④解释为项王于是又带着军队"向东走"，⑤中的成语解释为一下子全都"围上去"。需要注意的是①中虽然方位名词"前"的后面还有动词"曰"，但是这两个动词都是由主语樊於期发出的，它们是先后的承顺关系，因此它还是活用成动词"走上前"。

三、名词的使动用法，使宾语成为这个名词所代表的人或事，使宾语完成这个名词活用的动词的行为

请看如下例子：

① 先破秦入咸阳者王之。（《鸿门宴》）

② 齐威王欲将孙膑。（《史记·孙子列传》）

③ 舍相如广成传。（《史记·廉颇蔺相如列传》）

④ 有一母见信饥，饭信。（《史记·淮阴侯列传》）

先看前两个例子。①中项羽和刘邦讨论的结果是谁能称王的问题，谁能先灭秦国并且入主咸阳城，谁就是王。有人认为可以"就帮他当王"的意动用法来理解，这样就忽略了称王称霸的客观性，谁是王这是能确定的，所以这里倾向于理解为"使他称王"。②中的"将"应当是四声，理解为齐威王想"让孙膑做将领"。有的同学理解为"率领"，那么则没有秉持前面所说的结合上下文的原则，句子没有额外的宾语了。

在后两个例子中，都不能直接套

用前面的例子翻译成"使蔺相如成为舍""使韩信成为饭",而是应当考虑这两个名词先活用为动词再理解为使动用法。所以③中的舍是"使蔺相如住在广成旅舍",④中的饭是"让韩信吃饭"。我们也可以简单处理,将这两个词分别理解为"安排住处"和"喂饭"。

四、方位名词的使动用法,使宾语朝着这个名词指代的方位行动

请看如下例子:

① 故王不如东苏子,秦必疑齐而不信苏子矣。(《史记·苏秦列传》)

② 筑室百堵,西南其户。(《诗经·小雅·斯干》)

分析①中句子,大家一定发现了,第一个分句中是没有谓语动词的,如果不考虑方位名词"东"的活用,而只是将其看作"苏子"(苏代)的修饰限定的话,句子大致就会被理解为"因此大王比不上东边的苏子",意义相差了十万八千里。

这里涉及的翻译方法就是"使+宾语+名词活用作动词",将宾语放在其中,方位名词先活用成动词,这个句子就可以解释了——所以大王不如使苏代向东去,秦国一定怀疑齐国,而不相信苏代了。

同样的,②中的两个分句中,第二个分句目前没有谓语动词,但是方位名词"西南"也不能直接理解成一般动词(向西南+动词)的形式。句子中,屋子是人建造的,屋子上的门户是人开设的,朝着西南开门户的状态,是人的行为造成的,因此采用上面的方法,句子就可以翻译了——修起房屋,四周墙壁一百方丈,将一座座门户向着西方或南方开着。

五、名词的意动用法,表示主语主观上将宾语看作是这个名词所指代的人或事

请看如下例子:

① 邑人奇之,稍稍宾客其父。(《伤仲永》)

② 况吾与子渔樵于江渚之上,侣鱼虾而友麋鹿。(《前赤壁赋》)

③ 孔子师郯子、苌弘、师襄、老聃。(《师说》)

上述三个句子中,涉及的名词意动用法分别是①中的"宾客"、②中的"侣""友"、③中的"师"。以①为例,两个分句的主语都是"邑人",后一个分句的宾语是"其父",同样缺少谓语动词。再次观察句子会发现,宾客这个名词其实是"邑人"对待"其

父"的行为，即主观上"把……当作宾客"，这种谓语具有的主观上认为宾语如何的现象，就是意动用法，意动用法只限于名词和形容词。

按照这个思路，②就可以解释为"把……当作伴侣""把……当作朋友"，③就可以解释为"以……为老师"。

除此以外，还有很多成语的例子：

成语	名词的意动用法
安居乐业	安、乐：以……为安稳、快乐
不耻下问	耻：以……为耻。不以向不如自己的人请教为耻
先公后私	先、后：以……为先、为后
千金一刻	千金：把……当作千金。春宵一刻值千金
席地而坐	席：把……当作席。泛指在地上坐

最后还要说明一点，文言文中的使动用法和意动用法在语法层面没有本质的区别，只是在具体句子理解的时候，使动用法是主语对宾语客观达成的效果，具有使令特点；而意动用法主要是主观的看法，一般解释成认为、当作、感觉等。

六、名词活用作状语，用来修饰限定句中的动作或对象

下面通过两个例子，首先区别方位名词活用作动词和方位名词活用作状语：

① 方其破荆州，下江陵，顺流而东也。（《前赤壁赋》）

② 东割膏腴之地，北收要害之郡。（《六国论》）

如果你的判断是①中"东"活用作动词，②中"东、北"活用作状语，那么首先恭喜你判断正确。比较这两个句子差别非常明显：①的方位名词后面没有宾语，所以这个句子中方位名词必须活用作动词使得句子成立，东——向东行驶；②中方位名词后分别由动词"割、收"作谓语，句子已经成立，则这两个方位名词活用作状语修饰这两个谓语，东——向东、北——向北。总结起来就是：

方位名词后没有动词，则它活用作动词；反之则活用作状语修饰原有的动词。

看完了方位名词，我们再来看看其他的例子：

① 项伯亦拔剑起舞，常以身翼蔽沛公，庄不得击。（《鸿门宴》）

② 君为我呼入，吾得兄事之。（《鸿门宴》）

③ 夫以秦王之威，而相如廷叱之。（《史记·廉颇蔺相如列传》）

④ 君子博学而日参省乎己。（《劝学》）

在我们的汉语语法中，状语是用来修饰限定谓语的，而谓语通常由形

容词或动词来充当，所以判断名词活用作状语的基本原则就是这个名词同时满足两个基本条件：

A.这个名词不是句子的主语，
B.这个名词活用成状语只用来修饰后面的谓语。

上面四个句子的加点词就是活用成状语的名词，它们都不是句子的主语，它们都用来修饰限定后面横线上的动词。有的是取这个名词的比喻义，如①"（项伯总是用身体）像翅膀一样（保护沛公）"。有的是表示做事的态度方法，如②"（我要）像对待兄长一样（对待他）"。有的是表示动作发生的处所，如③"（但我蔺相如）在朝堂上（呵斥他）"。有的是时间名词活用表示动作的程度、频率，如④"（君子广泛地学习并且）每天（反省自己）"。

实际上很多成语中的名词也包含了活用成状语的例子：

成语	名词活用作状语
日积月累	日、月：一天天地、一月月地。一天天、一月月地积累
龙飞凤舞	龙、凤：像龙一样、像凤一样。像龙凤一样飞舞
口诛笔伐	口、笔：用语言、用文字。用语言文字进行揭露、批判和声讨
风餐露宿	风、露：在风中、在露天的条件下。顶着风吃饭，露天睡觉
夜不能寐	夜：在晚上。在晚上怎么也睡不着觉

当堂练习

一、指出下列句子中画线词不全属于名词活用作动词的一项（　　）。

A. 五十者可以<u>衣</u>帛矣
　　执敲扑而<u>鞭笞</u>天下
B. 然而不<u>王</u>者
　　追<u>亡</u>逐<u>北</u>
C. 王无<u>罪</u>岁
　　<u>履</u>至尊而制六合
D. 假舟楫者，非能<u>水</u>也
　　子孙<u>帝王</u>万世之业也

二、下列句中画线的名词都是活用词，其中都是活用作动词的一项是（　　）。

①有<u>席</u>卷天下，包举宇内，囊括四海之意。
②头发<u>上</u>指。目眦尽裂。
③或命<u>巾</u>车，或<u>棹</u>孤舟。
④系燕父子以组，<u>函</u>梁君臣之首。
⑤入二三里，得其尤绝者家焉。
⑥事不<u>目</u>见<u>耳</u>闻，而臆断其有无，可乎？
⑦秋水<u>时</u>至，百川灌海。
⑧赵王之子孙<u>侯</u>者，其继有在者乎？

A. ③④⑤⑧　　B. ①③⑥⑦
C. ②④⑤⑥　　D. ①②⑥⑦

相关链接

成语	名词的意动用法
安居乐业	安、乐：以……为安稳、快乐
不耻下问	耻：以……为耻。不以向不如自己的人请教为耻
先公后私	先、后：以……为先、为后
千金一刻	千金：把……当作千金。春宵一刻值千金
席地而坐	席：把……当作席。泛指在地上坐

成语	名词活用作状语
日积月累	日、月：一天天地、一月月地。一天天、一月月地积累
龙飞凤舞	龙、凤：像龙一样、像凤一样。像龙凤一样飞舞
口诛笔伐	口、笔：用语言、用文字。用语言文字进行揭露、批判和声讨
风餐露宿	风、露：在风中、在露天的条件下。顶着风吃饭，露天睡觉
夜不能寐	夜：在晚上。在晚上怎么也睡不着觉

第六课 动词的活用

专题分析

在现代汉语中，动词通常是句子的谓语，表示主语发出的动作。根据动词后面能否带宾语，我们通常将宾语分为及物动词（能带宾语）和不及物动词（不能带宾语）两类。而在古代汉语中，动词有时也会出现在其他位置上，活用成其他的词性或充当句子其他的成分。在高中阶段学习动词的活用，主要关注的是动词活用作名词、动词的使动用法、动词的为动用法。下面我们依次来看。

一、动词活用作名词

在理解一个文言文句子的时候，我们都需要将其翻译成现代汉语，所以其语法规则也就从古代汉语变成了现代汉语。根据这个思路，如果我们判断一个句子中的动词处于原本名词该在的位置上，那么这个动词就活用成与动词意义相关的名词，在现代汉语中名词一般充当句子的主语或宾语，我们来看下面的例子：

① 燕赵之收藏，韩魏之经营，齐楚之精英。（《阿房宫赋》）

② 臣之进退，实为狼狈。（《陈情表》）

③ 盖其又深，则其至又加少矣。（《游褒禅山记》）

④ 追亡逐北，伏尸百万，流血漂橹。（《过秦论》）

⑤ 夫大国，难测也，惧有伏焉。（《曹刿论战》）

⑥ 后世之谬其传而莫能名者，何可胜道也哉！（《游褒禅山记》）

在上述六个句子中，加点词语均是动词活用作名词。其中，前三个句子的名词均处于主语的位置，并且之前均有"之""其"这样的标志性词语，由于这两个词均可以在句中理解成"……的"，所有紧随其后的动词也就相应地活用成了名词。①解释为"金玉珠宝等物品"，②解释为"进退两难的状态"，③解释为"来到的人"。

后三个例子则代表了当动词处于宾语位置时的活用情况，如果大家仔细观察不难发现，这三个句子中加点的动词前均能找到另一个动词，其实也就是两个动词连用的"V+V"模式，在这种情况下，一般后一个动词活用成名词，充当前一个名词的宾语。④中的加点词都有"逃亡、战败"的动词意义，在这里则活用为"逃跑、战败的人"，⑤中的"伏"则活用为名词"伏兵"，⑥中的"传"相应地活用成名词"流传的情况"。

二、动词的使动用法

前面我们解释过名词的使动用法，动词的使动用法也是常见的活用形式。与上面"V+V"模式中两个动词呈现动宾关系的情况不同，如果句中动词和它的宾语不是一般的动宾关系（即支配和被支配的关系），而是"使、让"动词后的宾语发生动词的动作，这种情况就是动词的使动用法，一般是不及物动词带宾语。请看下面的例子：

① 《烛之武退秦师》

② 项伯杀人，臣活之。（《鸿门宴》）

③ 后秦击赵者再，李牧连却之。（《六国论》）

上面三个例子的加点动词和紧随其后的宾语都不符合支配和被支配的关系，而是"主语+使、让+宾语+动词意义"的关系。据此，动词的使动用法从翻译的角度来看相对简单，只需要在动词前加上"使、让"即可，上述三个动词可分别理解为"使之退兵""使之活"和"使之退却"。当然，从意译的角度也可以将③中的"却"理解为"击退"。

三、动词的为动用法

类比动词的使动用法，为动用法理解起来就很简单。在文言文中，如果主语后紧跟的动词表示的意思是"为了"宾语如何如何，我们就将这种翻译结果对应的活用情况称为动词的为动用法，请看下面的例子：

① 等死，死国可乎？（《史记·陈涉世家》）

② 多情自古伤离别。（《雨霖铃·寒蝉凄切》）

这两个例句中的加点动词都不是及物动词，不能直接理解为动宾结构来搭配后面的宾语，而只能让前面的主语参与其中，是主语"为国而死""为离别而感到伤心难过"。

相关链接

成语中的形容词活用。

成语	活用情况	归类
救死扶伤	死、伤：活用作名词，死伤的人	V+V动词连用做宾语
路不拾遗	遗：活用作名词，遗失的东西	
见多识广	见、识：活用作名词，见识的事物	做主语
众口铄金	铄：使动用法，使……融化	使动用法
劳民伤财	劳、伤：使动用法，使……忧劳、损伤	
沉鱼落雁	沉、落：使动用法，使……下沉、落下	
惊天动地	惊、动：使动用法，使……惊、动	

当堂练习

解释下面每句中的加点词语。

（1）则其至又加少矣＿＿＿＿＿＿

（2）后世之谬其传＿＿＿＿＿＿

（3）安能屈豪杰之流＿＿＿＿＿＿

（4）虽大风浪不能鸣也＿＿＿＿＿＿

（5）以夭梅病梅为业＿＿＿＿＿＿

（6）必复之全之＿＿＿＿＿＿

第七课
——形容词的活用

专题分析

从现代汉语的语法关系来看,形容词一般可以放在名词、动词、副词前起到修饰限定的作用。但文言文中的形容词位置相对灵活,活用结果也很多样,主要包括活用作动词、名词;形容词的使动用法、意动用法。我们依次来看:

一、形容词活用作一般动词

我们知道,形容词在句中是不带宾语的,它一般放在名词、动词前分别作定语、状语修饰后面的成分,或者是放在副词后面被这个副词修饰。在文言文中,如果一个形容词后面带了宾语,且没有使动、意动的意思,那么这个形容词就具备了与之意义相关的一般动词的性质,如果有宾语,通常它就和后面的宾语形成了动宾关系,请看下面的例子:

① 楚左尹项伯者,项羽季父也,素**善**留侯张良。(《鸿门宴》)

② **谨**庠序之教,申之以孝悌之义。(《寡人之于国也》)

③ 相与枕藉乎舟中,不知东方之既**白**。(《前赤壁赋》)

④ 且夫天下非**小弱**也,雍州之地、崤函之固,自若也。(《过秦论》)

上面四个句子，按照加点形容词活用成动词后是否带宾语分成了两组，其中①②是带宾语的情况，其实也就是活用成了及物动词，③④则没有带宾语，活用成了不及物动词。而且上面四个形容词活用都没有"认为……""使/让……"的意义。

在理解①②这样的句子时，由于句子本身缺少合适的动词作宾语，所以形容词活用时要通过语义联想，或是现代汉语组词的方法确定活用结果。①中"善"是形容词性质，通常理解为"好"，而现代汉语有"善待"作动词，这样文言文和现代汉语的相同之处就解决了句子的理解问题，"善"便活用为动词"好好地对待"。②中的"谨"虽则没有现成的现代汉语动词与之对应，但是现代汉语的"谨慎""谨小慎微"通常用来修饰做某件事的状态，我们不妨将"做事"这个动词代入其中，那么"谨"就可以活用解释成"谨慎地做"了。

③④两句的加点形容词前面分别有副词"既"和判断动词"非"来修饰，决定了其必然承担了动词的意义。现代汉语的"真相大白""告白"都提示我们"白"和动词的密切关联，在这里理解为"（天放亮）变白"，④需要结合上下文，是说天下还是那个天下，并没有什么变化，所以这里的"小弱"理解为"变小、变弱"。

二、形容词活用作名词

现代汉语的名词一般处于句中的主语或宾语的位置，文言文中的形容词活用成名词即形容词处在了这两个位置上。翻译的时候通常是"形容词+中心语"的形式，这个中心语就是结合上下文补充出来的真正名词，请看下面的例子：

① 群贤毕至，少长咸集。(《兰亭集序》)【作主语】

② 是故圣益圣，愚益愚。(《师说》)【作主语】

③ 财物无所取，妇女无所幸，此其志不在小。(《鸿门宴》)【作宾语】

④ 而世之奇伟、瑰怪，非常之观，常在于险远。(《游褒禅山记》)【作宾语】

⑤ 吾尝跂而望矣，不如登高之博见也。(《劝学》)【作宾语】

⑥ 猥以微贱，当侍东宫。(《陈情表》)【作宾语】

⑦ 凡在故老，犹蒙矜育。(《陈情表》)【作宾语】

在做主语的例子中，所有加点形容词都需确定它们修饰的是什么名词，才能进行翻译。《兰亭集序》说的是东晋名士的集会，《师说》的例句是圣人和愚人的比较，因此这两个句子的活用都是"……的人"——"贤者""年纪大、小的人""圣人""愚人"。

③④⑤三个句子的活用都是名词作句中的宾语，前面都能找到动词或介词形成动宾结构或介宾结构，当然也需要语境确定中心语名词。这三句的活用分别是"小处""险远的地方""高处"，甚至现代汉语还保留了"登高"这个词，而在现代汉语中已经明确是动宾结构了。

最后两个例子是两个单音节形容词的组合，均活用成名词作句中的宾语，类型和前面作宾语一致，不再赘述，分别解释为"低贱的身份""前朝老臣"。

三、形容词的使动用法和意动用法

在文言文中，如果形容词后面带宾语，且不是动宾关系，那么我们可以初步判定其使动用法或意动用法。从具体语法关系来看，只要是"主语+使/让+宾语+形容词"的形式，则可判定为使动用法，"主语+以/认为/感觉/觉得+宾语+形容词"则可以判定为意动用法。具体例子如下：

（一）形容词的使动用法

① 否泰如天地，足以荣汝身。（《孔雀东南飞》）

② 艰难苦恨繁霜鬓，潦倒新停浊酒杯。（《登高》）

③ 焚百家之言，以愚黔首。（《过秦论》）

（二）形容词的意动用法

④ 秦武阳色变振恐，群臣怪之。（《荆轲刺秦王》）

⑤ 商人重利轻别离，前月浮梁买茶去。（《琵琶行》）

⑥ 悦亲戚之情话，乐琴书以消忧。（《归去来兮辞》）

使动用法和意动用法并没有语法上的区别，只是在语义上有客观实际和主观认为的不同。根据上面的翻译方法，前三句分别可以理解为"使你享尽荣华富贵""使白发变多""让百姓变得愚昧"，后三句可以理解为"群臣认为他很奇怪""商人以利为重（重视利益钱财），以离别为轻（轻视夫妻情分）""感到愉悦、快乐"。

当堂练习

一、下列各句中全都包含形容词活用现象的一组是（　　）。

①是故圣益圣，愚益愚

②小学而大遗，吾未见其明也

③六艺经传皆通习之

④位卑则足羞，官盛则近谀

⑤是故无贵无贱，无长无少，道之所存，师之所存也

⑥古之圣人，其出人也远矣

A. ①③⑥　　　B. ②④⑤

C. ①②④　　　D. ③④⑥

二、下列句子不全有形容词活用为意动用法的一组是（　　）

A. 人主自智而愚人

　　成（名）以其小，劣之

B. 客之美我，欲有求于我也

　　大将军邓骘奇其才

C. 今之众人，其下圣人也亦远矣，而耻学于师

　　爱其子，择师而教之；于其身也，则耻师焉

D. 管仲，世所称贤臣，然孔子小之

　　吾从而师之

相关链接

成语中的形容词活用。

成语	活用	归类
温故知新	故、新：作名词，旧知识、新知识	作宾语
苦尽甘来	苦、甘：作名词，苦难、甜美的生活	作主语
安邦定国	安、定：使动用法，使……安定	使动用法
竭泽而渔	竭：使动用法，使……枯竭	使动用法
甘之如饴	甘：意动用法，感到甜蜜	意动用法
兵贵神速	贵：意动用法，以……为贵	意动用法

第八课
使动用法、意动用法和为动用法

专题分析

这一课我们对之前学习的实词活用中的使动用法、意动用法和为动用法三类进行整合。之所以将这三类放在一起整理，从它们各自的名称就能看出端倪——"使动""意动""为动"——你一定发现了，这三种用法从本质上来说都是文言实词先活用成某种意义相关的动词，再形成不同的动宾关系。我们先来回顾一下这三类用法的定义：

使动用法：是指谓语动词具有"使……如何"的意思，即此时谓语动词表示的动作不是主语发出的，而是由宾语发出的。名词、动词和形容词均有使动用法的现象。

意动用法：主语认为宾语怎样或把宾语当作怎样，即指谓语动词具有"以之为何"的意思，即一般可译为"认为……""以……为……"等。词类活用主要考虑的是名词和形容词的使动用法。

为动用法：是指谓语动词具有"为了……"的意思，即此时谓语动词表示的动作不是主语发出的，而是由宾语发出的。名词、动词和形容词均有为动用法的现象。

接下来我们再来看《鸿门宴》中

的例子：

沛公旦日从百余骑来见项王。（《史记·项羽本纪》）

理解这个句子中"从"的意义，需要结合语境。上文是说经由张良介绍，刘邦和项伯约为儿女亲家，刘邦还向项伯表示自己其实是很敬畏项羽的，现如今入关一切所为都是为了他日拥护项羽，并且希望项伯能为自己在项羽面前美言几句。项伯答应了刘邦，并且嘱咐他"旦日不可不蚤自来谢项王"就回去项羽营中如实禀报了。

按照故事发展，刘邦第二天的行动应当是"自来谢项王"以示所言不虚，但实际情况是"从百余骑来见项王"——大家一定发现了，按照"从"作动词的常见意义理解，句子就变成了刘邦第二天早上跟从着一百多骑兵来面见项羽——我们大概能判断意义，但是很明显主次关系被颠倒了。身为主帅的刘邦怎么也不会沦落到"跟从着骑兵"的地步，要知道，"从"在文言文中作动词的意义是具有从属关系的，也就是如果意义和语法的语序都是"甲从乙"，那么从地位悬殊上我们完全可以判断乙在甲之上。所以《鸿门宴》中刘邦的情形必定不是"跟从着骑兵"而是"让骑兵跟从着自己"——从意译的角度来说即是"率领"——这样我们就发现了动词"从"使动用法的本来面目：句中虽然是"（主语）沛公+（谓语）从+（宾语）百余骑"的结构，但是主宾之间不是语序上的动宾关系，而是主语让宾语如何，这就是我们所讲的使动用法。

至于意动用法，则可以类比使动用法，从前面课程的例子来看，意动用法更多是表达主语认为宾语如何，是主观判断。而意动用法和使动用法的联系与区别还是需要重申一下，二者在语法上并没有区别，只是在动宾关系上使动用法表达的是"使、令、让"的意义，多是客观的结果；意动用法表达的是"以为、认为、觉得"的意义，多是主观的判断。

至于为动用法，这里的"为"是宾语"为了"主语而怎样，所以读四声，表示的意义有很强的目的性。

① 等死，死国可乎？（《史记·陈涉世家》）

② 以故其后名之曰"褒禅"。（《游褒禅山记》）

③ 吾不忍为之下。（司马迁《廉颇蔺相如列传》）

其中①的正确理解是起义之时陈胜认为横竖都是死，"为国而死"岂不更好！这里的用法其实就是不及物动词"死"带了宾语"国"导致的为动用法。

②的正确理解是"为它命名为褒禅"，大家可能容易简单理解为"因此后人命名它为褒禅"而忽略句中"名"虽然活用成了动词解释为"命名"，但其本是不及物动词不带宾语，这种看似简省的翻译方法其实是文白夹杂的表现。

③是文言文中及物动词为动用法的例子，正确的理解方法是"不甘心给他做下属"——大家一定发现了，这里的动词"为"实际上带了两个宾语"之""下"。文言文中及物动词的为动用法就是这种双宾语结构最为常见，但是在高中阶段涉及不多，考试也未作明确要求，这里只是介绍了解。

当堂练习

一、用结构图的形式，画出文言文学习中词类活用的几种情况。分别从活用的对象和活用的结果两个方面梳理。

二、下列句子均有词类活用的情况，请找出活用的词，说明其活用的类型，并解释其含义。

1. 稍稍宾客其父。

2. 去国怀乡，忧谗畏讥。

3. 中军置酒饮归客，胡琴琵琶与羌笛。

4. 今亡亦死，举大计亦死，等死，死国可乎？

5. 晓看红湿处，花重锦官城。

6. 知否，知否，应是绿肥红瘦。

7. 欲穷千里目，更上一层楼。

8. 天下云集响应，赢粮而景从。

9. 东割膏腴之地，北收要害之郡。

10. 君子博学而日参省乎己。

11. 沛公欲王关中。

12. 假舟楫者，非能水也，而绝江河。

13. 燕赵之收藏，韩魏之经营，齐楚之精英。

14. 吾尝跂而望矣，不如登高之博见也。

15. 废先王之道，焚百家之言，以愚黔首。

16. 铸以为金人十二，以弱天下之民。

相关链接

常见成语的词类活用举例

一、名词在谓语前活用作状语

　　风餐露宿（在风中）

　　虎口余生（从虎口）

　　旭日东升（从东方）

　　车载斗量（用车，用斗）

　　口诛笔伐（用口，用笔）

　　鲸吞蚕食（像鲸，像蚕）

　　抱头鼠窜（像老鼠）

　　日理万机（每天）

　　日新月异（一天天，一月月）

二、名词后接宾语活用作动词或直接作动词

　　衣锦还乡（穿）

　　礼贤下士（以礼相待）

　　秀色可餐（吃）

　　不翼而飞（长翅膀）

　　不胫而走（长腿）

　　未雨绸缪（下雨）

三、名词、动词、形容词的使动用法

　　息事宁人（使……平息）

　　安身立命（使……稳定）

　　闭月羞花（使……闭合，害羞）

　　兵不血刃（使……流血）

　　汗牛充栋（使……流汗）

　　丰衣足食（使……丰富，满足）

　　完璧归赵（使……完整）

　　大快人心（使……痛快）

四、名词、形容词的意动用法

　　唇枪舌剑（以……为枪、剑）

　　草菅人命（以……为草芥）

　　不耻下问（以……为可耻的）

　　兵贵神速（以……为贵、为好）

　　目空一切（以……为空）

　　安贫乐道（以……为安乐）

五、形容词活用作名词

　　抱残守缺（残缺的事物）

　　摧枯拉朽（枯草，朽木，喻指腐朽的势力）

　　防微杜渐（微小的部分，喻指苗头）

　　从善如流（正确的意见）

　　除恶务尽（坏人坏事）

　　弃暗投明（黑暗、光明的势力）

第九课 偏义复词

专题分析

古代汉语多以双音节词为主，而现代汉语多以单音节词为主。汉语中一个音节就能对应一个字，而两个字组合起来就是一个双音节词了。通常来说一个双音节词的意义是由这两个单字合作完成的，比如"率妻子邑人来此绝境"（《桃花源记》）中的双音节词"妻子"就是由"妻子""儿女"两个意义共同完成的。但是在文言文阅读中，我们也会发现一些词明明由两个字构成，但是理解意义的时候往往只用到了其中一个字的意义，

我们把文言文中具有这种特点的词称为偏义复词——顾名思义，双音节词的意义只偏向其中一个字，不解释的那个字我们称为衬字。我们来看一些例子：

① 先帝创业未半，而中道崩殂。（《出师表》）

② 宫中府中，俱为一体，陟罚臧否，不宜异同。（《出师表》）

③ 便可白公姥，及时相遣归。（《孔雀东南飞》）

④ 我有亲父母，逼迫兼弟兄。（《孔雀东南飞》）

⑤ 所以遣将守关者，备他盗之出入与非常也。（《鸿门宴》）

⑥ 有孙母未去，出入无完裙。（《石壕吏》）

上面六个例句，你能准确地翻译吗？特别是加点的字词，实际上每个单字都有意义，但是在解释的时候不能同时使用两个字的意义。以①为例，句中所言实际上是蜀汉丞相诸葛亮对刘备驾鹤西去的表达。在文言文中，表达不同人的"死"必须使用不同的表达，这和中国古代等级森严的封建制度是密切相关的。对于刘备这样的帝王而言，逝世要用"崩"，而殂则是衬字，虽然也有表达死亡的意思，但是并不符合《出师表》中这句话的语境。

一言以蔽之，在①的语境中，虽然"崩""殂"都有死亡的意思，但是由于句中对象是帝王刘备，所以"崩殂"的理解只偏向"崩"而与"殂"无关。

可见由于偏义复词的构成有两个词，而语境决定了理解的"偏向"。

有时句子即使没有明确的对象，我们根据上下文，也可以对偏义复词进行判断。在②中，诸葛亮向刘禅提出了一条奖惩原则，根据上下文，这条原则大致可以表述为"奖惩标准要一致"。据此，"不宜异同"理应理解为"不应该不一样"——我们只用到了"异"而没有用到"同"。

回顾上面两个例子，"崩""殂"在意义上有共同点，都表示"死"，是一组近义词；"异""同"则完全不同，是一组反义词。可见：意义相近或者相反的词可以组成偏义复词。

再看③④两个例句，根据上面说明的原则，语境是理解偏义复词的关键。在③中，巧媳妇刘兰芝不堪婆婆的恶意驱使，表示愿意告别婆婆，回娘家。这里就涉及一个问题，"公姥"其实是"公公和婆婆"的意思，怎么在语境中只保留了"婆婆"呢？原来我们纵观《孔雀东南飞》全文，并没有见到焦仲卿或刘兰芝家双方男性长辈的描述，这是艺术创作上的需要，同时借此也说明了二人的家庭环境。基于此，理解像"公姥"这样的词的时候，就不能强行补充另一个男性形象，这在翻译上行不通，在前后文章中也找不到文段去对应。

同样是在《孔雀东南飞》中，例句④是刘兰芝和焦仲卿二人感情发生变故，刘兰芝向焦仲卿解释却被误会。结合上面的分析，刘兰芝家也没有能主持大局的男性长辈，唯有一个哥哥最终主导了妹妹婚姻的悲剧。因此在理解这个句子的时候，也不能主观臆断出"父亲母亲"和"哥哥弟弟"这样的解释，而要瞻前顾后看好文段，最终只能保留"母亲""兄长"这样的义项。

综合③④两个例句可以发现，像"父母""兄弟"这样成对出现且词义相对的词也可以共同组成偏义复词。

最后两个例句指向的偏义复词都是"出入"，从前面的总结来看这属于词义相反的词构成的偏义复词。大家先尝试理解这两个句子，同样是偏义复词"出入"在这两个句子中的意思是一样的吗？

在⑤中，刘邦同项羽解释自己入关之后的一系列举措，其中一条就是我为什么要派人把守函谷关呢？无外乎"防备其他盗贼入关和意外的变故"——对于据守咸阳城的刘邦来说，其他贼人"出"关对他不构成任何威胁，所以也不能成为他向项羽谢罪的理由。而对他来说能构成威胁的，恰恰是其他贼人"入"关。贼人入关才需要防备，而出关则完全不需要防备。

但是情况到了⑥中就完全不同了。杜甫的《石壕吏》用写实的笔法向我们展现了什么是"苛政猛于虎"——家中孩童年纪尚小，所以母亲留下照顾孩童，可是每天出门的时候连一件完整像样的衣裙都没有。在这里，杜甫是想借助这种强烈的对比，来凸显下层劳苦大众的生活。对于古时的劳动人民，大门一关，在自己家里再穷破、邋遢都是不打紧的，但是出了门就不一样。所以对于石壕村的这位孩子母亲而言，每日"出门"没有完好的衣裙比"在家"没有完好的衣裙更能凸显主题。

因此，⑤中的"出入"偏指"入"，⑥中的"出入"偏指"出"。

可见：偏义复词的构成比较灵活，即使是同一个偏义复词，在不同语境中理解的结果也不尽相同。

即使是在现代汉语的语境中，偏义复词的现象也是存在的——

①门外好像有人，你去听听动静。
②这是我兄弟，比我小五岁。
③今天是语文课，我忘记带书了。
④时间不早了，赶紧睡觉吧。

尝试分析上面几个句子中加点词的意义偏指哪一个。

当堂练习

给下列偏义复词的偏指义项加点并解释。

1. 崩殂：先帝创业未半而中道

崩殂。

2. 存亡：此诚危急存亡之秋也。

3. 异同：宫中府中，俱为一体。陟罚臧否，不宜异同。

4. 作息：昼夜勤作息。

5. 出入：遣将守关者，备他盗之出入与非常也。/有孙母未去，出入无完裙。

6. 少长：沛公曰："孰与君少长？"良曰："长于臣。"

7. 公姥：便可白公姥，及时相遣归。

8. 父母：我有亲父母，逼迫兼弟兄。

9. 往来：初，奉使往来，无留北者。

10. 虚实：即具以北虚实告东西二阃。

相关链接

常见偏义复词
（括号内是句中偏指的意义）

序号	例句	出处
1	成败（成：成功）之机，在于今日。	《赤壁之战》
2	先帝创业未半而中道崩殂（崩：皇帝死）。	《出师表》
3	此诚危急存亡（亡：灭亡）之秋也。	《出师表》
4	陟罚臧否，不宜异同（异：不同）。	《出师表》
5	契阔（契：投合）谈䜩，心念旧恩。	《短歌行》

序号	例句	出处
6	所以遣将守关者，备他盗之出入（入：侵入）与非常也。	《鸿门宴》
7	沛公曰："孰与君少长（长：岁数大）？"	《鸿门宴》
8	沛公则置车骑（骑：随从人员），脱身独骑。	《鸿门宴》
9	昼夜勤作息（作：劳作），伶俜萦苦辛。	《孔雀东南飞》
10	便可白公姥（姥：婆婆），及时相遣归。	《孔雀东南飞》
11	我有亲父母（母：母亲），逼迫兼弟兄（兄：兄长）。	《孔雀东南飞》
12	其日牛马（马）嘶，新妇入青庐。	《孔雀东南飞》
13	女子（女：女儿）先有誓，老姥岂敢言。	《孔雀东南飞》
14	以先国家（国：社稷）之急而后私仇也。	《廉颇蔺相如列传》
15	江山如画，一时多少（多：许多）豪杰。	《念奴娇·赤壁怀古》
16	去来（去：离去）江口守空船，绕船月明江水寒。	《琵琶行》
17	有孙母未去，出入（出：出门）无完裙。	《石壕吏》
18	怀怒未发，休祲（祲：凶险之气）降于天。	《唐雎不辱使命》
19	缘溪行，忘路之远近（远：遥远）。	《桃花源记》
20	既醉而退，曾不吝情去留（去：离去）。	《五柳先生传》
21	寻常巷陌（巷：街巷），人道寄奴曾住。	《永遇乐·京口北固亭怀古》
22	能谤讥于市朝（市：市场），闻寡人之耳者，受下赏。	《邹忌讽齐王纳谏》

第十课 文言文中的一词多义现象

专题分析

顾名思义，一词多义的意思就是在文言文阅读中，同一个字存在两个甚至更多的不同意义。但是，正如通假字的本字和通假字有关联一样，一词多义的词各个意义之间也存在着联系。在高中阶段学习文言文中的一词多义，不仅仅是学习一种语言现象，更是学习一种重要的方法——即联想、归类的方法。

一词多义的一个重要原因，是词义的引申。一个词，凡是由同一起点引申出的意义，彼此都有联系。词义从一点出发，沿着不同的方向向相关的方向延伸而产生一系列新意义，叫作引申。既然有了关联，那么我们学习实词就有了很好的方法，那就是联想。

我们以常见字"节"为例，你能说说它在句中的意义吗？

节：

① 竹之始生，一寸之萌耳，而节叶具焉。(《文与可画筼筜谷偃竹记》)

② 彼节者有间，而刀刃者无厚。(《庖丁解牛》)

③ 寒暑易节，始一反焉。(《愚公移山》)

④ 大王见臣列观，礼节甚倨。

(《廉颇蔺相如列传》)

⑤ 足下及董、聂三军,皆受荣所节制。(《谭嗣同》)

⑥ 节器用。(《左传·成公十八年》)

⑦ 每闻琴瑟之声,则应节而舞。(《促织》)

如果想要用联想的方法学习这个汉字,则需要弄清"节"比较早的含义,并且以它为原点,才能进行词义的联想,完成一词多义的学习。这里要介绍一个概念:本义。

客观地说,我们很难探究出一个字的最原始意义,不管是从字形还是其他方面,毕竟时间太久远。于是不少研究语言的专家学者就研究出"本义"这个概念,一个字的本义是从一个字的字形分析出来的,相对比较贴近这个字本来的样子。而且,这个本义能在浩如烟海的文献资料中被不断引用、求证,那么我们就将这个意义约定为这个字的"本义"。

从简体字"节"的繁体字"節"来看,它的本义就和竹子有关,指的是竹子在生长过程中形成的一个个"竹节",具有被分成段且段与段之间有明显分界的特点。这是我们通过词义联想学习一词多义的基础。

上面七个句子中对于"节"和相关词的解释如下,我们的理解一样吗?

①	②	③	④
节,竹节	节,动物的关节	节,季节	"礼节"古今义同
⑤	⑥	⑦	
"节制"古今义同	节,节省	节,节拍	

大家一定发现了,①中的"竹节"正是我们约定的本义,上面已经从形态上描述它的特点。在后面的例子中,②与它的联系最密切,不过一个是植物一个是动物,我们的"关节"正有前后分开、突出的特点。这可以看作实物层面上的引申。

那么③中的"季节"与竹节的关系是什么呢?首先,这不是实物层面的引申,而是意义的虚化,不再是一个具体物体的意义。"竹节"有一个功能,就是"将两段竹子隔开",具有类似"分割"的意义。想到这里大家一定恍然大悟,所谓"季节"不就是"将一年分割成四个部分"的人为概念吗?而在文艺创作中,乐曲也不是从头唱到尾从不间断的,音乐、文章也会被"分割"成一节一节;而在演唱中通过"分割"来控制歌曲的就是"节拍",我们成功地在⑦中找到了竹子的影子。

上面讲的是"节"的名词层面的

意义，动词可以这么处理——

从前面"节"约定的本义来看，是不能有动词意义的，所以我们另寻突破。常见词组"节约"是一个突破口，在这里是"约束""限制"的意义，也就是⑤⑥中动词的意义。而所谓"礼节"不就是对人类社会的种种行为进行"约束"吗？于是④⑤两个含义有了关联。

通过联想和归类，我们可以得出以下成果：

节	分割	被分割的事物	季节、章节、节奏
		分割其他的东西	节日、节气、节拍
	限制	受到限制的行为	节制、节省、节约
		限制他人的东西	符节、节杖、礼节

再如形容词"深"。通常文言文中与三点水相关的字最原初的意义通常都是河流的名称，就像"江河"如果在古书中不解释就特指长江黄河，"深"的名词意义不在我们联想归纳的一词多义范围内。由于一词多义的语境是必须的，我们就通过改换语境的方法，对"深"进行一词多义的归纳总结。

①（出发点，实指）从上到下或从外到里距离大→"遥闻深巷中犬吠。"（《口技》）

②（在水中，实指）表示水深，与"浅"相对→"地势极而南溟深。"（《滕王阁序》）

③（时间里，虚指）表示时间久→"夜深忽梦少年事，梦啼妆泪红阑干。"（《琵琶行》）

④（程度，虚指）程度深→"君之病在肠胃，不治将益深。"（《扁鹊见蔡桓公》）

⑤（待人的程度，虚指）严苛，刻毒→"秦之遇将军可谓深矣。"（《荆轲刺秦王》）

⑥（看问题的程度，虚指）深刻→"此所以学者不可不深思而慎取之也。"（《游褒禅山记》）

⑦（生长的程度，实指）茂盛→"国破山河在，城春草木深。"（《春望》）

⑧（程度，虚指，副词）很，非常→"子布、元表诸人各顾妻子，挟持私虑，深失孤望。"（《赤壁之战》）

当然，除了词义的引申，在语言的发展过程中，一个字还存在其他的一词多义情况。我们学习的通假字就是一种常见的情况，但是由于是借用别的字，所以假借意义通常和这个字的本义是很难看出关系的。遇到这样的情况，大家秉持记少不记多的原则，将特殊例子记住就可以了。

当堂练习

一、请选出意义相同的一项。

1. （　　）
   - A. $\begin{cases}项为之强\\以虫蚁为兽\end{cases}$
   - B. $\begin{cases}心之所向\\乡为身死而不受\end{cases}$
   - C. $\begin{cases}方出神\\方其出海门\end{cases}$
   - D. $\begin{cases}徐喷以烟\\以丛草为林\end{cases}$

2. （　　）
   - A. $\begin{cases}投以骨\\意将隧入以攻其后也\end{cases}$
   - B. $\begin{cases}一狼径去\\而日中时去人近\end{cases}$
   - C. $\begin{cases}宾客意少舒\\意将隧入以攻其后也\end{cases}$
   - D. $\begin{cases}恐前后受其敌\\屠自后断其股\end{cases}$

3. （　　）
   - A. $\begin{cases}父利其然也\\泯然众人矣\end{cases}$
   - B. $\begin{cases}得为众人而已耶\\得道多助\end{cases}$
   - C. $\begin{cases}明道中，从先人还家\\太守归而宾客从也\end{cases}$
   - D. $\begin{cases}贤者能勿丧耳\\贤于材人远矣\end{cases}$

4. （　　）
   - A. $\begin{cases}暮而果大亡其财\\马无故亡而入胡\end{cases}$
   - B. $\begin{cases}其马将胡骏马而归\\王侯将相宁有种乎\end{cases}$
   - C. $\begin{cases}然数年恒不一见\\公欣然曰\end{cases}$
   - D. $\begin{cases}下车引之\\丁壮者引弦而战\end{cases}$

5. （　　）
   - A. $\begin{cases}燕雀安知鸿鹄之志哉\\专诸之刺王僚\end{cases}$
   - B. $\begin{cases}扶苏以数谏故\\广故数言欲亡\end{cases}$
   - C. $\begin{cases}聂政之刺韩傀\\群臣吏民能面刺寡人之过者\end{cases}$
   - D. $\begin{cases}以头抢地耳\\寡人以五百里之地易安陵\end{cases}$

二、下列每句诗中都出现了"可怜"，但意义不尽相同。用词义联想归类的方法进行整理。

借问汉宫谁得似，可怜飞燕倚新妆。

可怜今夜千门里，银汉星回一道通。

姊妹弟兄皆列土，可怜光彩生门户。

任昉当年有美名，可怜才调最纵横。

可怜无益费精神，有似黄金掷虚牝。

可怜夜半虚前席，不问苍生问鬼神。

三、翻开你最近阅读的一篇文言文，找找文章中有没有一词多义现象。总结在下面。

相关链接

用联想法学习一词多义

用词义联想的方法学习一词多义是很实用的方法，但如前所述，这种方法不适用于假借字的意义。一般从两个维度进行联想，一是词性，二是语境。遵循先常见后引申，记少不记多的原则。我们再用几个例子来学习如何进行词义联想记忆。

道：道路。【名词】联想记忆的起点。

方法。【名词】道路有终点，就像问题最终都有解决办法。

道义。【名词】一个讲道义的人，做事总很有方法，且让人信服。

说，讲。【动词】联想记忆的另一个起点。

理论，见解。【名词】一个人说的话成体系，就成了自己的理论、见解。

道理。【名词】一种说法成为共识，就是所谓的道理。

固：坚固。具体物体的状态。联想记忆的起点。

加固，使……牢固。形容词的使动用法。

坚定，顽固，固执。抽象，人的思想或者性格。

本来。一个顽固的人不管怎么劝说，他始终还是本来的样子。

坚守，固守。一个意志坚定的人，做什么事情都会有所坚守。

书：书写。联想记忆的起点。

字体。书写的结果，字形。草书，楷书。

信件。书写的结果，私密，文字量较少。家书。

书籍。书写的结果，公开出版，文字量较多，成册。

文件。书写的结果。文书，兵书。

通：通过。动词，联想记忆的起点。

通畅。顺利通过了，所以很舒畅，通畅。

通晓，掌握。考试通过了，意味着这些知识全部掌握了。

全部。同上。

传达，通传。行军途中传递消息，信号要从头到尾通过整个队伍。

贯通。同上。

第十一课 用字源推断词义

专题分析

如果你有外国朋友，你和他交流学习汉语的经历，你问他学习汉语最大的困难是什么，估计大部分的外国朋友都会异口同声回答"写汉字"。究其原因，我们的汉字是一种"音义结合体"——也就是看到这个汉字的样子，就能联想到这个汉字各个笔画组合背后可能具有的意义。相比较而言，大家普遍学习的英语就不具有这种特点，因为构成英语的符号基础——英语字母——只有表音的功能，不具备表意的功能。

如果能在学习文言文的过程中掌握一些常见字的字源特点，并结合上下文进行合理的推断，就能扫除不少阅读障碍，让文言文学习事半功倍。这里我们需要借助东汉学者许慎和他的"六书"理论。

许慎在归纳汉字的造字方法时提出了六种造字方法，即象形、指事、会意、谐声（形声）、转注、假借。在这里我们介绍其中的象形、会意和形声三种方法并列举例子，帮助大家从字源角度推断词义。

象形字一般是独体字，主要通过线条描摹事物的外在特征来造字。日月山川皆是如此。掌握这些独体字对于文言文学习很重要，因为大部分的中国汉字是通过几个独体构件共同组合形成的，而词义通常都和这些独体构件密切相关。

形声字顾名思义一般由表示汉字的声旁和形旁构成，声旁负责提示这个字的读音，形旁负责提示这个字的含义，现代汉语的大部分汉字都是形声字。以"生"为例，牲、笙、胜、甥、狌都是和它的读音相近的形声字。

会意字由两个或多个独体字组成，所以组成的字形或字义，合并起来表达意思，这有助于我们了解一个汉字的本义。如《说文·斗部》："料，量也，从米在斗中。"段玉裁注："米在斗中，非盈斗也。视其浅深而可料其多少，此会意。"原来"料"的本义就是动词的意义，难怪我们现在还常说"料想""预料"这样的动词。

古人的社会生活丰富多彩，对于日常生活的事物分类也十分详细。基于此，从一个基本的独体字出发，我们能发现与之相关的诸多汉字。接下来，我们就从衣食住行出发，看看如何从字源的角度来推断词义。

"衣"的小篆字形是 ，作为一个独体字，很容易让我们联想到古人服饰的衣襟，是相互叠加穿起来的。"衤"是它变成偏旁之后的结果。从"衣"出发，与之相关的汉字大都和它意义相关。把它作为形声字的形旁，我们能得到褊裸、袍、袂、裳、被、衾、褐、衫、裘这些名词，古人称上衣为"衣"，下衣则为"裳"，所以它们从意义上来说都是不同形式的布制品或上衣的一部分。再如，裁（制衣）、表（外衣）、裏（"里"的繁体字，内衣）、裹，这些字在"衣"名词词性的基础上进行变化，或是其他的造字方法，或是生发出新的词性和意义。

"食"的小篆字形是 ，本义是米，也就是粮食，"饣"是它变成简化字的偏旁之后的结果。从"食"出发，我们首先可以得到与"获得粮食"相关的汉字，如：饥饿（现代汉语指吃少了）、馑、饱、饶（吃饱了）、馀（吃多了）。以上也都是以"食"为形旁的形声字。又或者我们可以得到与粮食相关的一些名词，如：饭馆、馒、馍、饺、饴、馐、饷、饕餮。当然还少不了各种与粮食相关的动作，如：餐、馈、飨、饪、養（"养"的繁体字）。

我们的住所通常以"户"为单位，"户"其实是古代单扇的门，小篆字形是 ；双扇则是"门"。作为住所的重要构成，与"户"相关的汉字几乎都与门有关：扉、扇、房。如果从"门"出发，小篆字形是門，繁体字是"門"，首先就能看到一扇门和两扇门在形态上的巨大差别。接着，我们利用形声或者会意的方法，能得到更多与门相关的汉字：開關（"开关"的繁体字，开门、关门）、闭、闯、闹、闸、阀、间阎（乡里、民间）、閶阖（天门、宫门）、阙、闚（门中望）。

"行"的小篆形体是 ，字形上很像一个四岔路口，所以行的本义是人走路。将"行"左右拆开，我们就得到了"彳亍"这个动作，它的意思也是慢慢地走、徘徊，也和人走路密切相关。通过不同的造字方法，我们能得到不少与"行"相关的汉字，如：術（"术"的繁体字，写作"術"时意为邑中道路）、街、衙、衢（四通八达的道路）。如果我们外出坐"车（車）"，则会有更多收获，"车"的小篆字形是 ，作为一个独体字，它显示了车这个物体最突出的特点——车轮。把它作为造字的形旁表示意义，与车相关的汉字实在是太多了——苏轼、苏辙两兄弟的名字中"轼"意为车厢前面用作扶手的横木，"辙"是车轮开过的痕迹。再如：轧、轨、轩轾（车前高后低为"轩"，车前低后高

为"轾"，喻指高低轻重）、轫（阻止车轮转动的木头）、转、轮、斩（古有车裂之刑）、载、辇、辐辏。这些字的本义都和车或车的构件相关联。

当堂练习

一、东汉学者许慎在《说文解字》中提出了汉字不同的造字方法，其中"形声""会意"是组成合体字的重要方法。请根据下面的定义和例字，分别写五个字，并解释其为什么是形声字、会意字。

形声：由两个文或字复合成体，由表示意义范畴的意符（形旁）和表示声音类别的声符（声旁）组合而成。如声旁"包"加形旁"氵"得到"泡"，声旁"包"加形旁"火"得到"炮"。

我的例子：_____

会意：用两个及两个以上的独体汉字，根据各自的含义组合成的一个新汉字。所用构件可以是相同的，例如三个"人"会意成"众"；也可以是不同的，例如"氵"和"目"会意成"泪"。

我的例子：_____

二、从第一题你的例子中各选择两个字,通过组词的方式进行词义联想,尽可能多地写出这个字在不同语境下词性和意义的变化。

相关链接

许慎和《说文解字》

许慎,字叔重,汝南召陵(今河南漯河)人,东汉时期学者,文字学家。东汉永元十二年(100年),许慎以太尉南阁祭酒校书东观,初步完成《说文解字》。在校书期间,许慎的知识涉猎更广,而且研究更加精深,当时《说文解字》已经创作完成,为了令其更加完善,许慎一直都没有定稿,而是不断地将新的发现和收获补充进去。建光元年(121年),许慎才最后写成定稿,将《说文解字》献于朝廷。此后,许慎就在家乡及附近村庄授经教书。

作为许慎一生中最重要的成就,《说文解字》以当时最先进的文化视角审视中国的文字系统,可谓开学界之先河。许慎因所著的《说文解字》闻名于世界,所以研究《说文解字》的人,皆称许慎为"许君",称《说文解字》为"许书",称其学为"许学"。但许慎所著的《说文解字》到唐朝时已经失传,后世的徐铉和徐锴,以及段玉裁所注《说文解字》的版本是他们所认为的原版。

在学术成就方面,许慎的《说文解字》主要在"建立部首""训释本义""分析音形义"和"以六书分析汉字"等方面功不可没。经学者研究统计,整本《说文解字》共有540部,而且是按照三条原则进行分类整理的:其一,词义相近的字排在一起;其二,词义属于积极的排在前边,属于消极的排在后边;其三,专有名词排在前边,普通名词排在后边。这种排布方便了后人的学习和研究。在解释字义方面,虽然由于时代的局限性,部分字形字义解释与现代不相符,但在许慎的时代,他早早把握了本义、引申义、比喻义等之间的关系,用形象联想的方法学习汉字,常常增加描写和叙述的语言,使读者加深对本义的理解,扩大读者的知识面,丰富本义的内涵和外延。不仅如此,《说文解字》还重视声音的作用,常常以声音线索来说明字义的由来,这为后世训诂学者提供了因声求义的原则。

至于大名鼎鼎的"六书"理论,虽然在传说中仓颉就已经依据六书造字，但毕竟没有什么事实依据，在许慎之前，更没有人对六书进行系统解释。因此，许慎的贡献就在于发展了"六书"理论，明确地为六书下定义，并把六书用于实践，逐一分析《说文解字》所收录的9,353个汉字，这在汉字发展史和研究史上有着承前启后、继往开来的重要意义，从而确立了汉字研究的民族风格和民族特色。

阶段三

文言虚词

第一课 之乎者也——怎样掌握重点虚词（一）

专题分析

学好文言虚词，重点在于将常见文言虚词与文段结合起来理解。和文言实词一样，虚词的学习也需要语境的帮忙。

我们常说的"虚词"是指没有实在意义，在句中只有语法功能的词，通常包括副词、介词、连词和语气词。但在实际学习的过程中同学们会发现，代词是有实际意义的，但是由于代词通常兼有其他虚词的功能，因此本书将虚词的代词意义放在本专题中一并讲解。

首先，将高中阶段要求需要掌握的文言虚词展示如下：

而 何 乎 乃 其 且 若 所 为 焉 也 以 因 于 与 则 者 之

此外，虚词"然""遂"的用法也值得关注，在虚词专题中，我们将学习这20个常见文言虚词的用法。

一、"之"的用法

下面是一则小故事，虚词"之"一共出现了九次，你能读懂吗？

一僧欲之（1）南海，询于唐僧，久之（2），唐僧不之（3）应。其独往？其待也与？均之（4）二策，僧以箪食瓢饮至南海，夸之（5）于唐僧："此何难之（6）有？"唐僧曰："汝之（7）百折不挠，实可钦佩。然汝之（8）言亦过矣，君将骄而笑之（9）乎？"

参考下面对这则故事的翻译，你能总结"之"的常见用法吗？

一个僧人想要去南海，向唐僧询问（打算邀请他同去），过了很久，唐僧也不回应他。是独自去呢，还是等待（唐僧答应他一起去）呢？均衡了一下这两个想法，这个僧人（最终独自一人）凭借着很简陋的条件到达了南海，（回来后）向唐僧夸耀说："这件事有什么困难的呢？"唐僧说："你百折不挠的精神的确值得钦佩。但是你的话也有些过分了吧，你要骄傲地笑话我吗？"

小结如下：

（1）动词，可译为"去""到""往"。这里的"之"是有实在意义的，表示最一般意义上的动作趋向性。其他例子如：

①《黄鹤楼送孟浩然之广陵》（李白所作七言绝句）

②陈涉少时，尝与人佣耕，辍耕之垄上。（陈涉年少时，曾同别人一起被雇佣耕地，他停止耕作走到田埂上休息）（《史记·陈涉世家》）

（2）助词，调节音节，用在时间词后，不译。此时的"之"就和这个时间词一起构成了一个分句，相当于现代汉语句子的一个时间状语。其他例子如：

①久而久之（成语）

②顷之未发，太子迟之。[（第一个"之"）过了一阵还没有出发，太子嫌荆轲动身晚了]（《荆轲刺秦王》）

（3）代词，可译为"他"。此处是人称代词，通常是第三人称代词，但根据具体语境可以灵活理解为第一、第二人称代词。其他例句如：

①鄙贱之人，不知将军宽之至此也！（我是个粗陋卑贱的人，不知道将军宽容我到如此地步！）（《廉颇蔺相如列传》）

②然语之，又恐汝日日为吾担忧。（可如果告诉你，又怕你天天为我担忧）（《与妻书》）

（4）指示代词，表近指，可译为"这"。其他例句如：

①之二虫又何知！[这两个小动物又知道什么呢？（本句中有宾语前置）]（《逍遥游》）

（5）代词，可译为"这件事"。一般来说为了表达精练，"之"可指代一切上文提到的人、事、物，用法很灵活。

（6）助词，宾语前置标志，不译。其他例句如：

①夫晋，何厌之有？（晋国，哪里知道满足呢？）（《烛之武退秦师》）

②君子居之，何陋之有？（有德行的人住在那里，有什么简陋的呢？）（《论语·子罕》）

（7）助词，用在主谓之间，取消句子独立性，不译。所谓"句子独立性"被取消，是指原句主谓之间没有"之"的时候是一个完整的句子，但是"之"放在主谓之间后使得这个句子不再独立成句，而是句中的一个成分或者是隶属于另一个句子的分句。其他例句如：

①师道之不传也久矣。欲人之无惑也难矣。（从师的风尚不流传已经很久了。想要一个人没有疑惑也很难了。）（《师说》）

分析：若句中没有"之"参与，则"师道不传""欲人无惑"都是完整的主谓结构，不能直接与后面的"久""难"搭配表达，因此在主谓之间加上"之"，使得"师道之不传"和"欲人之无惑"都成为主语，搭配后面的成分成为新的完整句子。

②若舍郑以为东道主，行李之往来，共其乏困，君亦无所害。（如果您放弃灭郑，而让郑国作为您秦国东道上的主人，两国使者往来的时候，郑国可以随时供给他们缺乏的物资，这对秦国来说也没有什么害处）（《烛之武退秦师》）

分析：若句中没有"之"参与，则"行李往来"是完整的主谓结构。"之"参与其中，导致句子结构不完整，成为句中的状语，独立性被取消。（注意句中的"东道主""行李"和"所字结构"）

③父母之爱子，则为之计深远。（父母如果爱他们的孩子，就应该为孩子考虑得长远）（《触龙说赵太后》）

分析：这里起到取消句子独立性作用的是第一个"之"。若没有"之"参与，则原句"父母爱子"是完整的主谓结构。"之"参与之后，原句成为新句子的一个分句。

（8）结构助词，相当于现代汉语"的"，连接定语和中心语。其他例句如：

①古之学者必有师。（古代求学的人一定有老师）（《师说》）

②率疲弊之卒，将数百之众，转而攻秦。（率领着疲累的士兵，指挥着几百人的队伍，掉转头来进攻秦国。）（《过秦论》）

（9）人称代词，表第一人称，可译为"我"。见（3）

此外，在特殊句式章节，我们介

绍了"之"作为定语后置的标志,没有实在意义,句式还原后不出现在句子里。如:

①蚓无爪牙之利,筋骨之强。(蚓无利爪牙,强筋骨)(《劝学》)

②马之千里者,一食或尽粟一石。(千里马,一食或尽粟一石)(《马说》)

二、"乎"的用法

下面是一则小故事,虚词"乎"一共出现了八次,你能读懂吗?

王之好乐甚,则齐国其庶几乎(1)。然吾曾见一人,其家世代捕蛇,多人死乎(2)是,而操此业不辍,问其故,曰:"可塞赋敛也。"嗟乎(3),赋敛之毒有甚是蛇者乎(4)!而王胡为乎(5)好乐甚?若王专于理事,必恢恢乎(6)而有余,则王之所为其胜乎(7)好乐者也。臣之驽钝,所言者谬,王能谅之乎(8)?

参考下面对这则故事的翻译,你能总结"乎"的常见用法吗?

大王喜欢音乐太投入了,那么齐国治理得也差不多了吧。但是我曾经看到一个人,他家世代捕蛇,有多人死在这件事上,却仍然没有停止捕蛇,问他原因,(他)说:"(捕蛇)可以应付赋税啊。"唉,赋税的危害真是比毒蛇还厉害啊!大王您为什么还如此沉溺于音乐呢?如果大王在治理国事上专心致志,一定会游刃有余的,(这样的话)大王的作为真是比沉溺于音乐强百倍啊。为臣愚钝,所说的话难免有误,大王能原谅我吗?

小结如下:

(1)句末语气助词,表揣测,相当于"吧"。

(3)(4)句末语气助词,表感叹,相当于"啊""呀"。

(5)句中语气助词,表停顿。

(8)句末语气助词,表疑问,相当于"吗"。

"乎"在文言文中多数时候用来表达语气,上面的小故事中就根据不同的语境,用"乎"表达了不同的语气。其他例句如:

①儿寒乎?欲食乎?(孩子你冷吗?想吃东西吗?)(《项脊轩志》)

②胡为乎遑遑欲何之?(为什么心神不定,想到哪里去呢?)(《归去来兮辞》)

③以容取人乎,失之子羽;以言取人乎,失之宰予。(以容貌取人,就会失去像子羽这样貌丑行端的贤人;以言辞取人,就会因任用宰予这样言行不一的人而犯错误)(《韩非子·显学第五十》)

(2)介词,相当于"于",

"在"。

（7）介词，表比较，相当于"比"。

作为介词的"乎"可以和"于"对应起来，后面紧跟具体名词或抽象名词形成介宾短语，通常是状语后置句的一部分。其他例句如：

①君子博学而日参省乎己，则知明而行无过矣。（君子博学而日乎己参省）（君子广泛地学习，并且经常把学到的东西拿来检查自己的言行，那么就会智力明达，行为没有过失。）《劝学》）

②生乎吾前，其闻道也固先乎吾。（乎吾前生，其闻道也固乎吾先）（在我之前出生的人，他们见识事情本来就比我早。）（《师说》）

（6）形容词、副词词尾，相当于"然"，可译为"……的样子""……地"。

①浩浩乎如冯虚御风，而不知其所止；飘飘乎如遗世独立，羽化而登仙。（浩浩荡荡的样子像凌空驾风而行，却不知道它要停留在什么地方；飘逸自如的样子像脱离人世，升入仙境）（《赤壁赋》）

②牡丹之爱，宜乎众矣。（对牡丹的喜爱，人数当然就很多了）（《爱莲说》）

三、"者"的用法

下面是一则小故事，虚词"者"一共出现了五次，你能读懂吗？

李白者（1），诗仙也。为当国者（2）所拒，遂游于此山。今者（3），山中与幽人对酌，乃一浇其心中块垒也。力士脱靴，国忠捧墨，诗讽杨妃，此数者（4）乃其得罪之源，亦其个性之抒扬。故虽仕途失意，仍不辍伟志，发之于诗，其诗传于后世者（5）不可胜计，遂就其万世英名。

参考下面对这则故事的翻译，你能总结"者"的常见用法吗？

李白，是诗仙。被统治者拒之门外，就在这座山中游赏。如今，（他）在山中与远离尘嚣的人对饮，是（为了）抒发心中的郁结之情啊。让高力士为他脱靴，让杨国忠为他捧墨，写诗讽刺杨贵妃，这几件事是他得罪统治者的根源，也是他个性张扬的表现。所以他虽然仕途上不如意，却仍然不放弃伟大的志向，（并）在诗歌里抒发出来，他流传后世的诗篇不可计数，于是成就了他万世英名。

小结如下：

（1）助词，用在判断句主语的后边，起提顿作用，不译，形成判断句式。其他例句如：

①师者，所以传道受业解惑也。

(老师，是用来传授知识、教授学业、解答疑惑的。)(《师说》)

或者根据语境，也可表示事情发生的原因，如：

②吾所以为此者，以先国家之急而后私仇也。(我之所以这样做，就是将国家的危难放在前面，将自己的私怨放在后面罢了！)(《廉颇蔺相如列传》)

③吾妻之美我者，私我也；妾之美我者，畏我也；客之美我者，欲有求于我也。(我的妻子说我美，是因为她偏爱我；我的小妾说我美，是因为她畏惧我；我的客人说我美，是因为他有事想求我帮忙。)(《邹忌讽齐王纳谏》)

④蟹六跪而二螯，非蛇鳝之穴无可寄托者，用心躁也。(螃蟹有六条腿，两个蟹钳，但是如果没有蛇、鳝的洞穴它就无处存身，这是因为它用心浮躁。)(《劝学》)

(2)(4)助词，附在别的词或短语之后，组成名词性短语，指称上文所说的人、事、物，译为"……的""……的人""……的事""……的东西"等。放在数词之后，可译为"……方面""……样东西""……个""样"之类。其他例句如：

①至于负者歌于途，行者休于树，前者呼，后者应。(至于背着东西的人在路上欢唱着，来去行路的人坐在树下休息，前面的人招呼，后面的人答应。)(《醉翁亭记》)

②察邻国之政，无如寡人之用心者。(考察一下邻国的政治，没有像我这样用心的)(《寡人之于国也》)

(3)助词，放在时间词之后，起语气助词作用，不译。

①莫春者，春服既成。(暮春的时候，穿上春天的衣服。)(《子路、曾皙、冉有、公西华侍坐》)

②今者项庄拔剑舞，其意常在沛公也。(如今项庄拔剑起舞，他的意图常在沛公身上)(《鸿门宴》)

(5)助词，定语后置标志，如果句中后置定语修饰的主语是人，则要与用法(2)区别开。例如：

①太子及宾客知其事者，皆白衣冠以送之。(太子和知道这件事的宾客，都穿着白衣、戴着白帽给他送行。)(《荆轲刺秦王》)

②求人可使报秦者，未得。(找一个可以派去回复秦国的人，没找到。)(《廉颇蔺相如列传》)

此外，"者"还可以放在疑问句的句尾，表示疑问语气，如：

①何者？严大国之威以修敬也。(为什么这样呢？为的是尊重你们大国的威严以表示敬意。)(《廉颇蔺相如列传》)

四、"也"的用法

下面是一则小故事，虚词"也"一共出现了五次，你能读懂吗？

"师道之不传也（1）久矣，汝何以能复之也（2）？""吾将劝勉督责以行之也（3）。""汝之言，金玉也（4）。汝之心胸，吾辈何能及也哉（5）！"

参考下面对这则故事的翻译，你能总结"也"的常见用法吗？

"从师的风尚不流传（已经）很久了，你凭什么能恢复它呢？""我将劝勉并监督（大家和我一起）来践行它。""你的话，如同金玉；你的心胸，我们怎么能比得上啊！"

小结如下：

（1）句中语气助词，表停顿，舒缓语气，引起下文。

（2）句末语气助词，表疑问或反诘语气。

（3）句末语气助词，表肯定语气。

（4）句末语气助词，表判断语气。参考"者""也"同时出现的判断句中，"者"提示停顿，"也"表示判断语气。

（5）句末语气助词，与"哉"连用，表感叹语气。

"也"在文言文中主要是表示句子不同的语气，可以对应理解成现代汉语的不同语气词。例如：

①当余之从师也，负箧曳屣，行深山巨谷中。（我向老师求学时，背着书箱，穿着破旧的鞋，行走在大山深谷之中。）（《送东阳马生序》）

②今天下三分，益州疲弊，此诚危急存亡之秋也。（现在天下一分为三，而益州实力衰弱，这正是决定生存死亡的危急时刻。）（《出师表》）

③师道之不传也久矣！欲人之无惑也难矣！（从师的风尚不流传已经很久了！想要一个人没有疑惑也难了！）（《师说》）

④君美甚，徐公何能及君也？（您美极了，徐公哪能比得上您呢？）（《邹忌讽齐王纳谏》）

当堂练习

一、解释下列句中"之"的含义和用法。

夫晋，何厌之有。

子孙视之不甚惜。

项伯乃夜驰之沛公军。

均之二策，宁许以负秦曲。

石之铿然有声者，所在皆是也。

较秦之所得，与战胜而得者，其实百倍。

二、解释下列句中"乎"的含义和用法。

壮士，能复饮乎？

儿寒乎？欲食乎？

王侯将相宁有种乎？

恢恢乎，其于游刃有余地矣！

宁赴常流而葬乎江鱼腹中耳。

生乎吾前，其闻道也固先乎吾，吾从而师之。

三、解释下列句中"者"的含义和用法。

陈涉者，阳城人也。

客之美我者，欲有求于我也。

马之千里者，一食或尽粟一石。

集谢庄少年之精技击者而诏之。

今所谓慧空禅院者，褒之庐冢也。

今者，项庄拔剑舞，其意常在沛公也。

四、解释下列句中"也"的含义和用法。

公子畏死邪？何泣也？

君美甚，徐公何能及君也！

城北徐公，齐国之美丽者也。

攻之不克，围之不继，吾其还也。

当余之从师也，负箧曳屣，行深山巨谷中。

吾不能早用子，今急而求子，是寡人之过也。

相关链接

阅读下面的文言文片段，注意加点词的含义和用法。

"花之君子"周敦颐

周敦颐者，字茂叔，道州营道人也。为分宁主簿，有狱久不决，敦颐至，一讯立辨。邑人惊曰："老吏亦不如也。"久之，部使者荐之，调南安军司理参军。有囚法不当死者，转运使王逵欲深治之。逵，酷悍吏也，众莫敢争，敦颐独与之辨，不听，乃委手版归，将弃官去，曰："如此尚可仕乎！杀人以媚人，吾不为也。"逵悟，乃免囚之罪。

移桂阳令，治绩尤著，郡守李初平贤之，语之曰："吾欲读书，何如？"敦颐曰："公老无及矣，请为公言之。"二年果有得，徙如南昌，南昌人皆曰："是能辨分宁狱者，吾属得所诉矣。"富家大姓、黠吏恶少，惴惴焉不独以得罪于令为忧，而又以污秽善政为耻。部使者赵抃惑于谮口，临之甚威，敦颐处之超然，通判虔州，抃守虔，熟视其所为，乃大悟，执其手曰："吾几失君矣，今而后乃知周茂叔也。"

（改编自《宋史·道学传》）

第二课 重点虚词（二）——怎样掌握而乃因则

专题分析

一、"而"的用法

下面是一则小故事，虚词"而"一共出现了七次，你能读懂吗？

兵者，诡道也，须戮力同心。蟹六跪而（1）二螯，非蛇鳝之穴无可寄托者也，而（2）况战乎？故冯婉贞曰："诸君而（3）有意，瞻予马首可也。"冯氏虽小，然青取之于蓝而（4）青于蓝，更胜其父。婉贞博学而（5）日参省乎己，非特效书生终日而（6）思也。故众应之，果大捷。非而（7）所谓小女子也，乃巾帼英杰。

参考下面对这则故事的翻译，你能总结"而"的常见用法吗？

用兵，是一种变幻莫测的方法，要同心协力。螃蟹有六条腿两只钳，但若没有蛇鳝的巢穴它就无法存活，更何况是打仗作战呢！所以冯婉贞说："诸位将军如果想打胜仗，可以向我学习。"冯氏年龄虽然小，但是青出于蓝而胜于蓝，冯氏比其父更胜一筹。冯婉贞广泛地学习并且每天反省自己，不只是效仿一般的书生那样整天思考（而不学习）。因此抵抗敌军之时一呼百应，大获全胜。（冯氏）不是你们所说的柔弱女子，而是巾帼英雄啊。

小结如下：

(1) 连词，表并列。前后连接的两个成分没有孰轻孰重的区别，可以对调位置，语意不变。其他例句如：

①剑阁峥嵘而崔嵬，一夫当关，万夫莫开。（剑阁崇峻巍峨、高入云端，只要一人把守，千军万马难攻占。）（《蜀道难》）

②劳苦而功高如此，未有封侯之赏。（沛公如此劳苦功高，没有得到封侯的赏赐。）（《鸿门宴》）

(2) 复音词，即"何况"，用反问语气表示更进一层的意思，但与"何况"在用法上略有不同。可以说"更何况""又何况"，但"而况"前没有额外的修饰。其他例句如：

①当绍之强，孤犹不能自保，而况众人乎！（当袁绍实力强胜之时，我尚且不能自保，更何况是其他人呢？）（《魏氏春秋》）

②德不厚而思国之治，虽在下愚，知其不可，而况于明哲乎？（道德不扎实却想要国家安定，我虽然最愚昧无知，也知道这是不可能的，何况您这样明智的人呢！）（《谏太宗十思疏》）

(3) 连词，表假设，可译为"如果"，例如：

①人而无信，不知其可也。（一个人如果不讲信用，不知道他怎么可以立身处世。）（《论语·为政》）

②锲而不舍，金石可镂。（如果能坚持不停地用刀刻，就算是金属、玉石也可以雕刻出花纹。）（《劝学》）

(4) 连词，表转折，可译为"但是""却"。

(5) 连词，表递进。一般后一个动作是在前一个动作基础上发生或引申出来的，而且程度上更进一步。其他例句如：

①亚父受玉斗，置之地，拔剑撞而破之。（范增接过玉斗，把玉斗扔在地上，拔出剑来把它击碎了。）（《鸿门宴》）

②以其求思之深而无不在也。（是因为他们探究、思考深邃而且广泛）（《游褒禅山记》）

(6) 连词，表修饰。连接状语和中心语，用来表明"如何做"。例如：

①吾尝跂而望矣，不如登高之博见也。（我曾踮着脚往远处看，不如登上高处看的范围广。）（《劝学》）

这个句子虽有两个动作，但中心语其实是"望"这个动作而非"跂"，因为从对句句意考虑，是相比较两种不同看的方式看到的结果不同。

②木欣欣以向荣，泉涓涓而始流。

（草木茂盛欣欣向荣，涓涓泉源细水慢流。）（《归去来兮辞》）

本句主干成分是"木荣""泉流"，因此"欣欣"和"涓涓"是状语，修饰中心语。

（7）代词，通"尔"，译为"你""你们"，做主语。更多情况下译为"你的"，作定语，如：

某所，而母立于兹。（这地方，你母亲曾经站在这儿。）（《项脊轩志》）

此外，"而"的如下用法也值得关注：

（8）连词，表示因果关系，可译为"从而""所以"等，例如：

余亦悔其随之而不得极夫游之乐也。（我也后悔自己随着他们出来因而不能够尽情享受游玩的乐趣。）（《游褒禅山记》）

（9）连词，表顺承关系，即动作、事情有时间或逻辑上的先后顺序，如：

人非生而知之者，孰能无惑？（人并不是一出生就能知晓这些道理的，谁能没有困惑呢？）（《师说》）

（10）连词，表目的，可译为"是为了""来"，例如：

①籍吏民，封府库，而待将军。（登记官吏百姓的户籍，封闭官府金库，来迎接将军的驾临。）（《鸿门宴》）

需要说明的是，上述"而"作为连词的不同用法，实际上是句子之间的关系，所以作为语法功能是可以不译的。但一般在学习过程中为了更清晰地掌握，在翻译时如果有合适的词还是选择译出。

二、"乃"的用法

下面是一则小故事，虚词"乃"一共出现了七次，你能读懂吗？

尝闻放翁志节，毕现《示儿》，乃（1）读之。至"王师北定中原日，家祭无忘告乃（2）翁"一句，大为感佩，乃（3）忠贞之士也！然亦有人不齿，乃（4）曰："此徒沽名耳。"众人质之以理，其辞穷，乃（5）不得已而谢。原其言，炒作乃尔（6），无乃（7）自高耳。

参考下面对这则故事的翻译，你能总结"乃"的常见用法吗？

曾经听说陆放翁的节操气节，全都表现在《示儿》这首诗里，于是读了读它。读到"王师北定中原日，家祭无忘告乃翁"这句，深深地受到感动并佩服他，（陆放翁）（真是）忠诚正直的臣子啊！然而也有人瞧不起他，竟然说："这只是沽名钓誉罢了。"大家向他询问道理，他无话可说，才不得不道歉。推究他说的话，恐怕是炒作来抬高自己（的名气）吧。

小结如下：

（1）副词，表承接，相当于"于是""就"。例如：

乃重修岳阳楼，增其旧制。（于是重新修整岳阳楼，扩大了它的原有规模。）（《岳阳楼记》）

（3）副词，表判断，相当于"为""是""就是"，是确定特殊句式判断句的标志词，如：

①若事之不济，此乃天也。（如果事情不能成功，那就是天意。）（《赤壁之战》）

②当立者乃公子扶苏。（应当立为皇帝的是公子扶苏。）（《陈涉世家》）

（4）副词，表转折，相当于"竟然""却"。

①今其智乃反不能及。（现如今他们的见识竟然反而比不上那些人。）（《师说》）

②乃不知有汉，无论魏晋。（竟然不知道有汉朝，更不用说魏晋了。）（《桃花源记》）

（5）副词，表条件，相当于"才"。

①设九宾于廷，臣乃敢上璧。（在朝堂上安设"九宾"的礼节，我才敢献上和氏璧。）（《廉颇蔺相如列传》）

②度我至军中，公乃入。（估计我抵达军营中，你再进去。）（《鸿门宴》）

（2）代词，用作第二人称，"你""你的"。

与尔三矢，尔其无忘乃父之志。（给你三支箭，你一定不要忘了你父亲的遗愿。）（《伶官传序》）

（6）复音虚词，相当于"如此""这样"，例如：

长叹空房中，作计乃尔立。（府吏在空房中长长地叹息，就这样下定了自杀的决心。）（《孔雀东南飞》）

（7）复音虚词，表猜测，相当于"恐怕……吧"。如：

今君王既栖于会稽之上，然后乃求谋臣，无乃后乎？（现在大王您退守到会稽山之后，才来寻求有谋略的大臣，恐怕太晚了吧）（《勾践灭吴》）

此外，"乃"还可以在程度、范围等方面表示限定，相当于"仅仅""只"，例如：

项王乃复引兵而东，至东城，乃有二十八骑。（于是项羽带领士兵往东逃，到了东城，只剩下二十八个骑兵。）（《项羽之死》）

三、"因"的用法

下面是一则小故事，虚词"因"

一共出现了九次，你能读懂吗？

因（1）能授官，不以门第取人，且不因（2）旧制，此乃曹操成大业之因（3）。其常因（4）人不备，袭取之，如乌巢焚粮。此一役，动摇袁绍军心，因（5）乘势击破之，成官渡大捷。此亦因（6）许攸之力而得。途经绍墓，因（7）守冢至前拜祭。其量岂常人可比？因（8）此其得众人之心，以一天下。因（9）其有非常之量，故能就非凡之业。

参考下面对这则故事的翻译，你能总结"因"的常见用法吗？

根据才能授予官职，不依据出身高低录用人才，而且不沿袭旧制度，这就是曹操成就大业的原因。他常常趁敌人没有准备，突袭击败他们，例如乌巢火烧粮草。这一次战役，动摇了袁绍的军心，于是就趁着有利的时机打败了袁绍，取得官渡一战的大胜。这一战的胜利也是凭借许攸的帮助而取得的。后来曹操路过袁绍的坟墓，通过守墓人来到坟前拜祭他。这气量难道是一般人能比的？因为这些他得到大家的拥戴，从而统一天下。因为曹操有非同一般的胸怀气量，所以他能够成就非凡的事业。

小结如下：

（1）介词，"根据""依靠，凭借"。

（2）介词，"沿袭"。

（4）介词，"趁着""趁此"。

（6）介词，"凭借"。

（7）介词，"经由""通过"。

（8）介词，"因为"。

上述几种情况实际上反映了虚词"因"在古汉语中作为介词搭配不同宾语的不同译法。后面的宾语一般表示动作行为的方式方法、工具手段、依据原因等等，可以类比现代汉语中的方式状语、原因状语。例如：

①因利乘便，宰割天下，分裂河山。（秦国凭借着有利的形势，割取天下的土地，重新划分山河疆域。）（《过秦论》）

②因宾客至蔺相如门谢罪。（廉颇通过宾客到蔺相如门前请罪）（《廉颇蔺相如列传》）

③君因我降，与君为兄弟。（你通过我而投降，我愿和你做兄弟。）（《苏武传》）

④若入前为寿，寿毕，请以剑舞，因击沛公于坐，杀之。（你进去上前祝酒，祝酒完毕，请求舞剑助兴，趁机把刘邦击倒在座位上，杀了他）（《鸿门宴》）

⑤震声激扬，伺者因此觉知。（铜丸震击的声音清脆响亮，守卫机器的人因此得知发生地震的消息）（《张衡传》）

⑥我欲因之梦吴越，一夜飞度镜湖月。(我想根据越人说的话梦游到吴越，一天夜晚飞渡过明月映照下的镜湖。)(《梦游天姥吟留别》)

⑦因势利导（成语）

（2）动词，沿袭、依靠。这里要区别于句中理解为介词的情况，作为介词的"因"构成的是句子的状语，句中还有谓语中心词，动词的"因"构成的是句子的动宾结构。例如：

①蒙故业，因遗策。(继承原来的基业，沿袭遗留下的策略。)(《过秦论》)

②因人之力而敝之，不仁。(依靠别人的力量反过来伤害别人，是不仁义的表现。)(《烛之武退秦师》)

（3）名词，"原因""机会"。例如：

留待作遗施，于今无会因。(把它留着作为我赠送给你的纪念品吧，从此没有再见面的机会了)(《孔雀东南飞》)

自谓得其势，无因有动摇。(自以为有所依傍，却没来由地动摇。)(《有木诗》)

（5）连词，"于是""就"。没有"趁着"某种情况的特殊语境，只是单纯表示动作的先后顺序均适用这种情况。

（9）连词，连接分句，用于因果关系复句的前一个分句，表示原因，

与"故"连用。

四、"则"的用法

下面是一则小故事，虚词"则"一共出现了七次，你能读懂吗？

"此则（1）岳阳楼之大观也"，道出岳阳楼之美，然岳阳楼之闻名，非徒借此也；若如此，则（2）天下如岳阳楼者多矣，何独显其名？范希文若不应邀作赋，文播寰宇，则（3）岳阳楼能名扬天下与？当世之风，位卑则（4）足羞，官盛则（5）近谀，范氏则（6）不然，高唱"不以物喜，不以己悲"之调。友人被贬，未别离去，及至河边，则（7）已在舟中矣，足见其性情之笃。

参考下面对这则故事的翻译，你能总结"则"的常见用法吗？

"这就是岳阳楼的壮丽景观啊"，（这句话）说出了岳阳楼的壮美，但是岳阳楼名满天下，并非只凭借这个；如果这样，那么普天之下像岳阳楼的（建筑）多了，为什么只有岳阳楼天下闻名呢？范希文如果不应邀作赋，文章散布天下，岳阳楼能名闻天下吗？当今的风气，与地位低的人交往就认为这是值得羞耻的事情，遇到官职高的就追随是阿谀奉承。范希文却不是这样，高唱"不以物喜，不以己

悲"的调子。（他的）朋友被贬官，大家躲避他都恐怕来不及。等到（他）知道了，急忙追赶到河边，朋友已经在船上了，可见他性情的忠厚。

小结如下：

（1）副词，表示肯定，起强调、确认作用，可译为"就是""是"，辅助我们确定判断句。

①心之官则思。（心的功能就是思考。）（《孟子·告子上》）

②要使群生安堵，不听三更吠犬，此则是奇功。（让万物安稳平静，听不见三更的狗叫声，这就是秋日的神奇之处。）（《水调歌头·草蔓已多露》）

（2）(6)连词，表让步转折关系，用在前一分句，可译为"倒是""却"。例如：

①欲速则不达（成语）

②爱其子，择师而教之；于其身也，则耻师焉，惑矣。（爱他的孩子，就给孩子找一个好老师来教；可对于他自己，却以从师学习为耻。这真是糊涂啊！）（《师说》）

（3）连词，表示条件、假设关系，用在后一句句首，表示假设或推断，如果两句是有先后顺序的，可译为"那么""那就""就"。例如：

①入则无法家拂士，出则无敌国外患者，国恒亡。（一个国家，如果在国内没有坚守法度的大臣和足以辅佐君王的贤士，在国外没有与之匹敌的邻国和来自外国的祸患，就常常会有覆灭的风险。）（《生于忧患，死于安乐》）

②夫夷以近，则游者众；险以远，则至者少。（平坦而又近的地方，前来游览的人便很多；危险而又远的地方，前来游览的人便少。）（《游褒禅山记》）

③登斯楼也，则有心旷神怡，宠辱偕忘，把酒临风，其喜洋洋者矣。（这时登上这座楼，就会感到心胸开阔、心情愉快，荣辱一并忘了，端着酒杯吹着微风，觉得高兴、喜气洋洋了。）（《岳阳楼记》）

（4）(5)连词，并列，两个或两个以上的"则"连用，每个"则"字都用在意思相对、结构相似的一个分句中，表示各分句之间是并列关系。译为"就"，或不译。

①故木受绳则直，金就砺则利。（所以木材经墨线画过就直了，金属刀剑拿到磨刀石上就锋利了。）（《劝学》）

②位卑则足羞，官盛则近谀。（以地位低的人为师，就感到羞耻；以官职高的人为师，就近乎阿谀奉承。）

(《师说》)

（7）连词，表承接，第一件事不发生在第二件事之前，只是有了第一件事之后才发生第二件事，动作已经完成，译为"原来是""原来已经"。

当堂练习

一、解释下列句中"而"的含义和用法。

图穷而匕见

温故而知新

河曲智叟笑而止之曰

赵尝五战于秦，二败而三胜

至于幽暗昏惑而无物以相之

玉在山而草木润，渊生珠而崖不枯

二、解释下列句中"乃"的含义和用法。

若事之不济，此乃天也。

必以长安君为质，兵乃出。

王师北定中原日，家祭无忘告乃翁。

侯生视公子色终不变，乃谢客就车。

问今是何世，乃不知有汉，无论魏晋。

项王乃复引兵而东，至东城，乃有二十八骑。

三、解释下列句中"因"的含义和用法。

因击沛公于坐。

变法者因时而化。

因宾客至蔺相如门谢罪。

然后践华为城，因河为池。

因利乘便，宰割天下，分裂山河。

上官大夫见而欲夺之，屈平不与，因谗之。

四、解释下列句中"则"的含义和用法。

欲速则不达。

然则诸侯之地有限。

此则岳阳楼之大观也。

位卑则足羞，官盛则近谀。

学而不思则罔，思而不学则殆。

入则无法家拂士，出则无敌国外患者，国恒亡。

相关链接

阅读下面的文言文片段，注意加点字的意义和用法。

后羿射箭

夏王使羿射于方尺之皮，径寸之

的。乃命羿曰："子射之，中，则赏子以万金之费；不中，则削子以千里之邑。"羿容无定色，因气成于胸中，乃援弓而射之，不中，更射之，又不中。夏王谓傅弥仁曰："斯羿也，发乃无一中！与之赏罚，则不中的者，何也？"傅弥仁曰："若羿也，喜惧为之灾，万金为之患矣。人能遗其喜惧，去其万金，则天下之人皆可为羿也。

（改编自《苻子》）

者曰："臣请三言而已矣！益一言，臣请烹。"靖郭君因见之。客趋而进曰："海大鱼。"因反走。君曰："客有于此。"客曰："鄙臣不敢以死为戏。"君曰："亡，更言之。"对曰："君不闻大鱼乎？网不能止，钩不能牵，荡而失水，则蝼蚁得意焉。今夫齐，亦君之水也；君长有齐，奚以薛为？失齐，虽薛之城隆盛，犹无益也。"君曰："善。"乃辍城薛。

（改编自《战国策·齐策一》）

从善如流的靖郭君

靖郭君将城薛，客多而谏。靖郭君因谓谒者曰："无为客通。"齐人有请

第三课 以其为且——怎样掌握重点虚词（三）

专题分析

一、"以"的用法

下面是一则小故事，虚词"以"一共出现了15次，你能读懂吗？

"秉烛夜游，良有以（1）也。"若以（2）己美于潘安，则出无伤；否则，以（3）吾之容现于当衢，则恐惊人。故自当以（4）书卷为伴，弃险以（5）远则不敢至之怯，慕"拥火以（6）入深穴"之勇，醉"木欣欣以（7）向荣，泉涓涓而始流"之美……畅游书海以（8）极夫天地之乐，如此，以（9）帝位予我，亦弃之也，岂以（10）一冕之故而弃心神之逸？以（11）吾有如此之意，故方能长享逸乐。吾虽以（12）康熙六年至京师，然终未以（13）权贵交。以（14）上乃吾心之剖白，希汝能察之，故不必有"贤不见用，忠不见以（15）"之叹。

参考下面对这则故事的翻译，你能总结"以"的常见用法吗？

"古代的人秉烛夜游，的确是有原因的啊。"如果认为自己比潘安还英俊潇洒，那么出来走走也没什么妨碍；否则，凭借我这副面容出现在街市上，恐怕就要吓到人了。所以我自己就把书卷作为伙伴，消除掉因为危险而遥远就不敢到达的怯懦，仰慕"拿着火把进入深穴（探险）"的勇气，陶醉在"树木欣欣向荣，泉水缓缓流动"的美景之中……畅游于书海之中来穷极那天地之间的快乐，像这样，（即使）把皇帝的位子给我，我也会弃之不顾的，难道（我会）因为一顶皇冠的缘故就抛弃精神的悠然闲逸吗？（正）因为我有这样的志向，所以才能够长久地享受闲逸和快乐。我虽然在康熙六年（就）到京城（了），但是始终没有跟权贵交往。以上就是我内心的表白，希望你能体察，因此没必要有"忠臣贤能之人不被任用"的感叹。

小结如下：

（1）名词，"原因"。

（2）动词，"认为"。

①先帝不以臣卑鄙，猥自枉屈，三顾臣于草庐之中。（先帝不认为我身份低微、见识浅陋，屈尊前来，三次来草庐拜访我。）（《出师表》）

②臣之客欲有求于臣，皆以美于徐公。（我的门客都有求于我，都认为我比徐公俊美。）（《邹忌讽齐王纳谏》）

③我以日始出时去人近，而日中时远也。（我认为太阳在刚刚升起时距离人比较近，而在正午时距离人比较远。）（《两小儿辩日》）

（15）动词，可译为"任用"。

（3）介词，动作行为所用或所凭借、依据的工具、方法及其他，"凭借"。

（4）（9）介词，"把"。

（10）介词，表示动作行为产生的原因，可译为"因""因为"。

（12）（13）介词，引进动作、行为发生的对象、处所、时间，可译为"在""跟""和"。

以上几种情况，介词"以"后均与不同语境下的宾语搭配，形成状语，可类比介词"因"以及现代汉语中的方式状语、原因状语、时间状语等。如：

①秦亦不以城予赵，赵亦终不予秦璧。（秦国没有把城池交给赵国，赵国最终也没有把和氏璧交给秦国。）（《廉颇蔺相如列传》）

②且以一璧之故逆强秦之欢，不可。（况且因为一个和氏璧的缘故违拗了强大秦国的意愿，是不行的。）（《廉颇蔺相如列传》）

③以中有足乐者，不知口体之奉不若人也。（因为我心中有值得快乐的事情，不觉得吃穿的享受比不上别人。）（《送东阳马生序》）

④武以始元六年春至京师。(苏武一行人在始元六年春天回到京师。)(《苏武传》)

⑤东野云，汝殁以六月二日。(孟东野说你是在六月二日去世的。)(《祭十二郎文》)

⑥秦武阳奉地图匣，以次进。(秦武阳捧着装有地图的匣子，按照顺序进入大殿。)(《荆轲刺秦王》)

⑦何以解忧？唯有杜康。(用什么能排解忧愁？恐怕只有美酒吧！)(《短歌行》)

⑧小大之狱，虽不能察，必以情。(大大小小的案件，即使不能一一明察，也要按照实情去处理。)(《曹刿论战》)

(5) 连词，相当于"而"，表并列。

(6) 连词，相当于"而"，表承接关系。

(7) 连词，相当于"而"，表修饰关系，连接状语和中心词。

(8) 连词，表目的关系，可译为"来"。

(11) 连词，表原因，可译为"因为"。

作为连词的"以"和"而"是一致的，可进行类比，如：

①夫夷以近，则游者众；险以远，则至者少。(平坦而又近的地方，前来游览的人便很多；危险而又远的地方，前来游览的人便少。)(《游褒禅山记》)

②忽魂悸以魄动。(忽然心惊胆战，神志恍惚。)(《梦游天姥吟留别》)

③东临碣石，以观沧海。(东行登上碣石，观赏那苍茫的大海。)(《观沧海》)

④益州险塞，沃野千里，天府之土，高祖因之以成帝业。(益州地势险要，有广阔的肥沃土地，自然条件优越，物产丰富，高祖凭借它建立了功业。)(《隆中对》)

⑤木欣欣以向荣，泉涓涓而始流。(草木茂盛欣欣向荣，涓涓泉源细水慢流。)(《归去来兮辞》)

⑥手自笔录，计日以还。(我亲手用笔抄写，计算着日子按期归还。)(《送东阳马生序》)

⑦三十日不还，则请立太子为王，以绝秦望。(如果三十天还没有回来，就请允许我立太子为国君，好断了秦国的指望。)(《廉颇蔺相如列传》)

⑧诚宜开张圣听，以光先帝遗德。(陛下您确实应该广泛地听取群臣的意见，发扬光大先帝留下的美德。)(《出

师表》)

⑨扶苏以数谏故，上使外将兵。(扶苏因为屡次劝谏的缘故，皇上派他在外面带兵。)(《陈涉世家》)

⑩以其境过清，不可久居，乃记之而去。(由于这个地方过于冷清，不能长时间逗留，便把当时的情景记述下来就离开了。)(《小石潭记》)

（14）助词，与"上""下"等方位词组合，表界限或范围，"以上""以下"等。

二、"其"的用法

下面是一则小故事，虚词"其"一共出现了13次，你能读懂吗？

狐谓狼曰："羊肉其（1）鲜乎！君其（2）有意，叼其（3）一而啖之，得饱其（4）口福。"狼曰："其（5）如猛犬何？"狐间于犬曰："羊数詈言，其（6）言不堪入耳，君乃无所怒，其（7）无闻邪，其（8）畏主人邪？及其（9）嬉逐，愿为一雪其（10）耻。君其（11）许之！"犬笑曰："欲加之罪，其（12）无辞乎？"犬乃悟狐之野心，知路漫漫其（13）修远矣，护羊愈谨。狐与狼遂去。

参考下面对这则故事的翻译，你能总结"其"的常见用法吗？

狐狸对狼说："羊肉一定很鲜美

啊。如果你有意品尝，不妨叼一块吃吃，饱饱口福。"狼说："有凶狗守护着羊群怎么办？"于是狐狸挑拨离间地对凶狗说："羊多次在背后骂你，那些话太难听了，你竟然不生气，是果真没有听到，还是怕你的主人？等到哪一天它们追逐嬉戏的时候，我也愿意为你一雪前耻。你一定要答应我。"凶狗笑着说："想要加害于人，还怕找不到罪名吗？"于是凶狗守护羊群更加谨慎。狐狸和狼的奸计没有得逞，悻悻离去了。

小结如下：

（1）副词，表揣测语气，"大概""或许"。

（5）副词，加强反问语气，"又"。

（11）副词，加强祈使语气，表希望、要求，相当于"一定""还是"。

（12）副词，表反问语气，"难道""怎么"。

（13）音节助词，起调节音节作用，不译。

上述情况中，"其"均结合不同语境，用作不同的语气副词或调节音节。其后通常是句子的谓语。例如：

①其恕乎。己所不欲，勿施于人。(那就应该是"宽恕"了吧！自己不

想要的，也不要强加给别人。)(《论语》)

②寡人欲以五百里之地易安陵，安陵君其许寡人！(我想用五百里的土地交换安陵，安陵君可一定要答应我啊！)(《唐雎不辱使命》)

③攻之不克，围之不继，吾其还也。(攻又攻不下来，围又围不下去，我们还是回去吧。)(《崤之战》)

④圣人之所以为圣，愚人之所以为愚，其皆出于此乎？(圣人之所以能成为圣人，愚人之所以能成为愚人，大概都出于这个原因吧？)(《师说》)

⑤其真无马邪？其真不知马也！(难道真的没有千里马吗？恐怕是真的不能识别千里马吧！)(《马说》)

⑥尽吾志也而不能至者，可以无悔矣，其孰能讥之乎？(尽了我最大的努力也不能到达目标，也就可以没有悔恨了，难道还有谁能讥笑我吗？)(《游褒禅山记》)

⑦路漫漫其修远兮，吾将上下而求索。(道路又窄又长无边无际，我要努力寻找心中的太阳。)(《离骚》)

(3) 指示代词"其中的"。

(10) 指示代词，"那种""那个"。

(4) 人称代词，第一人称，"自己的"。

(6) 第三人称代词，"他的"。

(9) 第三人称代词，"它们"。

需要注意的是，"其"做代词可以表示领属关系，即表示"谁的"，但"之"做代词一般不能表示领属关系。

①臣从其计，大王亦幸赦臣。(我听从他的建议，大王也赦免了我。)(《廉颇蔺相如列传》)

②秦王恐其破璧，乃辞谢。(秦王害怕他把和氏璧打破，于是婉言道歉。)(《廉颇蔺相如列传》)

③既其出，则或咎其欲出者。(等到大家已经出来了，有的人就责怪那个想要出来的人。)(《游褒禅山记》)

④而余亦悔其随之而不得极夫游之乐也。(我也后悔自己随他一起出来了，所以不能极尽游玩的乐趣。)(《游褒禅山记》)

⑤其间旦暮闻何物？杜鹃啼血猿哀鸣。(在这里早晚能听到的是什么呢？尽是杜鹃和猿猴那些悲凄的哀鸣。)(《琵琶行》)

(2) 连词，表假设，如果。

①其业有不精，德有不成者，非天质之卑，则心不若余之专耳。(如果他们学业还是不精通，德行还有不完备的，那就不是智力低下，而是思想不像我那样专注罢了。)(《送东阳马生

序》)

②沛然下雨，则苗浡然兴之矣。其如是，孰能御之？（哗啦啦地下起大雨，禾苗便又蓬勃生长起来了。国君如果能这样，又有谁能与之抗衡呢？）(《孟子见梁襄王》)

(7)(8)连词，连用，表选择，"是……还是……"。

①天之苍苍，其正色邪？其远而无所至极邪？（天空灰蒙蒙的，是它真正的颜色呢？还是因为高旷辽远而看不到边际呢？）(《逍遥游》)

②其信然邪？其梦邪？其传之非其真邪？（难道这是真的吗？还是做梦呢？还是传信的弄错了真实情况呢？）(《祭十二郎文》)

三、"为"的用法

下面是一则小故事，虚词"为"一共出现了11次，你能读懂吗？

"天行有常，不为（1）尧存，不为（2）桀亡。"此为（3）至理，当为（4）世人言之，切勿使之为（5）巫所惑。巫者，以诡为（6）业，其所为（7）皆为（8）利也。故为（9）其来也，即斥之以此理，彰其用心。为（10）天下除残去秽，乃吾辈本分，何辞为（11）？

参考下面对这则故事的翻译，你能总结"为"的常见用法吗？

"上天的运行有一定的规律，不会因为圣君尧就存在，也不会因为暴君桀就灭亡了。"这是真理，应当对世人说说它，千万不要让他们被巫师迷惑。巫师，拿骗人当职业，他所做的事情都是为了利益。所以当他来到的时候，就用这个道理斥责他，揭露他的用心。替社会清除坏的风气习俗，（这是）我们的分内之事，为何推辞拒绝呢？

小结如下：

（1）（2）介词，表动作、行为的原因，相当于"因为"。

（4）介词，表示动作、行为的对象，相当于"对"。

（8）介词，表动作、行为的原因，相当于"为了"。

（9）介词，表示动作、行为的时间，相当于"当""等到"。

（10）介词，表示动作、行为的替代，相当于"给""替"。

上述作为介词的"为"读四声，都与相应的宾语组成介宾结构，在句中是状语。根据不同语境，可分别类比现代汉语中的时间状语、目的状语、方式状语等，例如：

①此中人语云："不足为外人道也。"（桃花源中的人说："我们这里

的事情，用不着对外面的人提起。"）（《桃花源记》）

②君为我呼入，吾得兄事之。（你替我叫他进来，我要像对待兄长一般招待他。）（《鸿门宴》）

③于是秦王不怿，为一击缶。（于是秦王不悦，为赵王击了一次缶。）（《廉颇蔺相如列传》）

④昂首观之，项为之强。（抬头观望，脖颈都因此僵硬了）（《童趣》）

⑤公输盘为楚造云梯之械。（公输盘替楚国造云梯这种器械。）（《墨子·公输》）

⑥天下熙熙，皆为利来；天下攘攘，皆为利往。（天下人为了利益而蜂拥而至，也会为了利益各奔东西。）（《史记·货殖列传》）

⑦慎勿为妇死，贵贱情何薄？（千万不要为了一个妇人去寻死，你和她贵贱不同，休掉了她哪里就算薄情呢？）（《孔雀东南飞》）

⑧为宫室之美，妻妾之奉，所识穷乏者得我与？（难道是为了住宅的华丽，妻妾的侍奉，熟识的穷人感激我吗？）（《鱼我所欲也》）

（5）介词，读二声，可以与"所"构成固定结构"为所""为……所……"或单独使用，表被动。例如：

①不者，若属皆且为所虏！（不这样的话，你们都将被他俘虏。）（《鸿门宴》）

②身死人手，为天下笑者，何也？（自己死在他人手上，被天下人耻笑，为什么呢？）（《过秦论》）

（3）动词，"是"。

（6）（7）动词，"作为""做"。

作为动词的"为"相对灵活，根据不同语境，理解为主语不同的动作，例如：

①吾令人望其气，皆为龙虎。（我叫人观望他那里的云气，都是龙虎的形状。）（《鸿门宴》）

②此亡秦之续耳，窃为大王不取也！（这只是灭亡了的秦国的继续罢了，我私认为大王您这样做是不可取的！）（《鸿门宴》）

③冰，水为之，而寒于水。（冰是水凝结而成的，却比水还要寒冷。）（《劝学》）

④通计一舟，为人五，为窗八。（合计一条船上雕刻了五个人、八扇窗。）（《核舟记》）

⑤武陵人捕鱼为业。（武陵郡有个人以打鱼为生。）（《桃花源记》）

（11）句末语气助词，表示疑问或反诘，相当于"呢"。

①如今人方为刀俎，我为鱼肉，

何辞为？（现在别人正好是刀和砧板，我们是砧板上的鱼肉，为什么要推辞呢？）(《鸿门宴》)

②奚以之九万里而南为？（哪用高飞九万里到南边去呢？）(《逍遥游》)

四、"且"的用法

下面是一则小故事，虚词"且"一共出现了七次，你能读懂吗？

"存者且（1）偷生，死者长已矣。"此岂石壕一地，中晚唐王朝尽然耳。若此，帝尚每日笙歌，且（2）委政不佞之人，则李唐且（3）亡，必矣。且夫（4）志士且如（5）河水清且（6）涟矣，于斯世则无进身之途。纵有"死且（7）不避，卮酒安足辞"之豪气，无用武之地，亦何用？

参考下面对这则故事的翻译，你能总结"且"的常见用法吗？

"活着的人姑且苟活着吧，死去的人就永远逝去了。"这难道只是石壕一个地方的现象吗？中晚唐王朝全都这样啊。（国家治理得都）像这个样子（了），皇帝仍然每天玩乐，而且把朝政委托给奸佞的人，因此李唐将要灭亡，（是）一定的了。再说有志之士就像河水那样清澈见底，在这样的世道上就没有入仕做官报效国家的道路了。纵使他有"连死都不躲避，一杯

酒怎么值得拒绝"的勇气，（却）没有用武之地，又有什么用呢？

小结如下：

(1) 副词，"暂且""姑且"。与现代汉语同义。

(3) 副词，"将要"。

①有怠而欲出者，曰："不出，火且尽。"（有个懈怠而想退出的伙伴说："再不出去，火把就要熄灭了。"）(《游褒禅山记》)

②北山愚公者，年且九十。（北山有个叫愚公的人，年纪将近九十岁。）(《愚公移山》)

(2) 连词，表递进，"而且""并且"。

(6) 连词，表并列关系，"又"。

(7) 连词，表让步关系，"尚且""还"。

作为连词的"且"表示了句子之间的不同关系，可以通过组词的方法来理解，例如"况且""尚且可""并且""而且"等；也和作为连词的"而""以"进行类比，如：

①磐石方且厚，可以卒千年。（大石方正又坚厚，可以千年都不变。）(《孔雀东南飞》)

②廉颇蔺相如计曰："王不行，示赵弱且怯也。"（廉颇和蔺相如一起商量："大王不去赴宴，会显露出赵国的

懦弱和胆怯的。")(《廉颇蔺相如列传》)

③且以一璧之故逆强秦之欢，不可。(何况因为一块和氏璧的缘故违拗强大秦国的友好表示，这是不可取的。)(《廉颇蔺相如列传》)

④且壮士不死即已，死即举大名耳。(况且壮士不死便罢了，要死就该成就伟大的名声。)(《陈涉世家》)

⑤臣死且不避，卮酒安足辞！(我连死都不逃避，一杯酒哪里会推辞！)(《鸿门宴》)

⑥古之圣人，其出人也远矣，犹且从师而问焉。(古代的圣人，他们超出一般人很远，尚且跟从老师学习请教。)(《师说》)

(4) 复音词，用在句首，表示下文要进一步议论，"况且""再说"。

①且夫水之积也不厚，则其负大舟也无力。(况且如果水积攒得不多不深，那么它浮起大船也没这个力气。)(《逍遥游》)

②且夫天地之间，物各有主，苟非吾之所有，虽一毫而莫取。(何况天地之间，万物各有自己的归属，若不是自己应得的，即使一分一毫也不能求取。)(《赤壁赋》)

(5) 复音词，连词，"就像"。如：

①且如今年冬，未休关西卒。(就像今年冬天，还没有停止征调函谷关以西的士兵。)(《兵车行》)

当堂练习

一、解释下列句中"以"的意义和用法。

作《师说》以贻之。

愿以十五城请易璧。

物以类聚，人以群分。

以天下之美为尽在己。

夫夷以近，则游者众；险以远，则至者少。

余以乾隆三十九年十二月，自京师乘风雪。

二、解释下列句中"其"的意义和用法。

国无主，其能久乎？

于乱石间择其一二扣之。

工欲善其事，必先利其器。

问其深，则其好游者不能穷也。

其信然邪？其梦邪？其传之非其真邪？

至于誓天断发，泣下沾襟，何其衰也！

三、解释下列句中"为"的意义和用法。

为赋新词强说愁。

北冥有鱼，其名为鲲。

不者，若属且皆为所虏。

为国者无使为积威之所劫哉。

如今人方为刀俎，我为鱼肉。

问渠那得清如许？为有源头活水来。

四、解释下列句中"且"的意义和用法。

不出，火且尽。

北山愚公者，年且九十。

存者且偷生，死者长已矣。

臣死且不避，卮酒安足辞。

古之圣人，犹且从师而问焉。

彼所将中国人不过十五六万，且已久疲。

相关链接

阅读下面的文言文片段，注意加点词的意义和用法。

为人当如范仲淹

自古帝王之兴，必有其名世之臣……宋有仲淹，诸贤无愧乎此。仲淹初在制中，遗宰相书，以论天下事，他日为政，尽行其言……豪杰自知之审，类如是乎！考其当朝，虽不能久，然先忧后乐之志，海内固已信其有弘毅之器，且任斯责，使究其所欲，岂让古人哉！

（改编自《宋史·范仲淹传》）

甄彬还金

齐有甄彬者，有器业。尝以一束苎于荆州长沙西库质钱。后赎苎，于束中得金五两，以其手巾裹之。彬得金，送还西库。库人大惊曰："近有人以金质钱，时忽遽，不记录。而乃能归，恐古今未之有也。"辄以金之半，主人具以姓名告之，往复十余，彬不受。因咏曰："五月披羊裘负薪，岂拾遗者也？"

（改编自《南北朝杂记》）

第四课 重点虚词（四）——怎样掌握"与所何于"

专题分析

一、"与"的用法

下面是一则小故事，虚词"与"一共出现了7次，你能读懂吗？

朝过夕改，君子与（1）之，吾亦赞同。然今人与（2）古人孰智，庙堂与（3）坊间之识，相去甚远。为国者，与（4）清廉之君子，离奸佞之小人，身体力行，事乃成。今恩足以及外夷，而功不至于比百姓者，独何与（5）？吾等与（6）君建言，又恐君自与（7）吾复算耳。

参考下面对这则故事的翻译，你能总结"与"的常见用法吗？

（一个人如果）在早上犯了过错到晚上就能改正，（那么）君子就会赞许他，我也赞同。但是，现代人与古人谁更有智慧，（对此）朝廷与百姓的认识，相差很大。治理国家的人，亲近清正廉明的彬彬君子，远离奸邪而善于谄媚的小人，（凡事）以身作则亲身实践，事业才会成功。如今（您的）恩德足以惠及外邦，但却不能到达本国百姓那里，（这）唯独是为什么呢？我们给您提建议，又害怕您跟我们算账啊。

小结如下：

（1）动词，"赞许"。

①夫子喟然叹曰："吾与点也。"（孔子长叹一声感慨道："我赞同曾点的观点。"）（《子路、曾皙、冉有、公西华侍坐》）

②仁陷于愚，固君子之所不与也。（如果仁慈到达迂腐的程度，这本就不是君子所赞同的）（《中山狼传》）

（4）动词，"结交""亲附"。

①失其所与，不知。（失掉了自己结交的同盟国，是不明智的。）（《烛之武退秦师》）

②夫人之相与，俯仰一世。（人与人相互交往，很快便度过一生。）（《兰亭集序》）

③齐人未尝赂秦，终继五国迁灭，何哉？与嬴而不助五国也。（齐国并没有贿赂秦国，可最终也随着五国灭亡而灭亡了，为什么呢？这是因为齐国跟秦国交好而不帮助其他五国。）（《六国论》）

除了作为动词的"与"的意义实际上属于实词范畴，常见的还有"给予"的意义，例如：

①我持白璧一双，欲献项王，玉斗一双，欲与亚父。（我拿着一双白璧，准备献给项王，一双玉斗，准备献给亚父。）（《鸿门宴》）

②与尔三矢，尔其无忘乃父之志！（给你三支箭，你一定不要忘记你父亲的遗愿！）（《伶官传序》）

至于"参与"的意义与现代汉语相同，不再赘述。

（3）连词，表并列，"和""跟""同"。

（7）介词，"和""跟""同"。

在学习汉语语法时，要注意区别"与"和"跟""同"这几个词作为介词和作为连词的差别。作为连词时，其前后连接的成分是可以互换位置的，从重要性上来说二者没有区别；但作为介词时，其前后的成分不能互换，介词结构的部分是主语的状语。试比较下面的句子：

①在学术上我和他相比，完全就是小巫见大巫。

②我和他是几十年的老朋友了。

句①是有语境的，在语境中是"我"同他进行比较，从语句的对称性来看，句子中的"我"学术能力较弱，对应的是"小巫"。如果将"我""他"位置互换，句意就变了，因此我们通过调换法判断这里的"和"是介词。同理，句②调换位置后句意没有变化，是表示并列关系的连词。例如：

①【介词】沛公军霸上，未得与项羽相见。（沛公在霸上驻军，没能和

项羽见到面。)(《鸿门宴》)

②【连词】况吾与子渔樵于江渚之上。(更何况我和你在江边打鱼、砍柴。)(《赤壁赋》)

(2) 与"孰"组成文言固定结构"与……孰……""孰与",相当于"跟……比较,哪一个……更……",例如:

①吾与徐公孰美?(我和徐公相比谁更美?)(《邹忌讽齐王纳谏》)

②我孰与城北徐公美?(我和城北徐公相比谁更美?)(《邹忌讽齐王纳谏》)

③公之视廉将军孰与秦王?(你们觉得廉将军和秦王相比谁更厉害?)(《廉颇蔺相如列传》)

④孰与君少长?(你和他相比谁年纪更大一些?)(《鸿门宴》)

(6) 介词,表施动者发出动作行为所涉及的对象,相当于"为""向"。

(5) 通"欤",句末语气助词,表疑问,"呢"。

二、"所"的用法

下面是一则小故事,虚词"所"一共出现了6次,你能读懂吗?

"吾所以(1)为此者,以先国家之急而后私仇也。"蔺相如此言,足使之为天下所(2)钦。以其所(3)居位,能如此,岂他人可及?察其言,观其行,知其非所以(4)沽名钓誉矣。与之相伯仲者,信陵君也,其于众人广坐之中,不宜有所(5)过之时,前访朱亥,其度岂常人哉?此二人皆所(6)以教人向上者也。

参考下面对这则故事的翻译,你能总结"所"的常见用法吗?

"我这样做的缘故,(是)把国家的危机放在前面而把一己的私怨放在后面。"蔺相如的这句话,值得使他被天下人钦佩。凭借他所居的官位,能够这样说这样做,难道是别人能比得上的吗?仔细研究他的言行,就知道他并不是凭此沽名钓誉了。与他不相上下的人,是信陵君。侯生在大庭广众之下,不应该有过访(朋友)的事情的时候,前去拜访朱亥,(而信陵君始终面不更色)这气度难道是一般人吗?这两个人都是教人向上的榜样啊。

小结如下:

(1) 助词,与"以"构成固定复音虚词"所以",表原因,相当于"……的原因(缘故)"。

①臣所以去亲戚而事君者,徒慕君之高义也。(我之所以远离亲人而去侍奉您,就是因为仰慕您高尚的道义。)

(《廉颇蔺相如列传》)

②所以遣将守关者，备他盗之出入与非常也。（派遣将士把守关卡的原因，就是为了防止其他流寇的进入和意外的变故。）（《鸿门宴》）

③圣人之所以为圣，愚人之所以为愚，其皆出于此乎？（圣人之所以能成为圣人，愚人之所以能成为愚人，大概都是出于这个原因吧？）（《师说》）

（2）助词，与"为"构成固定结构"为所""为……所……"，表被动。

①《茅屋为秋风所破歌》

②不者，若属皆且为所虏。（否则，你们这些人都将要被他俘虏。）（《鸿门宴》）

③有如此之势，而为秦人积威之所劫，日削月割，以趋于亡。（有这样的形势，却被秦国长久积累的威势胁迫，国土不断削减，最终走向灭亡。）（《六国论》）

（3）（5）助词，"所+动词"构成名词性的所字结构，表示"……的人（事物、地方、情况等）"。

①投其所好、答非所问、英雄所见略同（成语）

②此人一一为具言所闻。（渔人一件件为他们详细说出自己知道的情况。）（《桃花源记》）

③故余虽愚，卒获有所闻。（所以我虽然很愚笨，但是最终也有所收获。）（《送东阳马生序》）

④道之所存，师之所存也。（道理存在的地方，就是老师存在的地方。）（《师说》）

（4）（6）助词，与"以"构成固定复音虚词"所以"，可译为"用来……的方法（途径、手段）"。

①师者，所以传道受业解惑也。（老师是用来传授道理、教授学业、解答疑难问题的。）（《师说》）

②吾所以待侯生者备矣，天下莫不闻。（我用来礼待侯嬴的方法已经足够完备了，天下没有谁不知道。）（《信陵君窃符救赵》）

除了上述用法外，"所"还可以作名词，表示地点、处所，用法与现代汉语一致。

三、"何"的用法

下面是一则小故事，虚词"何"一共出现了7次，你能读懂吗？

"徐公何（1）能及君也？"本谬也，然其妻如此言者，何（2）也？其所据何（3）为？原其理，乃爱之深也。嗟乎，情之误，何（4）其大也！然何（5）人能忘情耶？何以（6）除此弊，望君教我以良策，何如（7）？

参考下面对这则故事的翻译，你能总结"何"的常见用法吗？

"徐公怎么能比得上您呢？"（这样说）本来是错误的，但他的妻子这样说，为什么呢？她依据什么（才这样说）呢？推究其中的道理，（是）爱自己的老公很深啊。唉，感情造成的谬误多么大啊！但是什么人能够忘情呢？拿什么消除这种弊端，希望您能教给我（一个）好办法，怎么样？

小结如下：

（1）副词，用在动词前，表疑问，"怎么"。

（4）副词，用在形容词前，表示程度深，相当于"多么"。

（2）疑问代词，表原因，后面常带语气助词"哉""也"；相当于"为什么""什么""什么原因"。

（3）代词，做宾语，"什么"。

（5）代词，做定语，相当于"什么"。

（6）即"以何"，介宾短语，用在疑问句中作状语，相当于"拿什么""凭什么"。

（7）即"如何"，表示疑问或反问，相当于"怎么样""怎么办"。

不难发现，不论词性如何，"何"单独出现的用法逃不开这么几种情况：【什么】【为什么】【多么】。

【什么】相当于定语，后面一般有对应的人、事、物作为中心语；或相当于宾语，与后面的介词搭配，可理解为"有什么"；与后面的动词搭配，一般形成宾语前置：

①是进亦忧，退亦忧。然则何时而乐耶？（在朝廷上做官也担忧，不在朝廷做官也担忧。什么时候才快乐呢？）（《岳阳楼记》）

②便纵有千种风情，更与何人说？（即使有满腹的情意，又能和谁诉说呢？）（《雨霖铃》）

③江畔何人初见月？江月何年初照人？（江边谁最先看到月亮？江上的月亮又是从哪一年开始照临人间的？）（《春江花月夜》）

④纵江东父兄怜而王我，我何面目见之？（纵使江东的父老乡亲觉得可怜我奉我为王，我又有什么面目见他们？）（《项羽之死》）

⑤是何异于刺人而杀之曰："非我也，兵也？"（这种说法与拿刀刺人，把人杀死后，说"杀死人的不是我，是兵器"有什么不同？）（《寡人之于国也》）

⑥其间旦暮闻何物？杜鹃啼血猿哀鸣。（在这里早晚能听到的是什么呢？尽是杜鹃和猿猴那些悲凄的哀鸣。）（《琵琶行》）

⑦大王来何操？（大王前来带来了什么？）（《鸿门宴》）

⑧之二虫又何知？（这两个小动物又知道些什么呢？）（《逍遥游》）

【为什么】【怎么】相当于直接提问，或者组成"何不"表示反问：

①何竟日默默在此，大类女郎也？（为什么成天如此沉默地待着像女孩子一样呢？）（《项脊轩志》）

②何不作衣裳，莫令事不举。（为什么还不做衣裳？不要让婚事办不起来！）（《孔雀东南飞》）

③徐公何能及君也？（徐公怎么能比得上您呢？）（《邹忌讽齐王纳谏》）

④天之亡我，我何渡为！（这是上天要亡我，我为什么还要渡河呢？）（《项羽之死》）

⑤何者？严大国之威以修敬也。（为什么要这样呢？是尊重大国的威望而修饰礼仪表示敬意呀！）（《廉颇蔺相如列传》）

⑥齐人未尝赂秦，终继五国迁灭，何哉？（齐国不曾割地贿赂秦国，最后也随着五国灭亡，为什么呢？）（《六国论》）

【多么】相当于状语，修饰后面的谓语，做程度上的修饰：

①蚕丛及鱼凫，开国何茫然！（传说中蚕丛和鱼凫建立了蜀国，开国的年代实在久远，无法详谈。）（《蜀道难》）

②青泥何盘盘，百步九折萦岩峦。（青泥岭多么曲折，百步之内萦绕岩峦转九个弯。）（《蜀道难》）

③至于誓天断发，泣下沾襟，何其衰也！（以至于对天发誓，割下头发，大家的泪水沾湿了衣襟，又是多么衰颓啊！）（《伶官传序》）

四、"于"的用法

下面是一则小故事，虚词"于"一共出现了7次，你能读懂吗？

"黄鸟于（1）飞，差池其羽"，何其美也。然于（2）吾等，则久别矣。自十年前偶见之，于（3）今已十载，未睹其姿。今造林还草，生态渐复，黄鸟复见，其鸣之美则倍于（4）昔，吾乡之美誉于（5）四方。于是（6）吾有叹焉。然畅饮抒怀，陶然于（7）是，不亦乐乎？

参考下面对这则故事的翻译，你能总结"于"的常见用法吗？

"黄雀缓缓地飞，美丽的翅膀参差翩然"，多么美好啊。然而对于我们来说，是长久没有看到的了。自从十年前偶尔见过一次，到如今已经十年，没有看到它们的身影。如今造林还草，生态渐渐恢复，又可以见到黄鸟了，它的鸣叫比以前美一倍。我们乡的美已经闻名于四方。世界上的人都想在我们这里养老，这是好多人对我说的，不是我杜撰的。对此，我有感叹了。在这时候我们畅饮几杯酒来抒发情怀，陶醉在这里，不是很好吗？

小结如下：

（1）助词，动词词头，不译。

（2）介词，引进动作行为的对象，"对于"。

（3）介词，引进动作行为相关的时间，"到"。

（4）介词，引进比较的对象，表程度的比较，"比"。

（5）介词，引进动作行为的主动者，表示被动，"被"。

（6）与"是"构成复音虚词"于是"，相当于"对此""在此时"或连接句子不翻译，与现代汉语不尽相同。

（7）介词，引进动作行为相关的处所，"在"。

高中阶段作为介词出现的"于"无一例外都是与后面的宾语构成介宾短语，且通常形成介宾短语的后置——状语后置句，与之相对应的是现代汉语的原因状语、目的状语、方式状语等。因此，对于"于"的理解，只要结合不同的宾语，形成恰当的翻译即可。例如：

①苟全性命于乱世，不求闻达于诸侯。（我只希望在乱世里苟且保全性命，并不想在诸侯中做官扬名。）（《出师表》）

②设九宾于廷，臣乃敢上璧。（在朝堂上安设"九宾"的礼节，我才敢献上和氏璧。）（《廉颇蔺相如列传》）

③寡人之于国也，尽心焉耳矣。河内凶，则移其民于河东，移其粟于河内。（我对于国家，可以说很用心了！河内遇到饥荒，就把那里的老百姓迁移到河东去，把河东的粮食运到河内。）（《寡人之于国也》）

④于人为可讥，而在己为有悔。（对于别人来说是可以嘲笑的，而对于自己而言是悔恨的。）（《游褒禅山记》）

⑤夫赵强而燕弱，而君幸于赵王，故燕王欲结于君。（赵国强燕国弱，您受宠于赵王，所以燕王想要和您结交。）（《廉颇蔺相如列传》）

⑥身长八尺，每自比于管仲、乐毅。（他身高八尺，常常把自己同管仲、乐毅相比。）（《隆中对》）

⑦青，取之于蓝，而青于蓝。（靛青，是从蓝草里提取的，然而却比蓝草的颜色更青。）（《劝学》）

⑧不拘于时,学于余。(不被当时的流俗拘束,向我学习。)(《师说》)

⑨于是余有叹焉。(因此我有所感慨。)(《游褒禅山记》)

⑩于是宾客无不变色离席。(在这种情况下,客人们没有谁不吓得变了脸色,离开座位。)(《口技》)

当堂练习

一、解释下列句中"与"的含义和用法。

子非三闾大夫与?

微斯人,吾谁与归。

夫人之相与,俯仰一世。

与尔三矢,尔其无忘乃父之志。

夫子喟然叹曰:"吾与点也。"

君不与胜者而与不胜者,何故也?

二、解释下列句中"所"的含义和用法。

离宫别馆,三十六所。

故余虽愚,卒获有所闻。

今不速往,恐为操所先。

必能使行阵和睦,优劣得所。

师者,所以传道受业解惑也。

亲贤臣远小人,此先汉所以兴隆也。

三、解释下列句中"何"的含义和用法。

大王来何操?

其间旦暮闻何物?

徐公何能及君也?

吏呼一何怒,妇啼一何苦?

至于誓天断发,泣下沾襟,何其衰也!

予尝求古仁人之心,或异二者之为,何哉?

四、解释下列句中"于"的含义和用法。

臣诚恐见欺于王而负赵。

荆国有余地而不足于民。

青,取之于蓝,而青于蓝。

孔子曰:"苛政猛于虎也。"

身长八尺,每自比于管仲、乐毅。

六艺经传皆通习之,不拘于时,学于余。

相关链接

阅读下面的文言文片段,注意加点词的意义和用法。

不死药"可食乎"?

有献不死之药于荆王者,至其所,谒者操以入。中射之士问曰:"可食乎?"曰:"可。"因夺而食之。王怒,使人杀中射之士。中射之士使人说王曰:"臣问谒者,谒者曰可食,臣故食之。是臣无罪，而罪在谒者也。且客献不死之药，臣食之而王杀臣，是死药也。王杀无罪之臣，乃人欺于王也。"王乃不杀。

（改编自《战国策》）

刻舟求剑

楚人有涉江者，其剑自舟中坠于水。遽契其所坠之处，曰："是吾剑之所从坠。"舟止，从其所契者入水求之。舟已行矣，而剑不行。求剑若此，何其惑也！

（改编自《吕氏春秋·察今》）

第五课 若焉遂然——怎样掌握重点虚词（五）

专题分析

一、"若"的用法

下面是一则小故事，虚词"若"一共出现了7次，你能读懂吗？

"若（1）为化得身千亿，撒向峰头望故乡。"奇哉！若（2）人之思，若（3）天惊石破，花开铁树，非若（4）等凡人可及也，吾亦如此。恐吾辈但堪为其鱼之一鳞，若（5）龙之一爪也。

若夫（6）常人思乡，常望月怀远，登高作赋，若（7）柳子厚则不然，以超人之思，抒难抑之情，绝矣。

参考下面对这则故事的翻译，你能总结"若"的常见用法吗？

"如果能够化身为千亿个自我，那就散到那无数的山峰上眺望故乡。"（真是）奇妙啊！这个人的想象，（就）像石破天惊，铁树开花一样，并不是你们这些平常的人能够赶得上的。我也是这样。恐怕我们这些人只能够做鱼的一片鳞、龙的一只爪了。至于一般人思念家乡，常常是眺望明月怀念远方，（或者）登上高处吟诗作赋，至于柳子厚就不这样，（他）凭借超过一般人的思路，抒发难以抑制的感情，绝了。

小结如下：

(3) 副词，表推测，"好像"。属于常见用法，如：

①上善若水、大智若愚、举重若轻（成语）

②万里赴戎机，关山度若飞。（不远万里，奔赴战场，像飞一样地跨过一道道的关，越过一座座的山。）（《木兰诗》）

③每览昔人兴感之由，若合一契。（每当看到古人对生死发出感慨，和我所感慨的像符契那样相合。）（《兰亭集序》）

(1) 连词，表假设，"如果"。

①若亡郑而有益于君，敢以烦执事？（如果灭掉郑国对您有好处，怎敢拿这件事情来麻烦您呢？）（《烛之武退秦师》）

②衰兰送客咸阳道，天若有情天亦老。（枯衰的兰草为远客送别，在通向咸阳的古道。上天如果有感情，也会因为悲伤而变得衰老。）（《金铜仙人辞汉歌》）

(5) 连词，相当于"或者"。

①以万人若一郡降者，封万户。（带领一万人或者一个郡投降的，封为万户侯。）（《汉书·高帝纪》）

(2) 指示代词，"此""这个"。

①以若所为求若所欲，犹缘木而求鱼也。（但是以这样的做法，去谋求这样的理想，就像爬到树上却要抓鱼一样。）（《孟子·梁惠王上》）

(4) 第二人称代词，"你"。

①不者，若属皆且为所虏。（不这样的话，你们这些人都将要被俘虏。）（《鸿门宴》）

②若入前为寿，寿毕，请以剑舞。（你进去上前去祝寿，祝贺完毕之后，请求舞剑。）（《鸿门宴》）

(7) 连词，表示另提一件事，相当于"至""至于"。

(6) 和"夫"连用，构成复音虚词。句首语气词，用在一段或一层意思开头，表示转换，有"在说""至于"的意思。

①若民，则无恒产，因无恒心。（至于一般老百姓，如果没有固定维持生计的产业，就会失去恒久向善之心。）（《齐桓晋文之事》）

②若夫淫雨霏霏，连月不开。（如果遇上阴雨连绵的日子，数月不晴）（《岳阳楼记》）

此外，"若"还有动词的意思，用在二者比较时，理解为"比得上""相似"，如：

①彼与彼年相若也，道相似也。（他与你的年龄相似，道德品行也相

似。)(《师说》)

②徐公不若君之美也。(徐公没有你长得好看。)(《邹忌讽齐王纳谏》)

还可以作为形容词词尾,相当于"然",单独理解则为"……的样子"。如:

桑之未落,其叶沃若。(桑树还没落叶的时候,它的叶子新鲜润泽。)(《诗经·氓》)

二、"焉"的用法

下面是一则小故事,虚词"焉"一共出现了8次,你能读懂吗?

秦军过崤山间,见峭峭焉(1),狭狭焉(2),未料有伏焉(3),将士虽全力以搏,无奈进退不能,少焉(4),死之殆尽,故致大败。于是余有叹焉(5),骄而轻敌若此,焉(6)能不败?万军于之何加焉(7)?但以其傲,斥焉(8),则必无颜世上矣。

参考下面对这则故事的翻译,你能总结"焉"的常见用法吗?

秦军路过崤山,看到那里山势陡峭狭窄,没有料到晋国在那里设有埋伏,将士们虽然全力拼搏,无奈进退两难,不久,差不多都战死了,所以导致大败。对这件事我很有感慨,如此骄傲轻敌,怎么能不打败仗?(即使)千军万马对他们又有什么益处呢?就因为他们骄傲,斥责他们,他们一定没脸在世上活着了。

小结如下:

(1)(2)形容词词尾,约同于"然",相当于"……的样子"。

①盘盘焉,囷囷焉,蜂房水涡,矗不知其几千万落。(楼阁盘结交错,曲折回旋,像密集的蜂房,像旋转的水涡,高高地耸立着,不知道它有几千万座)(《阿房宫赋》)

②于乱石间择其一二扣之,硿硿焉。(在那些乱石头中随便在其中的一两块上敲打,石头果然发出硿硿的声音)(《石钟山记》)

(3)兼词,相当于"于彼",在那里。作为兼词的"焉"是介词结构上的意义兼备,形式是"介词+代词"。

①积土成山,风雨兴焉;积水成渊,蛟龙生焉。(积累泥土成为高山,风雨就会在这里兴起;积累水流成为深渊,蛟龙就会在这里生长)(《劝学》)

②置杯焉则胶,水浅而舟大也。(在水面上放一只杯子就胶着不能动了,是水太浅而船太大的缘故)(《逍遥游》)

③夫大国,难测也,惧有伏焉。(像齐国这样的大国是难以估计的,恐怕有埋伏)(《曹刿论战》)

（4）（5）语气助词，表示停顿或不译。

①王无罪岁，斯天下之民至焉。（大王不归罪于年成不好，这样天下的老百姓就会归附你了。）（《寡人之于国也》）

②至丹以荆卿为计，始速祸焉。（等到燕太子丹想出了派荆轲去刺杀秦王的计谋，就很快为燕国招来了祸端。）（《六国论》）

（7）句末语气助词，相当于"呢"。

①肉食者谋之，又何间焉？（当权者自会谋划这件事，你何必参与呢？）（《曹刿论战》）

②万钟则不辨礼义而受之，万钟于我何加焉！（高官厚禄却不辨别是否合乎礼义就接受了它，这样的高官厚禄对我有什么好处呢？）（《鱼我所欲也》）

（6）疑问代词，"怎么""哪里""为什么"，用法可类比"何"。

①杀鸡焉用宰牛刀（成语）

②焉用亡郑以陪邻？（为什么要灭掉郑国来增加别国的势力呢？）（《烛之武退秦师》）

③且焉置土石？（况且把土石放在哪里呢？）（《愚公移山》）

（8）代词，相当于"之"，"他们"。

①心不在焉（成语）

②古之圣人，其出人也远矣，犹且从师而问焉。（古代的圣人，他们超出一般人很远，尚且跟从老师而请教。）（《师说》）

③忽啼求之，父异焉。（忽然有一天仲永哭着索要这些东西，他的父亲对此感到诧异。）（《伤仲永》）

④俟其欣悦，则又请焉。（等到他高兴时，就又向他请教。）（《送东阳马生序》）

三、"遂"的用法

通过用"遂"组词和词义联想，我们可以得到"遂"的几个常见用法。大致分为副词和动词两类：

作为动词：

1.顺遂，遂心如意：顺利完成，实现。例如：

①成事不说，遂事不谏，既往不咎。（《论语·八佾》）

②功遂身退，天之道也。（《老子》）

2."隧道"的"遂"通过添加偏旁"阝"成为名词，"阝"是"阜"演化而来的，本意是"土山"。名词的"隧道"起到连接的作用，据此联想"遂"有"使……通达"之意。如：

沟渎遂于隘，障水安其藏，国之富也。（使沟渠沟通闭塞的地方，堤坝中的水没有漫溢，国家就会富足）（《管子·立政》）

作为副词：

3.基于"使……通达"之意，人、车等可以"顺着"隧道通行。在语法功能上，"遂"也能让句子之间相互连通，因此可以理解为"于是、就"，如：

①后遂无问津者。（此后就再也没有问桃花源路的人了。）（《桃花源记》）

②赵王于是遂遣相如奉璧西入秦。（赵王就派蔺相如带着和氏璧向西进入秦国。）（《廉颇蔺相如列传》）

4.动词的"实现"可以联想为"最终完成"，因此在语法功能上联想为"最终"，例如：

①二子北至于首阳之山，遂饿而死焉。（两人向北来到了首阳山，终于不食周粟而饿死在那里。）（《庄子·让王》）

②寻向所志，遂迷，不复得路。（寻找以前所做的标记，终于迷失了方向，再也找不到通往桃花源的路了。）（《桃花源记》）

四、"然"的用法

学习"然"的用法可以从代词入手进行联想：

1.作为代词："这样"。例如：

①世有伯乐，然后有千里马。（这世上是先有伯乐，之后才有千里马。）（《马说》）

②不然，籍何以至此？（不是这样的话，我项羽怎么会到这地步呢？）（《鸿门宴》）

③輮使之然也。（是輮这道工序使它这样的。）（《劝学》）

2.单独用，作为动词："认为是这样的""赞同、认可"。在动词后，作为形容词："正确""对"。例如：

①昭阳以为然，解军而归。（昭阳认为他的话有道理，就撤兵回国了。）（《战国策·齐策二》）

②沛公然其计，从之。（沛公认为他的计策正确，于是采纳了）（《史记·高祖本纪》）

3.例如：作为助词：形容词词尾，"……的样子"，相当于"焉"。例如：

①满坐寂然，无敢哗者。（所有的客人都很安静，没有人敢大声喧哗。）（《口技》）

②左佩刀，右备容臭，烨然若神人。（左边佩着刀，右边备有香囊，光彩鲜明如同神人）（《送东阳马生序》）

4.作为连词：表示转折，"然而"。例如：

①然不自意能先入关破秦，得复见将军于此。（然而没有料到自己能先攻入函谷关、击破秦军，能够在这里再见到将军。）（《鸿门宴》）

②是进亦忧，退亦忧。然则何时而乐耶？（这样来说在朝廷做官也担忧，在僻远的江湖也担忧。既然这样，那么他们什么时候才会感到快乐呢？）（《岳阳楼记》）

③然侍卫之臣不懈于内，忠志之士忘身于外者，盖追先帝之殊遇，欲报之于陛下也。（然而朝中官员在首都毫不懈怠，忠诚有志的将士在外面舍生忘死，是因为追念先帝对他们的特殊厚待，想要在陛下身上报恩。）（《出师表》）

当堂练习

一、解释下列句中"若"的含义和用法。
桑之未落，其叶沃若。
若为佣耕，何富贵也。
海内存知己，天涯若比邻。
君过矣，不若长安君之甚。
若使烛之武见秦君，师必退。
执事聪明文章，与孟轲、扬雄相若。

二、解释下列句中"焉"的含义和用法。
万钟于我何加焉？
盘盘焉，囷囷焉。
过而能改，善莫大焉。
三人行，必有我师焉。
积土成山，风雨兴焉。
寒暑易节，始一反焉。

三、解释下列句中"遂"的含义和用法。
急起从之，振笔直遂。
字而幼孩，遂而鸡豚。
及反，市罢，遂不得履。
若遂不改，方思仆言。
长卿久宦游不遂，而来过我。
赵王于是遂遣相如奉璧西入秦。

四、解释下列句中"然"的含义和用法。
吴广以为然。
然侍卫之臣不懈于内。
望之蔚然而深秀者，琅琊也。
岁寒，然后知松柏之后凋也。
其人视端容寂，若听茶声然。
其声呜呜然，如怨如慕，如泣如诉。

相关链接

阅读下面的文言文片段，注意加点词的意义和用法。

一顿饭断案

欧阳晔治鄂州，民有争舟而相殴致死者，狱久不决。晔自临其狱，坐囚坐庭中，去其桎梏而饮食。讫，悉劳而还之狱，独留一人于庭，留者色动而惶顾。公曰："杀人者汝也！"囚为不知所以，曰："吾观食者皆以右手持匕，然汝独以左。今死者伤在右肋，此汝杀之明验也？"囚泣涕服罪。

（选自《智囊全集·察智部》）

自相矛盾

楚人有鬻盾与矛者，誉之曰："吾盾之坚，物莫能陷也。"又誉其矛曰："吾矛之利，于物无不陷也。"或曰："以子之矛，陷子之盾，何如？"其人弗能应也。夫不可陷之盾与无不陷之矛，不可同世而立。

（选自《韩非子·难一》）

阶段四

文言句式

第一课 学会判断句

专题分析

在阅读文言文的过程中，大家经常会读到形式上很相似的句子。将这些句子相似的部分进行总结和归纳，就能得到学好文言文的重要工具——特殊句式。在中学阶段，大家需要掌握如下几种特殊句式：判断句、被动句、省略句、宾语前置句、定语后置句、状语后置句和固定句式。

今天先学习第一种——判断句。

从命名上不难看出理解判断句的核心——能够用这个句子表达肯定或否定的判断，一般是对一个名词性的词、短语等进行判断说明。从文言文翻译成现代汉语，保留必要的判断动词，能帮助大家确定这是个判断句，比如现代汉语的是、否、非等。根据句子中有无标志词，我们将文言文的判断句分为有标志的判断句和无标志的判断句，前者能在句中找到明确的标志，以便提示判断句，后者则需要结合语境理解其判断的意味，这时候的判断词是在理解句意时自行补充的。

一、有标志的判断句

第一种是以"者""也"作为标志的判断句，这类判断句通常是对主语的人、事、物等进行判断和说明，主要形式是"……者，……也""……者，……""……，……也""……，……者也""……者，……者也"。例如：

① 陈胜者，阳城人也，字涉。吴广者，阳夏人也，字叔。(《史记·陈涉世家》)

译：陈胜，是阳城人，他的字是涉。吴广，是阳夏人，他的字是叔。

② 今所谓慧空禅院者，褒之庐冢也。(《游褒禅山记》)

译：如今人们所说的慧空禅院，就是慧褒僧人的庐冢。

上述两个例句，标志词"者""也"在两个句子中，"者"起到提示停顿的作用，第一个分句话没有说完，停一下，第二个分句的"也"表示判断。

③ 沛公之参乘樊哙者也。(《史记·项羽本纪》)

译：(这是)沛公的参乘樊哙。

④ 莲，花之君子者也。(《爱莲说》)

译：莲花，是花中的君子。

上述两个例句，"者""也"作为标志词共同放在句末，提示判断句。

⑤ 然力不足者亦不能至也。(《游褒禅山记》)

译：(这样做了)但最终力量不足也是无法达到的。

⑥ 邻之厚，君之薄也。(《烛之武退秦师》)

译：邻国的实力变强了，您的实力就变弱了。

上述两个例句，"也"放在句末，提示判断句。

⑦ 仆所以留者，待吾客与俱。(《荆轲刺秦王》)

译：我之所以留下来，是要等待我的客人一同前往。

上面一个例句，"者"放在第一个分句句末，提示判断句。值得注意的是，最后两个例句都具有解释说明原因的意味，在理解的时候自然而然要出现"……的原因是""之所以……，是因为……"这样的情况，也将其理解为判断句。

第二种是用"者""也"以外的词来确定一个句子是判断句，常见的词有"为""则""皆""乃""非""是"等。例如：

① 如今人方为刀俎，我为鱼肉。(《鸿门宴》)

译：现在人家正好比是菜刀和砧板，我们则好比是鱼和肉。

"为"作为标志词，与现代汉语

判断动词"是"对应。

② 吾闻二世少子也，不当立，当立者乃公子扶苏。(《史记·陈涉世家》)

译：我听说秦二世是始皇帝的小儿子，不应立为皇帝，应立的是公子扶苏。

"也"是第一个分句的标志词，是判断句。"乃"是第二个分句的标志词，辅助确定第二个分句是判断句。

③ 此则岳阳楼之大观也。(《岳阳楼记》)

译：这就是岳阳楼的雄伟景象。

"则""也"作为标志词确定该句是判断句。

④ 环滁皆山也。(《醉翁亭记》)

译：环绕滁州四面都是山峦。

"皆""也"作为标志词确定该句是判断句。

⑤ 苟非吾之所有，虽一毫而莫取。(《赤壁赋》)

译：若不是自己应该拥有的，一分一毫也不能索取。

⑥ 此非曹孟德之诗乎？(《赤壁赋》)

译：这不就是曹操的诗歌吗？

上述两句，"非"作为标志词确定该句是否定的判断句。

⑦ 问今是何世，乃不知有汉，无论魏晋。(《桃花源记》)

译：(这里的人)问如今是什么朝代，竟不知道有汉朝，更不用说魏、晋两朝了。

⑧ 汝是大家子，仕宦于台阁。(《孔雀东南飞》)

译：你是大户人家的子弟，在大官府任官职。

上述两句，通过"是"直接确定该句是判断句，这里的"是"古今同义。

二、无标志的判断句

无标志的判断句在文言文中也很常见，此时需要联系上下文，根据句意确定其是判断句。请看下面的例句：

① 秦，虎狼之国，不可信，不如毋行。(《史记·屈原贾生列传》)

译：秦国是凶恶得像虎狼一样的国家，他们的承诺不能相信，您不应该去！

② 荀卿，赵人，年五十始来游学于齐。(《史记·孟子荀卿列传》)

译：荀卿，是赵国人，五十岁的时候才到齐国来游说讲学。

③ 非为织作迟，君家妇难为！(《孔雀东南飞》)

译：并不是我织得慢，而是你家的媳妇难做呀！

④宾主尽东南之美。（《滕王阁序》）

译：宾主都是东南地区最优秀的人物。

⑤死生亦大矣，岂不痛哉！（《兰亭集序》）

译：生死都是人生无法摆脱的大事，想想怎么会不让人觉得悲痛呢！

通过上面的分析我们不难发现，在文言文中如果句子翻译的结果中有与现代汉语意义相同的"是""不是"来对主语进行判断、说明、分析，我们就可以确定其为判断句。有的判断句以"者""也"等词为标志进行提示，有的则没有标志，是句意上的判断意味。

当堂练习

一、本节学习了文言文特殊句式中的判断句，请回顾本节内容后回答下列问题。

1.判断句的定义是什么？

2.有标志的判断句常见的标志词有哪些？每个标志词分别举出两个例句。

3.无标志的判断句如何判断？翻译时要注意什么？

二、打开你的语文课本，翻到你最近读到的一篇文言文，总结这篇文章中的判断句并解释。

相关链接

成语中的判断句

1.安身为乐：身子安定就是快乐。（"为"表示判断）

出自《三国志·蜀书·秦宓传》："安身为乐，无忧为福。"

2.言为心声：言语是人们思想情感的反映。言：语言。为：是。（"为"表示判断）

出自《法言·问神》："故言，心声也；书，心画也。声画形，君子小人见矣。"

3.成王败寇：旧指在争夺政权斗争中，成功了的就是合法的，称帝称王；失败了的就是非法的，称为寇贼。含有成功者权势在手，无人敢责难，失败者却有口难辩的意思。（句意判断）

出自《题〈太平天国〉战史》诗："成王败寇漫相呼，直笔何人纵董狐。"（此处董狐是春秋时晋国史官，他秉笔直书，刚正不阿，是史官之典范。）

4.草木皆兵：是形容人在十分惊恐之时，稍微有些风吹草动，就认为那些草是兵，便紧张害怕得要命，常形容失败者的恐惧心理。常与"风声鹤唳"连用。（"皆"表示判断）

出自《晋书·苻坚载记》："坚与苻融登城而望王师，见部阵齐整，将士精锐；又北望八公山上草森皆类人形，顾谓融曰：'此亦劲敌也，何谓少乎？'怃然有惧色。"

5.有口皆碑：意思是所有人的嘴都是活的记功碑。比喻对突出的好人好事一致颂扬。碑，记功的石碑；皆，都是。（"皆"表示判断）

出自《五灯会元·卷十七》："劝君不用镌顽石，路上行人口似碑。"

6.浮生若梦：把人生当作短暂虚幻的梦境。即世事无定，生命短促，如梦幻一般。（"若"表示判断）

出自《春夜宴从弟桃花园序》："夫天地者，万物之逆旅也；光阴者，百代之过客也。而浮生若梦，为欢几何。"

7.非亲非故：不是亲属，也不是熟人。表示彼此没有什么关系。（"非"表示判断）

出自《寄贾岛》诗："佩玉与锵金，非亲亦非故。"

8.答非所问：回答的不是所问的内容。（"非"表示判断）

出自《儿女英雄传》："老爷正觉得他答非所问；程相公那里就打听说：'什么叫作稀罕儿？'"

9.回头是岸：指有罪的人只要回心转意，痛改前非，就能登上"彼岸"，获得超度。后来借指犯了错误的人只要悔改，就有出路。通常与"苦海无边"连用。（"是"表示判断）

出自《度柳翠》："世俗人争长竞短，你死我活，有呵吃些个，有呵穿些个，苦海无边，回头是岸。"

10.头头是道：原指佛教中的道无所不在。后多形容说话做事很有条理。（"是"表示判断）

出自《续传灯录·慧力洞源禅师》："方知头头皆是道，法法本圆成。"

11.胜败乃兵家常事：胜利或失败是带兵作战的人常遇到的事情。即不要把偶然一次的胜利或失败看得太重。（"乃"表示判断）

出自《旧唐书·裴度传》："一胜一负，兵家常势。"

12.来而不往非礼也：对别人施加

于自己的行动将做出反应。一来一往表示动作的相互性。("非""也"表示判断)

出自《礼记·曲礼上》："往而不来，非礼也；来而不往，亦非礼也。"

13.识时务者为俊杰：懂得历史发展趋势的才算聪明杰出的人。多用于规劝、告诫。("为"表示判断)

出自《三国志·蜀志·诸葛亮传》裴松之注引晋习凿齿《襄阳记》："识时务者，在乎俊杰。此间自有伏龙、凤雏。"

14.三十六计，走为上计：指事情已经到了无可奈何的地步，没有别的好办法，只能出走。("为"表示判断)

出自《南齐书·王敬则传》："檀公三十六策，走是上计。"

15.东隅已逝，桑榆非晚：早年的时光消逝，如果珍惜时光，发愤图强，晚年并不晚。东隅：指日出处，表示早年。桑榆：指日落处，表示晚年。("非"表示判断)

出自《滕王阁序》："北海虽赊，扶摇可接；东隅已逝，桑榆非晚。"

16.冰冻三尺，非一日之寒：比喻一种情况的形成，是经过长时间的积累、酝酿的。任何事的发生都有其潜在的、长期存在的因素，不是突然之间就可以形成的。("非"表示判断)

出自《论衡·状留篇》："故夫河冰结合，非一日之寒；积土成山，非斯须之作。"

第二课 学会被动句

专题分析

所谓被动句，句子的主语与谓语之间的关系是被动关系，也就是说，主语是谓语动词表示的行为的被动者、接受者，而不是主动者、实施者。现代汉语一般以"被"为标志提示句中主语和宾语的被动关系，但文言文表示被动的标志词较多，类似于判断句，我们根据句子中有无标志词将文言文被动句分为有标志的和无标志的。下面先来看看现代汉语的被动句是如何表示的：

在一次集中抓捕行动中，公安干警被凶狠的歹徒打伤。

在一次集中抓捕行动中，公安干警被凶狠的歹徒所伤。

在上面两个例句中，标志词"被"提示了句子的被动意味。其基本形式是：

动作的接受者+"被"+动作的发出者+（所）+动词

这里的"被"只是一个标志词，只要句中动作的接受者和发出者是被动关系。对于文言文的被动句来说，翻译时译出了被动含义，则可以确定这个句子是被动句。文言文的被动句也遵循这个原则。

一、有标志的被动句

这类标志词主要是"于""见""为""被""所"这些介词以及它们的组合使用。无一例外，它们在不同语境下都有被动的含义。例如：

1."于+动作的发出者"表示被动关系：

夫赵强而燕弱，而君幸于赵王。(《史记·廉颇蔺相如列传》)

译：赵国强大，燕国弱小，况且您又被赵王重用。

此非孟德之困于周郎者乎？(《赤壁赋》)

译：这里不就是曹孟德被周公瑾困住的地方吗！

因为"于"是介词，它与其后的对象共同构成了介宾短语，相当于告诉我们句子的被动是针对谁而言的。例如第一个句子说明了"被谁"重用，第二句说明了"被谁"困住。

2."见+动词"表示被动关系：

然则将军之仇报，而燕国见陵之耻除矣。(《荆轲刺秦王》)

译：这样那么将军的仇能报了，同时燕国被侮辱的耻辱也能消除了。

欲予秦，秦城恐不可得，徒见欺。(《史记·廉颇蔺相如列传》)

译：想要（把和氏璧）交给秦国，又怕得不到秦国的城池，白白地被欺骗。

同学们不妨试试，在这种情况下，"见"可以直接与"被"进行替换，句意不变。

3."为+动词"表示被动关系：

父母宗族，皆为戮没。(《荆轲刺秦王》)

译：你的父族母族的亲戚全都被杀或没收为官奴了。

身死人手，为天下笑者，何也？(《过秦论》)

译：自己和皇子皇孙都死在人家手里，被天下人耻笑，是什么原因呢？

4."被+动词"表示被动关系，其后宾语有时省略：

曲罢曾教善才服，妆成每被秋娘妒。(《琵琶行》)

译：每曲弹罢都令善才们叹服，每次化完妆都被同行歌伎们嫉妒。

仍更被驱遣，何言复来还！(《孔雀东南飞》)

译：（我）到底还是被赶走了，哪里还说得上再回到你家来？

5."为所"连用表示被动关系：

不者，若属皆且为所虏。(《鸿门宴》)

译：不这样的话，你们这些人都

将被他们俘虏。

6. "为……所……"表示被动关系，其中"为"是介词，后接动作的发出者；"所"是助词，后接动词：

嬴闻如姬父为人所杀。(《信陵君窃符救赵》)

译：我（侯嬴）听说如姬的父亲是被人杀害的。

巨是凡人，偏在远郡，行将为人所并。(《赤壁之战》)

译：吴巨是个平庸的人，又处在偏远的郡地，很快会被人吞并。

同学们，上面的例句"不者，若属皆且为所虏"也可以换成这样的被动句。鸿门宴上险象环生，范增向项庄建议趁机击杀刘邦，否则一干人等都将成为他们的俘虏。将原句扩展并加入代词就得到了"不者，若属皆且为所之虏"，需要注意的是这里的"不"是"否"的通假，代指反面的情况，即不在宴会上击杀刘邦。

7. "见……于……"表示被动关系，其中"见"表示被动，后接动作；"于"是介词，后接动作的发出者：

臣诚恐见欺于王而负赵，故令人持璧归，间至赵矣。

译：我害怕被大王您欺骗而辜负了赵国，所以派人拿着玉璧回去，走小路回到了赵国。

比较6、7，同学们不难发现，虽然同是被动句，但两种句式的顺序正好相反，在学习中要结合句意，注意区别。

二、无标志的被动句

类比于无标志的判断句，无标志的被动句没有标志词，句子的被动含义需要通过动词本身的被动意味解读出来。例如：

戍卒叫，函谷举。(《阿房宫赋》)

译：戍边的士卒一声呐喊，函谷关就被攻破了。

日削月割，以趋于亡。(《六国论》)

译：（土地）一天天地被割让，（国家）就将会接近灭亡了。

傅说举于版筑之间，胶鬲举于鱼盐之中。(《生于忧患，死于安乐》)

译：傅说从建筑工作中被选拔出来，胶鬲从鱼盐买卖之中被挑选出来。

（注意：句中虽有介词"于"，但这里并不是被动句的标志，而是状语后置的标志，其后紧跟名词性的宾语"版筑之间""鱼盐之中"。）

荆州之民附操者，逼兵势耳，非心服也。(《赤壁之战》)

译：荆州的百姓依附曹操，是被曹操的兵力太多逼迫的，而不是真正地从心里归顺！

需要说明的是，句中的"者"并不理解为"……的人"，而是句子没有说完，停顿一下，"那些人怎么了——原来是受兵力所迫才暂时臣服，不是真心归顺"，与句末的"也"共同构成判断句。

当堂练习

一、本节学习了文言文特殊句式中的被动句，请回顾本节内容后回答下列问题。

　　1.被动句的定义是什么？

　　2.有标志的被动句常见的标志词有哪些？每个标志词分别举出两个例句。

　　3.无标志的被动句如何判断？翻译时要注意什么？

二、打开你的语文课本，翻到你最近读到的一篇文言文，总结这篇文章中的被动句并解释。

相关链接

成语中的被动句

　　1.贻笑大方：被内行人笑话，即"见笑于大方之家"。贻笑：让人笑话；大方：原指懂得大道的人，后泛指见识广博或有专长的人。（"贻"表示被动）

　　出自《镜花缘》："但愧知识短浅，诚恐贻笑大方，所以不敢冒昧进谒。"

　　2.秋扇见捐：秋凉以后，扇子就被抛在一边不用了。旧时比喻妇女遭丈夫遗弃。捐：弃。（"见"表示被动）

　　出自《怨歌行》诗："裁为合欢扇，团团似明月，出入君怀袖，动摇微风发。常恐秋节至，凉飚夺炎热，弃捐箧笥中，恩情中道绝。"

　　3.受制于人：被别人控制。（"于"表示被动）

　　出自《三国志·蜀志·诸葛亮传》："吾不能举全吴之地，十万之众，受制于人。"

　　4.水滴石穿：水经常滴在石头上，石头被水穿孔。比喻只要坚持不懈，事情就能成功。（句意被动）

　　出自《鹤林玉露》："张乖崖为崇阳令；一吏自库中出；巾下有一钱。乖崖杖之。吏曰：'一钱何足道？乃杖我也！'乖崖授笔判曰：'一日一钱；千日千钱；绳锯木断；水滴石穿。'"

　　5.玉石俱焚：美玉和石头一齐被烧毁了，比喻好的和坏的一同毁掉。（句

意被动）

出自《尚书·胤征》："火炎昆冈；玉石俱焚。"

6.古为今用：古代的被今人所用。指吸收古代的优点，扬弃缺点，以使现代更进步。（"为"表示被动）

出自毛泽东《书信选集·致陆定一》："古为今用，洋为中用。"

7.鲜为人知：很少被人知道。（"为"表示被动）

出自《玩儿的就是心跳》："后来伴着主人度过了那段漫长的鲜为人知的冷宫生活不知洒上了多少珍妃泪。"

8.精诚所至，金石为开：人的诚心所到，能感动天地，使金石为之开裂。比喻只要专心诚意去做，什么疑难问题都能解决。（"为"表示被动）

出自《庄子·渔父》："真者，精诚之至也，不精不诚，不能动人。"

第三课 学会省略句

专题分析

在我们的汉语表达中，一个表意完整且明确的句子一般包括主语、谓语和宾语三个部分，这三个是句子的主干成分。除此之外，定语、状语和补语也对上述成分进行修饰。现代汉语在表达的时候也有省略句子成分的情况，我们一般结合上下文就能把省略的成分进行补全，但文言文的省略更为频繁，几乎到了"凡能省略皆省略"的地步，足见中国的古人语言表达的简省。

下面我们先从省略句子主干成分入手，学习文言文的省略句。

一、省略主语

文言文的主语省略按照主语位置的不同分为承前省略、蒙后省略和对话省略三种主要的情况。

所谓"承前省略"即是A句子在前B句子在后，为了表达简洁，A句子出现主语，而在B中省略主语，这时句子B就是主语被省略的省略句（这里说的主语可以是A句子的主语，也可以是A句子的宾语到了B句子中成了主语）。

所谓"蒙后省略"即可类比"承前省略"，主语只出现在后一个句子中而在第一个句子中被省略。

所谓"对话省略"则是指在文言文的对话语境中，由于说话人已经出现，为了表达简省，直接在对话里省略主语，而可根据对话推断主语的情况。下面我们举几个例子，请关注括号中补充的省略成分：

① 秦将王翦破赵，（王翦）虏赵王，（王翦）尽收其地，（王翦）进兵北略地，（王翦）至燕南界。（《荆轲刺秦王》）

译：秦国将领王翦攻破赵国，（他）俘虏了赵王，（他）全数攻占赵国领土，（他）带兵向北攻城略地，（他带兵）一路打到燕国的南边边界。

在该句中，第一个句子的意思已经清楚，秦国的将领王翦大破赵国，主语是"王翦"，并且在后面的几个分句中，"王翦"均是主语，其后紧跟不同的句子成分，是典型的承前省略主语。

② 永州之野产异蛇，（蛇）黑质而白章，（蛇）触草木，（草木）尽死。（《捕蛇者说》）

译：永州之地有一种奇特的蛇，（它）通体黑色有白色的花纹，（它）接触到任何草木，（草木）都会枯死。

在该句中，第二个分句的主语"蛇"其实是第一个分句的宾语，永州这个地方多产蛇，这种蛇什么样呢——通体黑色，花纹是白色的。这是一种主语的承前省略。即第一个分句出现后面句子的主语，后面几个分句主语一致省略。

后面也是如此，永州的这种蛇碰到一些草木等植物然后如何呢？从句意来看不可能是蛇死了，所以只能是草木被蛇毒影响而死，最后一分句的主语只能承前省略为草木。

③（公）度我至军中，公乃入。（《鸿门宴》）

译：（你）估计我回到军营中，你再回到帐内。

该句是刘邦与张良的对话，在对话中刘邦计划在鸿门宴中借故先走一步安全回营，留下张良善后，即是句中省略的主语"公"，出现在后一句，而前一句主语被省略，是典型的蒙后省略主语。

④（余）每假借于藏书之家，（余）手自笔录，（余）计日以还。（《送东阳马生序》）

译：（我）常常向有藏书的人家借书，（我）亲手抄录，（我）计算好日期送还。

该句可类比主语承前省略的情况。宋濂自述自己的学习经历，这些句子的主语都默认是宋濂即第一人称"我",均被省略了。同学们可以想想,日常对话和写文章时,第一人称代词"我""我们"或表示第三人称的"人们""大家"是不是也经常被省略。这些句子通常有上下文语境,通常会被说话人省略,成为一种用语习惯。

⑤(曹刿)问:"(公)何以战?"公曰:"衣食所安,(吾)弗敢专也,必以分人。"(曹刿)对曰:"小惠未遍,民弗从也。"(《曹刿论战》)

译:(曹刿)问:"(您)凭何而战?"庄公回答道:"吃的穿的,(我)不敢一人独享,一定会将其分享给他人。"(曹刿)回答道:"小恩小惠没有惠及所有人,老百姓是不会信服您的。"

在对话句中,由于说话人交替出现,对应句中的主语也交替出现。结合上下文的实际情况,括号内补充的是对应的主语。

还有一些较为特殊的情况,由于表达上的简省,造成暗换主语的情况。这在现代汉语的表达中可能产生歧义,但在文言文的表达中很常见,例如:

⑥(渔人)便舍船,从口入。(小口)初极狭,才通人。(渔人)复行数十步,豁然开朗。(《桃花源记》)

译:(渔人)便舍弃了船,从洞口进去。最初,(山洞)很狭窄,只容一个人通过。(渔人)又走了几十步,突然变得开阔明亮了。

《桃花源记》的这个句子,连续几次变化谓语,"舍""入""狭""通""行",这些动作状态涉及的不可能是同一个主体,所以句中主语几次变化,需要结合句意具体理解。

二、省略谓语

谓语动词在现代汉语的表达中承担了重要功能,是理解句意的关键所在。但文言文中也可以随时省略谓语,通常可以根据前后文将对应的谓语动词补充到相应的句子中,例如:

① 一鼓作气,再(鼓)而衰,三(鼓)而竭。(《曹刿论战》)

译:第一次击鼓能够振作士兵们的士气。第二次(击鼓)士兵们的士气就开始低落了,第三次(击鼓)士兵们的士气就耗尽了。

击鼓的动作一气呵成,成为排比句,省略的是敲鼓这个动作,句中的名词"鼓"活用作动词"击鼓"。

② 择其善者而从之,(择)其不善者而改之。(《论语十则》)

译：选择别人的优点去学习，（选择）他们的缺点（如果我有）就去改正它。

如何向别人学习呢？原句采用正反对比的方法，省略的是选择这个动作。

③ 轻拢慢捻抹复挑，初为《霓裳》后（为）《六幺》。（《琵琶行》）

译：轻轻地拢慢慢地捻，一会儿抹一会儿挑。初弹《霓裳羽衣曲》接着再（弹）《六幺》。

白居易在浔阳江畔见到的琵琶女先后弹了两首曲子，省略的是表示弹奏的词。

从上面三个例子可以发现，省略谓语的句子与前后句之间有形式和意义上的联系。被省略的谓语动词在上下文能够找到，还原之后其后紧跟着不同的宾语或其他成分。

三、省略宾语

既然谓语动词都能省略，那么一般紧跟谓语后面的宾语在文言文中是不是也可以省略呢？答案是肯定的。而且为了表意的方便，被省略的宾语通常用代词进行指代。我们根据宾语位置的不同，将宾语省略的情况分为省略谓语后的宾语、省略介词后的宾语、省略兼语。例如：

省略谓语后的宾语：

① 操军方连船舰，首尾相接，可烧（之）而走（之）也。（《资治通鉴》）

译：曹操的军队刚刚把战船都连在一起，船头和船尾相连接，可以（用）火烧的（办法）使（曹操的军队）败走。

小说同正史不同，小说中诸葛亮神勇智谋火烧赤壁，其实在历史上是周瑜之部黄盖的主意。在这里，动词"烧""走"后都省略对应的宾语，实际上指的都是第一句中曹操的军队，用"之"指代。需要注意的是，"走"是动词的使动用法，理解为"使……败逃"，而这个结构中省略的宾语就是补充的代词"之"。

② 于是王召见（之），（王）问蔺相如曰："秦王以十五城请易寡人之璧，可予（之）不？"（《廉颇蔺相如列传》）

译：于是赵王召见（蔺相如），问他："秦王准备用十五座城池交换我的和氏璧，能不能给（他）呢？"

该句中动词"见""予"后面分别省略了对应的宾语，第一个"之"代指蔺相如，第二个"之"代指秦王。

省略介词后的宾语：

③仆所以留者，待吾客与（之）俱（往）。（《荆轲刺秦王》）

译：我之所以逗留数日，是因为我要等我的朋友，和（他）一同（前往）。

该句中介词"与"之后缺少宾语，对应的是前面的"客"。同时，句末结尾的是"俱"，解释为"一同"，可见句子还缺少谓语动词，结合句意，荆轲的意思是向太子丹解释为什么没有匆忙前往秦国，是要等待一个朋友与他一起去秦国，因此省略的谓语动词是"往"。

④乃悟前狼假寐，盖以（之）诱敌。（《狼》）

译：（屠户）才明白之前的狼假装睡觉，原来是用（这种方法）来诱惑敌人。

该句中介词"以"后缺少成分，省略的"之"与前几个例句不同，不是指代名词性的宾语，而是指代"假寐"这件事情，用装睡的方法诱敌。

省略兼语：

所谓兼语，即是一个句子中的某个成分A是前一个句子（或成分）的宾语，同时也是后一个句子（或成分）的主语，它"身兼二职"，所以称为"兼语"。例如：

老师让你（兼语）下课去他的办公室。

如果按照句子成分划分去理解，难道老师让他自己去自己的办公室吗？很显然不合理。这个句子里"你"既是"让你"这个结构里"让"的宾语，同时又是"你下课去他办公室"的主语。"你"身兼二职，我们把这样的句子成分称为"兼语"。试看例句——

⑤不如因而厚遇之，使（之）归赵。（《廉颇蔺相如列传》）

译：（我们）不如趁着这个机会好好对待他，让（他）回到赵国。

该句中省略的兼语是"使之"中的宾语，同时也是"归赵"的主语。文言文中代词"之"一般不充当句子的主语，多用"其"，这里用"之"是方便举例。

⑥扶苏以数谏故，上使（之）外将兵。（《陈涉世家》）

译：扶苏因为屡次劝谏的缘故，皇上派（他）在外面带兵。

与上句相同，省略的兼语是"使之"中的宾语，同时也是"外将兵"的主语。

现在可以小结，兼语的出现和兼语句的省略，多出现在表示"使""让"的句子中。

除了上述三种省略句子主干成

分的省略句,文言文中的重要介词"于""以"也是经常被省略的对象,其后一般紧跟相应表示人物、地点等的宾语形成介宾结构,在句子中作状语。例如:

⑦予独爱莲之出(于)淤泥而不染,濯(于)清涟而不妖。(《爱莲说》)

译:我唯独喜爱莲花(从)积存的淤泥中长出却不被污染,(经过)清水的洗涤却不显得妖艳。

⑧急湍甚(于)箭,猛浪若奔。(《与朱元思书》)

译:湍急的水流(比)箭还快,凶猛的巨浪就像奔腾的骏马。

⑨沛公军(于)霸上,未得与项羽相见。

译:沛公(在)霸上驻军,没有和项羽相见。

⑩秦王购之(以)金千斤、邑万家。(《荆轲刺秦王》)

译:秦王(用)一千斤金和一万户人口的封地作悬赏来购取他的头颅。

上述例句补全省略的介词后,均与其后的宾语形成状语,实际上用来修饰句子前面的谓语,因而我们能发现上面四个句子的介宾结构前分别有谓语"出(出自)""濯(清洗)""甚(快、迅猛)""军(驻军)""购(悬赏)"。

当堂练习

一、本节学习了文言文特殊句式中的省略句,请回顾本节内容后回答下列问题。

1.在我们的日常会话中,一个句子有哪些成分可以省略?

2.本节主要介绍省略句子主干成分的情况,请分别举出例子。

3.省略句中常省略的介词是什么?补充完整的结构是什么?通常作句子的什么成分?请举例说明。

二、省略句的判定和翻译必须依照原文,请翻开你最近学习的一篇文言文,遵循"能省则省"的原则,找找文中的省略句,确定其省略成分并翻译句子。

相关链接

成语中的省略句

1.驰名中外:驰名(于)中

外——形容名声传播得极远。驰：传播。(省略"于")

出自《水经注·洓水》:"赀拟王公，驰名天下。"

2.付之东流：付之（于）东流——把它投入东流的水中，一去不复返。比喻希望落空，成果丧失，前功尽弃。(省略"于")

出自《封丘作》诗："生事应须南亩田，世情尽付东流水。"

3.鹤立鸡群：鹤立（于）鸡群——形容一个人的仪表或本领出众。(省略"于")

出自《世说新语·容止》："有人语王戎曰：'嵇延祖卓卓如野鹤之在鸡群。'"

4.无往不胜：无往（而）不胜——无论到哪儿都没有不胜利的。(省略"而")

出自《红色娘子军》第二场："连长，我们军民一心，就无往不胜！"

5.少年老成：少年（而）老成——原指人年纪虽轻，却很老练。现在也指年轻人缺乏朝气。(省略"而")

出自《三辅决录·韦康》："韦元将年十五，身长八尺五寸，为郡主簿。杨彪称曰：'韦主簿年虽少，有老成之风，昂昂千里之驹。'"

6.沧海一粟：沧海（之）一粟——大海中的一粒小米。比喻非常渺小。粟：谷子，即小米。(省略"之")

出自《前赤壁赋》："寄蜉蝣于天地，渺沧海之一粟。"

7.不以为然：不以（之）为然——不认为这是对的，表示不同意。(省略"之")

出自《宋故少保左丞相郇国余公墓铭》："时宰主之独参政。周公必大，不以为然。"

8.车水马龙：车（如）水马（如）龙——车像流水，马像游龙。形容来往车马很多、连续不断的热闹情景。(省略"如")

出自《后汉书·明德马皇后纪》："前过濯龙门上，见外家问起居者，车如流水，马如游龙。"

9.凤毛麟角：（如）凤毛（如）麟角——凤凰的羽毛，麒麟的角。比喻珍贵而稀少的人或物。(省略"如")

出自《世说新语·容止》："大奴固自有凤毛。"

10.一诺千金：一诺（值）千金——许下的一个诺言有千金的价值。比喻说话算数，极有信用。诺：许诺。(省略"值")

出自《史记·季布栾布列传》："得黄金百斤，不如得季布一诺。"

11.一言九鼎：一言（如）九

鼎——一句话抵得上九鼎重。比喻说话力量大,能起很大作用。(省略"如")

出自《史记·平原君列传》:"毛先生一至楚而使赵重于九鼎大吕。"

12.信以为真:信(之)以(之)为真——相信这是真的。指把假的当作真的。(省略"之")

出自《醒世恒言·李汧公穷邸遇侠客》:"只因他平日冒称是宰相房玄龄之后,在人前夸炫家世,同僚中不知他的来历,信以为真,把他十分敬重。"

13.引以为戒:引(之)以(之)为戒——指把过去犯错误的教训拿来作为警戒,避免再犯。引:用;戒:鉴戒。(省略"之")

出自《国语·楚语下》:"人之求多闻善败,以鉴戒也。"

14.鸟尽弓藏:(飞)鸟尽(良)弓藏——飞鸟没有了,良弓也就藏起来不用了。比喻事情成功之后,把曾经出过力的人一脚踢开。(省略"飞""良")出自《史记·越王勾践世家》:"蜚(飞)鸟尽,良弓藏;狡兔死,走狗烹。"

第四课
学会宾语前置句

专题分析

文言文中有很多句子的顺序和现代汉语不同，宾语前置就是其中一种形式。顾名思义，宾语前置的意思就是按照现代汉语语序，宾语应该处在谓语或介词的后面，但在文言文中，宾语处在谓语或介词的前面。一般来说，需要满足一些条件，才能确定这个句子是宾语前置句：宾语是代词，处在否定句或疑问句中。例如下面的现代汉语句子：

我没看见他。

你看见什么了吗？

这两个例句的宾语分别是第一人称代词和疑问代词，前面都紧跟谓语动词"看见"。如果在文言文中，这两个句子可能就会呈现出下面的表达形式：

吾未之见。

你何见乎？

这就是文言文中宾语前置和现代汉语表达之间的区别。接下来我们一起学习宾语前置的几种情况。

一、否定句中，代词作宾语，宾语前置，无标志词

这里的两个条件——①句子是否定句，②宾语是代词——必须

同时满足，句子才是宾语前置句。常见的否定词有"不""莫""勿""弗""未""否""毋"等。

试比较下面几个句子，判断哪些句子属于宾语前置句（加点的是否定词，加横线的是动词或介词，加波浪线的是宾语）：

① 自书典所记，未之有也。（《张衡传》）

译：自从有文献记载以来，还没有这样的情况。（未有之也）

② 三岁贯女，莫我肯顾。（《诗经·硕鼠》）

译：（我）多年供养你，你却不顾念我。（莫肯顾我）

③ 不患人之不己知，患不知人也。（《论语》）

译：不怕别人不了解自己，只怕自己不了解别人。（不患人之不知己）

④ 宫妇左右莫不私王，朝廷之臣莫不畏王，四境之内莫不有求于王。（《邹忌讽齐王纳谏》）

译：宫中的嫔妃和近臣没有谁不偏爱您，朝中的大臣没有谁不害怕您，全国的老百姓没有谁不有求于您。

上面四个例句，只有①②两句完全满足宾语前置的两个条件，是完整的宾语前置句。

在③中，第一个分句满足条件，是宾语前置，但第二个分句不满足条件。虽然句中有否定词"不"，但宾语"人"并不是代词，所以不是宾语前置句。

在④中，三个分句均不满足条件。可以有两个理解的途径：其一是句子虽然有否定词"不"，但是宾语"王"不是代词，不成立；其二是"莫""不"具有否定含义，但是双重否定强化了肯定语气，句子不属于否定句，不成立。

二、疑问句中，疑问代词作宾语，宾语前置，无标志词

这里也有两个条件需要同时满足——①句子是疑问句，②宾语是疑问代词。常见的疑问代词有"何""谁""胡""安""奚""焉"等。

请看下面的句子，加横线的是谓语动词或介词，加波浪线的是宾语：

① 大王来何操？（《鸿门宴》）

译：大王前来带了什么？（大王来操何）

② 沛公安在？（《鸿门宴》）

译：沛公在哪里呢？（沛公在安）

③ 微斯人吾谁与归？（《岳阳楼

记》）

译：（如果）没有这种人，我同谁一道呢？（微斯人吾与谁归）（注：微表否定，"没有"。）

④ 复驾言兮焉求？（《归去来兮辞》）

译：（我）还出游啊去追求什么呢？（复驾言兮求焉）（注：言是助词，不译。）

三、在上述两种句子和陈述句中，用"是""之"为标志词强调，将宾语提前

在这种情况下，宾语不一定是代词。但文言文中"是""之"也可以做代词，因此如果句中也有其他的代词作宾语，要将其区别开。在翻译的时候，还原为现代汉语语序后标志词不再出现。请看下面的例子。

（一）在否定句中

① 句读之不知，惑之不解。（《师说》）

译：不懂断句，不理解疑难困惑。（不知句读，不解惑）

② 然则一羽之不举，为不用力焉；舆薪之不见，为不用明焉。（《齐桓晋文之事》）

译：这样看来，举不起一根羽毛，是不用力气的缘故；看不见整车的柴草，是不用目力的缘故。（然则不举一羽，为不用力焉；不见舆薪，为不用明焉）

（二）在疑问句中

① 夫晋，何厌之有？（《烛之武退秦师》）

译：晋国，哪里知道满足呢！（有何厌）

② 今子是之不察，而以察吾柑？（《卖柑者言》）

译：如今您对于这些事视而不见，却专门来挑剔我的柑子。（今子不察是）

（三）在陈述句中

通常形成"唯……是……"的结构，即"唯+宾语+是+谓语"，现代汉语的语序则是"唯+谓语+宾语"。例如：

① 唯马首是瞻→唯瞻马首
② 惟兄嫂是依→唯依兄嫂
③ 唯利是图→唯图利
④ 唯命是从→唯从命

四、部分肯定句的介宾结构中宾语前置

这些句子的宾语前置集中表现在介宾结构中，宾语前置后紧跟介词。加点的是介词，加波浪线的是宾语。例如：

① 余是以记之。(《石钟山记》)

译：我因此把它记录下来。(是以=以是，因此)

② 全石以为底。(《小石潭记》)

译：石潭以一整块石头作为底。(以全石为底)

③ 夜以继日。(成语)

译：晚上连着白天。(以夜继日)

④ 楚战士无不一以当十。(《史记·项羽本纪》)

译：楚国的战士没有谁不是一个人相当十个人。(楚战士无不以一当十)

五、其他灵活的宾语前置情况

① 鸡豚狗彘之畜，无失其时。(《寡人之于国也》)

译：蓄养家禽家畜，不要错过时节。("之"标志词，肯定句)

② 仁义不施而攻守之势异也。(《过秦论》)

译：因为秦王朝不施仁义，所以秦王朝由攻势改为守势。(无标志，肯定句)

③ 自信，自尊，自爱，自强，自怜，自理，自责，自负，自大……

与宾语"自"相关的词语，其核心结构都是"自+谓语"，理解为"自己+谓语+自己"。

④ 夫羊，一童子可制之。(《中山狼传》)

译：羊，一个孩童就可以制服它。(长句改短句：第一个分句是句意上的宾语，为强调而前置，在后一个分句中用代词"之"复指，"羊"反宾为主成了句子的主语)

⑤ 早岁那知世事艰，中原北望气如山。(北望中原)(陆游《书愤》)

⑥ 多情应笑我，早生华发。(应笑我多情)(苏轼《念奴娇·赤壁怀古》)

诗词作品中，为了格律，通常会调整语序，形成宾语前置句。

当堂练习

一、本节学习的是宾语前置句，请回顾本节内容并回答下列问题。

1. 现代汉语中一个句子的宾语通常处于什么位置？宾语前置句的基本定义是怎样的？

2. 本节课介绍的常见宾语前置结构里充当宾语的是什么词？它在哪两种句子里常被前置？

3. 宾语前置是否有标志词呢？请举几个宾语前置的例子并说明其标志词分别是什么。

4.介词结构中的宾语前置主要表现为什么形式？请举例。

相关链接

成语中的宾语前置句

1.唯利是图：唯图利（"是"将宾语提前）——只要有利可图，什么事都干。

出自《左传·成公十三年》："余虽与晋出入，余唯利是视。"

2.唯才是举：唯举才（"是"将宾语提前）——只要是有才能的人就荐举。

出自《求贤令》："二三子其佐我仄陋，唯才是举，吾得而用之。"

3.唯命是从：唯从命（"是"将宾语提前）——只要是命令就服从，不敢有半点违抗。

出自《左传·昭公十二年》："今周与四国服事君王，将唯命是从，岂其爱鼎？"

4.马首是瞻：瞻马首（"是"将宾语提前）——看着马头的方向，决定进退。比喻追随某人行动。一般搭配"唯"使用，如：唯大王马首是瞻。

出自《左传·襄公十四年》："鸡鸣而驾，塞井夷灶，唯余马首是瞻。"

5.时不我待：时不待我（否定句宾语前置）——时间不会等待我们。指要抓紧时间。

出自《论语·阳货》："日月逝矣，岁不我与。"

6.情不自禁：情不禁自（否定句宾语前置）——感情激动得不能控制。完全被某种感情所支配。

出自《七夕穿针》诗："步月如有意，情来不自禁。"

7.何去何从：去何从何（疑问句宾语前置）——离开哪儿，走向哪儿。多指在重大问题上选择什么方向。

出自《卜居》："此孰吉孰凶？何去何从？"

8.一以贯之：以一贯之（介词结构宾语前置）——用一个根本性的事理贯通事情的始末或全部的道理。

出自《论语·里仁》："子曰：'参乎！吾道一以贯之。'"

9.夜以继日：以夜继日（介词结构宾语前置）——晚上连着白天。形容加紧工作或学习。

出自《庄子·至乐》："夫贵者，夜以继日，思虑善否。"

10.一言以蔽之：以一言蔽之（介词结构宾语前置）——用一句话来概括。蔽：遮，引申为概括。

出自《论语·为政》："《诗》三百，一言以蔽之，曰：'思无邪。'"

第五课 学会定语后置句

专题分析

在现代汉语的句子中,定语一般位于句子或短语的中心语之前,对其进行修饰限定和说明。定语修饰的中心语一般是名词性的,通常由名词或代词来充当,通常是句子的主语或宾语。所谓定语后置,就是将句子或短语中较长的定语放到中心语的后面,既可以突出中心语,也可以避免句子头重脚轻。在下面的例子中,括号内的是定语,双横线的是被定语修饰的中心语。

(坐在窗边的那个)<u>学生</u>

这个句子如果用文言文定语后置的方式重述,大约是如下情况:

<u>生</u>(坐窗边者)

按照上面定语后置句的定义,对应的两个句子修饰成分完全调换了顺序,但是在文言文还原的过程中,出现了"者"——这个"者"并不能翻译出实在的意义,它在这个例子中是一个虚词(没有实在意义),但是可以起到提示定语后置的功能,我们将其视作定语后置的标志词。最常见的标志词是"之""者"。

接下来,我们分类看看需要学会的定语后置的常见情况。例句中横线是定语,加点的是定语修饰的中心语。

一、以"者"为标志的定语后置句

① 盖简桃核修狭者为之。(《核舟记》)

译:原来是挑选又长又窄的桃核雕刻成的。(盖简修狭桃核为之)

② 求人可使报秦者,未得。(《廉颇蔺相如列传》)

译:找一个可以出使禀报秦国的人,没有合适的人选。(求可使报秦人)

③ 太子及宾客知其事者,皆白衣冠以送之。(《荆轲刺秦王》)

译:太子和知道这件事情的宾客们,都穿着白衣戴着白帽为荆轲他们送行。(太子及知其事宾客)

理解上面三个句子时,首先确定句子的主干成分。其中①②两句的加点词都是句中的宾语,前面分别有谓语动词"简(挑选)"和"求(寻找)",③中的加点词是句子的主语,与"太子"一样。确定完成分后,只需要将标志词和中心语之间的修饰成分统一调整到中心语之前,就完成了句序的调整,最终翻译的时候就不要标志词了。

但需要注意的是例句②这样的句子,因为文言文中的"者"有时也有实在意义,可以理解为"……的人",这时就有可能与句子真正的中心语"人"混淆翻译。这时需要谨记作为标志词的"者"是不参与句子翻译的,调整顺序后可以动笔将其划去,避免混淆。

另外,一个句子中的定语不一定总是像例句①一样的单音节形容词(修、狭),更多的时候是像例句②③中的短语,调整句序时要找全,不可遗漏。

二、以"之"为标志的定语后置句

① 居庙堂之高则忧其民,处江湖之远则忧其君。(《岳阳楼记》)

译:在朝廷里做高官就应当心系百姓,处在僻远的江湖间也为国家社稷忧虑。(居高庙堂则忧其民,处远江湖则忧其君)

② 蚓无爪牙之利,筋骨之强。(《劝学》)

译:蚯蚓没有锐利的爪子和牙齿,以及强健的筋骨。(蚓无利爪牙,强筋骨)

③ 仰观宇宙之大,俯察品类之盛。(《兰亭集序》)

译:抬头纵观广阔的天空,低

头观察繁多的万物。(仰观大宇宙，俯察盛品类)

上面三个例子的中心语名词都是句子的宾语，定语部分都是单音节的形容词。找到句子的主干成分后可以发现，例句①前有谓语动词"居""处"，例句②两个分句共用表否定的动词"无"，例句③前分别有谓语动词"观"和"察"。

三、"之/而""者"同时出现的定语后置句

① 马之千里者，一食或尽粟一石。(《马说》)

译：日行千里的马，有时一顿能吃完一石粮食。(千里马)

② 石之铿然有声者，所在皆是也。(《石钟山记》)

译：山石被敲打时能铿锵作响的现象到处都有。(铿然有声石)

③ 大阉之乱，缙绅而能不易其志者，四海之大，有几人欤？(《五人墓碑记》)

译：阉党盛行作乱之时，朝中能不屈从阉党势力、保持自己志向的官员，四海之内，能有几人？(能不易其志缙绅)

这种形式的定语后置句也可以归纳为如下基本结构：

中心语+"之/而"+定语+"者"

这时的定语部分反而比较清晰，被固定在两个标志词中间，翻译句子时只需要划去标志词，将中间部分全部调整到中心语之前即可。

四、无标志的定语后置句

① 从弟子女十人所，皆衣缯单衣，立大巫后。(《西门豹治邺》)

译：跟着十来个女徒弟，都穿着绸子单衣，站在大巫的背后。(从女弟子十人所)

这里的定语是男女这样的区别词，如果按照原句顺序将"子女"放在一起，就变成了"从弟/子女/十人"——就不符合句子的意思了，理解有误。"所"表示约略、大概。

② 我持白璧一双，欲献项王；玉斗一双，欲与亚父。(《鸿门宴》)

译：我带着一对白璧，准备献给大王；(还带着)一对玉斗，准备献给亚父。(我持一双白璧、一双玉斗)

③ 通计一舟，为人五，为窗八。(《核舟记》)

译：总计一条船上共雕刻了五个人，八扇窗。(五人，八窗)

例句②③代表了最常见的定语后置类型，即数量词作定语的定语后

置。例句③更是简洁，将量词省略。这种定语后置非常灵活，我们经常在武侠小说中看到潇洒的大侠在客栈中招呼店小二——"小二！给酒家来好酒一壶，牛肉二斤！"这和前面所说的"自信""自尊"宾语前置一样，仍在我们的语言环境中使用。

当堂练习

一、本节课学习的是定语后置句，请回顾本节内容并回答下列问题。

　　1.现代汉语中的定语常作句子的什么成分？文言文中的定语后置定义是怎样的？

　　2.本节课主要介绍了有标志词的定语后置，请说明常见的定语后置标志词并举例。

　　3.无标志的定语后置句主要是数量词或数词的后置，请举例说明。

相关链接

现代汉语中的定语后置句

　　定语后置并不是文言文的专利，在语言的流变过程中，现代汉语的一些表达上也保留了定语后置的特征，现举例一二，同学们也可以联系生活，想想自己在日常生活中有没有用过类似的表达——

　　从构词上看，"熊猫"就是一个例子，意为"像猫的熊"而不是"像熊的猫"，同时说明了熊猫在外形和习性上的特点。又如食材"虾米"，意思是"像米粒的虾"，因而很小。再如人的"脑袋瓜"，其实是"像瓜的脑袋"，这里不仅是形象的比喻，也含有亲昵表达的意味。

　　一些网络流行语也呈现了定语后置的特征，比如群众调侃豆腐渣工程为"楼歪歪""楼脆脆"，把叠词形成的定语后置，称呼形象又醒目。在汶川地震中闻名的"猪坚强"，网友把"坚强"的品质赋予它，也是定语后置的手法。

　　句子的表达更为灵活，不仅见于文学作品中，也常见于口语表达中。鲁迅先生在《祝福》中就用几个短句连用的形式，刻画祥林嫂的形象——她一手提着竹篮，内中一个破碗，空的；一手拄着一支比她更长的竹竿，下端开了裂：她分明已经纯乎是一个乞丐了。虽然不能从语法上将其定义为严格的定语后置句，但将修饰的部分独立出来并后置的优势显而易见,这比"内中一个空的破碗""一手拄着一支比她更长的下端开了裂的竹竿"要更有画面感,起到的强调作用也是不言自明的。

在口语表达中,句子成分的位置更加随机,例如"我有个朋友在国外""这位老师教语文,那位老师教政治",这都是典型的定语后置形式。

第六课
——学会状语后置句

专题分析

在现代汉语中，状语通常处于谓语之前，对谓语进行修饰限定。而在文言文中，状语的位置一般在谓语之后，而谓语通常由动词和形容词来充当，因此确定了句子是状语后置句后需要对句序进行还原，需要把所有状语部分整体调整在谓语之前。

这里所说的"状语"指的是"介宾结构"形成的状语，因此，相比较之前的几种特殊句式，文言文中的状语后置句比较容易确定，只要明确了介宾结构中的介词即可。

状语分类方法不止一种，这里介绍一种，根据介词在不同语境中形成的不同介宾结构，来学习状语后置句。这些常见的介词后面一般紧跟地点、人物、事件、物品、句子等不同成分，还原语句时要将其找全，不可遗漏。下列例子中横线部分是介宾结构形成的状语，加点部分是状语修饰的谓语。

一、介词"于……"构成的状语后置句

① 公与之乘，战·于长勺。(《曹刿论战》)

译：鲁庄公和曹刿同乘一辆战

车，在长勺这个地方和齐军作战。（于长勺战）

② 燕王拜送于庭，使使以闻大王。（《荆轲刺秦王》）

译：燕王在朝廷行跪拜之礼，派遣使者来禀告大王。（燕王于庭拜送）

上面两个例句，介词"于"都理解为"在"，后面紧跟具体的地点，介宾结构作状语，后置，可以视作地点状语。分别修饰谓语"战"和"拜送"。需要注意的是，例句②中的"拜送"是动词，意思是行拜送之礼，不宜简单理解为"拜""送"两个动作的合成。

③ 晋侯、秦伯围郑，以其无礼于晋，且贰于楚也。（《烛之武退秦师》）

译：晋文公和秦穆公围攻郑国，因为郑国曾对晋文公无礼，并且对楚国有二心。（以其于晋无礼，于楚贰）

④ 后之览者，亦将有感于斯文。（《兰亭集序》）

译：后世的读者读这次集会的诗文，也会对这些诗文有所感慨吧。（亦将于斯文有感）

上面两个例句中的介词"于"都理解为"对于"，后面是具体或抽象的对象。两句调整句序后分别修饰谓语"无礼""贰"和"有感"。需要注意的是，例句③中的"贰"并不是数词，这里活用作动词，理解为"有二心"，即同时依附于晋、楚两个国家。

⑤ 青，取之于蓝，而青于蓝。冰，水为之，而寒于水。（《劝学》）

译：靛青是从蓝草中提取的，但它的颜色比蓝草更青。冰是水凝成的，但它比水更寒冷。（于蓝取之，而于蓝青；而于水寒）

例句⑤包含了"于"的两种不同意义，第一处表示来源，理解为"从……"；后两处表示比较，可以直接翻译为"比……"。需要注意的是，后两处的状语修饰的谓语并不是动词性质，而是形容词性质的。

二、介词"以……"构成的状语后置句

介词"以"在文言文中的意义相对单调，且和现代汉语基本对应，通常理解为"用""把""因为"。

① 既替余以蕙纕兮，又申之以揽茝。（《离骚》）

译：既因为我用香蕙作佩带而贬黜我啊，又因为我采集白芷而给我加上罪名。（既以蕙纕替余，又以揽茝申之）

这里的"以"理解为"因为"，其

后紧跟事件，表明前面谓语发生的原因，也就是我们常说的原因状语。

②谨庠序之教，申之以孝悌之义。（《寡人之于国也》）

译：认真地兴办学校教育，把孝悌的道理反复讲给百姓听。（以孝悌之义申之）

③还矢先王，而告以成功。（《伶官传序》）

译：把箭矢送还给先王，并把已经成功的事情告诉他。（而以成功告）

例句②③都是现代汉语的"把字句"。实际上如果只从语意的角度理解这两个句子，可以不考虑语序，大致理解为"告诉他们孝悌的道理""告诉他成功了"。但在文言文学习中，应当秉持"直译优先"的原则，译出其存在的文言现象，这样才能举一反三。因此在处理例句②③时可参考上述翻译，译出句式特点。

④饰以篆文山龟鸟兽之形。（《张衡传》）

译：用篆文的山龟鸟兽的图形来装饰它。（以篆文山龟鸟兽之形饰）

这里的"以"理解为"用"，后面也紧跟具体名词。该句描绘张衡创制的候风地动仪的外形特点，"形"之前还有较多的定语修饰，需要注意。同时，该句补全省略成分后是"饰之以篆文山龟鸟兽之形"，和例句③相似，其中"之"指代地动仪的外表。

三、介词"乎……"构成的状语后置句

学习完"于"和"以"之后，将介词"乎"与二者类比就能掌握"乎……"构成的状语后置句了。这里的"乎"是介词，后面加宾语；语气词的"乎"一般在句末，二者不一样。

①生乎吾前，其闻道也固先乎吾。（《师说》）

译：在我之前出生的人，他们听闻见识事情也本来比我早。（乎吾前生，其闻道也固乎吾先）

②君子博学而日参省乎己，则知明而行无过矣。（《论语》）

译：君子广泛地学习而且每天对自己检查反省，就能智慧通达并且行为没有过错了。（君子博学而日乎己参省）

上述两个例子完全可以看成是介词"于""以"的变体。需要注意的是，例句②中的"乎"相当于"引出动作对象"的语法功能，可以不翻译为"对着"，上面的例子是为了体现出

句子的状语后置特点。

四、省略介词的状语后置句

之前讲过，文言文中的不少成分是可以被省略掉的，而且省略的范围几乎没有限制，凡能省皆可省，介词也在其中。因为我们会遇到很多省略介词的状语后置句，这时需要我们找到句子的谓语和介宾结构中剩下的"宾语"部分（这个宾语是介宾结构中的宾语，而不是句中谓语的宾语），再在其中先加上合适的介词，最后就能还原句子本来的样子。例如：

将军战河北，臣战河南。（《鸿门宴》）

第一步：分析句子成分，找到谓语。例句中两个分句共用一个主语"将军"，谓语"战"重复出现。谓语后虽有地点名词"河南""河北"，但二者并不是"战"的宾语。

第二步：补充介词，还原句子。此时在中间加上上面例句中涉及的介词"于（在……）"，形成还原后的句子——"将军战于河北，臣战于河南"——最终按照还原状语后置的方法，将介宾结构全部调整到对应谓语之前，得到最终的句子——"将军于河北战，臣于河南战"。这个句子比较特殊，没有宾语。

除此之外，省略介词的状语后置句还有很多。虽然还原这些句子时是"先补充省略成分再还原句子"的，但不必纠结其具体属于省略句还是状语后置句，理解句子本身最关键。你能将下面省略句补全吗？特别注意句子中省略介词的状语后置句——

① 乃朝服，设九宾，见燕使者咸阳宫。（《荆轲刺秦王》）

② 夫今樊将军，秦王购之金千斤，邑万家。（《荆轲刺秦王》）

③ 或取诸怀抱，悟言一室之内；或因寄所托，放浪形骸之外。（《兰亭集序》）

④ 但见悲鸟号古木，雄飞雌从绕林间。又闻子规啼夜月，愁空山。（《蜀道难》）

大家是不是得到了如下的结果呢——

① （秦王）乃朝服，（秦王）设九宾，（秦王）见燕使者（于）咸阳宫。（《荆轲刺秦王》）

还原：（秦王）乃朝服，（秦王）设九宾，（秦王）（于）咸阳宫见燕使者。

② 夫今樊将军，秦王购之（以）金千斤，（以）邑万家。（《荆轲刺秦王》）

还原：夫今樊将军，秦王（以）金千斤，（以）邑万家购之。

该句中的定语后置结构你还记

得吗?

③ 或取诸怀抱,悟言(于)一室之内;或因寄所托,放浪(于)形骸之外。(《兰亭集序》)

还原:或取诸怀抱,(于)一室之内悟言;或因寄所托,(于)形骸之外放浪。

④ 但见悲鸟号(于)古木,雄飞雌从绕(于)林间。又闻子规啼(于)夜月,愁空山。(《蜀道难》)

还原:但见悲鸟(于)古木号,雄飞雌从(于)林间绕。又闻子规(于)夜月啼,愁空山。

当堂练习

一、本节课学习的是状语后置,请回顾本节内容并回答下列问题。

1.现代汉语中的状语一般在句子中充当什么成分?状语后置的定义是怎样的?

2.文言文中的状语后置主要指"介词+宾语"形成的状语后置,这种形式在现代汉语中是如何体现的?请举例说明。

3.有时句子会省略形成状语后置的关键介词,理解句子时需要补充并还原句子顺序。请举例说明。

相关链接

成语中的状语后置句

1.青出于蓝:青于蓝出("于"将状语后置)——青是从蓝草里提炼出来的,但颜色比蓝更深。比喻学生超过老师或后人胜过前人。

出自《荀子·劝学》:"青,取之于蓝,而青于蓝。"

2.安于现状:于现状安("于"将状语后置)——对目前的情况习惯了,不愿改变。

出自刘少奇《论党》:"另有些同志在工作中疲沓,老一套,安于现状。"

3.不绝于耳:于耳不绝("于"将状语后置)——声音在耳边不断鸣响。

出自《老残游记》:"这时台下叫好的声音不绝于耳。"

4.无济于事:于事无济("于"将状语后置)——对事情没有什么帮助或益处。比喻不解决问题。济:补益,帮助。

出自《官场现形记》第五十二回:"如今远水救不得近火,就是我们再帮点忙，至多再凑了几百银子，也无济于事。"

5.防患于未然：于未然防患（"于"将状语后置）——在尚未发生之前提前预防。患：灾祸。然：这样。

出自《周易·既济》："君子以思患而豫防之。"

6.苛政猛于虎：苛政于虎猛（"于"将状语后置）——残酷压迫剥削人民的政治比老虎还要可怕。

出自《礼记·檀弓下》："小子识之，苛政猛于虎也。"

7.流言止于智者：流言于智者止（"于"将状语后置）——流言蜚语到了智慧的人那里就停止不再传播了。形容谣言经不起分析。

出自《荀子·大略》："流丸止于瓯臾，流言止于智者。"

8.嗤之以鼻：以鼻嗤之（"以"将状语后置）——用鼻子吭声冷笑。表示轻蔑。嗤：讥笑。

出自《后汉书·樊宏传》："尝欲作器物，先种梓漆，时人嗤之。"

9.持之以恒：以恒持之（"以"将状语后置）——永恒长久地坚持下去。

出自《攻愧集·雷雨应诏封事》："凡应天下之事，一切行之以诚，持之以久。"

10.掉以轻心：以轻心掉（"以"将状语后置）——用轻率的、漫不经心的态度来对待事情。

出自《答韦中立论师道书》句："故吾每为文章，未尝敢以轻心掉之。"

11.绳之以法：以法绳之（"以"将状语后置）——根据法律制裁。绳：准绳，引申为动词制裁。

出自《后汉书·冯衍传》："以文帝之明，而魏尚之忠，绳之以法则为罪，施之以德则为功。"

12.相濡以沫，不如相忘于江湖：以沫相濡，不如于江湖相忘（"以""于"将状语后置）——泉水干了，鱼吐沫互相润湿，何不各自到大江大湖里去更自由。比喻一同在困难的处境里，用微薄的力量互相帮助。现多指放弃曾经的执着，以全新的自我迎接世界。（主要是"江湖"的含义发生变化）

出自《庄子·内篇·大宗师》："泉涸，鱼相与处于陆，相呴（xǔ，慢慢呼气）以湿，相濡以沫，不如相忘于江湖。"

第七课
学会固定句式（上）

专题分析

同学们，在前面的章节里我们学习了文言文常见的几种特殊句式。所谓"特殊"是相较于现代汉语的语序来说的，这些特殊句式显示了汉语从古至今一脉相承的关系。除此之外，文言文中还有不少形式固定的句式，这些固定句式能在学习文言文时助大家一臂之力。

我们在这一课中所讲的"句式"一类是句子形式的，如"无乃……乎（恐怕……吧）"，另一类是词组形式的，如"奈何（怎么办）"。由于理解句子时都需要结合上下文，学习时不再以此细分，而是按照固定句式反映的语气等来分类学习。

一、表示疑问语气

表示疑问语气的句式需要出现表示疑问的词，常见的疑问代词是"何"。

1. 奈何、奈……何（可译为"怎么办""怎么""为什么""拿……怎么办"等）

① 骓不逝兮可奈何！虞兮虞兮奈若何！（《大风歌》）

译：可是就算乌骓马没有死又怎么样呢？虞姬啊虞姬，我该怎么办呢？

②奈何取之尽锱铢，用之如泥沙？（《阿房宫赋》）

译：为什么搜刮人民的财物一分一厘都不放过，挥霍时却像使用泥沙一样毫不珍惜呢？

2.何如（实际上是"如何"宾语前置的结果，"何"是句中的疑问代词。可译为"怎么""怎么样""怎么办"等）

① 以五十步笑百步，则何如？（《寡人之于国也》）

译：凭自己只跑了五十步而耻笑别人跑了一百步，那又怎么样呢？

②"求，尔何如？"（《子路、曾皙、冉有、公西华侍坐》）

译：孔子又问："冉求，你觉得怎么样呢？"

3.何以……（实际上是"以何"宾语前置的结果，"何"是疑问代词。可译为"根据什么……？""凭什么……？""为什么？""怎么会？"等）

① 一旦山陵崩，长安君何以自托于赵？（《触龙说赵太后》）

译：有朝一日太后百年了，长安君在赵国凭什么使自己安身立命呢？

② 不然，籍何以至此？（《鸿门宴》）

译：不是这样的话，我项羽怎么会如此生气呢？

4.何所……（可以类比为前面的宾语前置形式，译为"所……的是什么？"等，注意这种所字结构相当于名词性的词组）

① 问女何所思，问女何所忆？（《木兰诗》）

译：问问姑娘你这样叹息是在怀念什么呢？（句中的"思""忆"意义相同）

5.若……何、如……何（可译为"对……怎么办""拿……怎么样"等）

① 以君之力，曾不能损魁父之丘，如太行、王屋何？（《愚公移山》）

译：凭你的力气，连魁父这座小山丘都不能削平，又能拿太行、王屋怎么样呢？

6.……孰与……，与……孰……（可译为"跟……比较，哪一个更……"）

① 吾与徐公孰美？（《邹忌讽齐王纳谏》）

译：我跟城北徐公相比谁更漂亮？

② 公之视廉将军孰与秦王？（《廉

颇蔺相如列传》)

译：你们觉得廉将军和秦王相比谁更厉害？

7. 何故（可译为"什么原因""为什么""怎么"）

今幼常得罪，既正军法，丞相何故哭耶？（《失街亭》）

译：现在马谡已经因为有罪而被处死，军纪已经整肃，您为什么反而哭了呢？

二、表示反问语气

1. 何……哉（也）？（可译为"怎么能……呢？"）

① 若为佣耕，何富贵也？（《陈涉世家》）

译：你一个受雇耕作的人，怎么能富贵呢？

2. 何……为？（可译为"为什么要……呢？""还要……干什么呢？"）

如今人方为刀俎，我为鱼肉，何辞为？（《鸿门宴》）

译：现在人家正像屠宰用的刀砧，我们就像砧上待人宰割的鱼肉，还要告辞做什么呢？

3. 何……之有？（表示宾语前置，可译为"有什么……呢""怎么能……呢？"）

① 孔子云："何陋之有？"

译：孔子说："哪有什么简陋的呢？"

② 夫晋，何厌之有？

译：晋国，怎么会知道满足呢？

4. 岂/其/安……哉/乎/耶/邪（可译为"哪里……呢？""难道……吗？怎么……呢？"）

① 沛公不先破关中，公岂敢入乎？（《鸿门宴》）

译：如果不是沛公先攻破关中，您怎么能轻易进关呢！

② 燕雀安知鸿鹄之志哉？（《陈涉世家》）

译：燕雀哪里会知道鸿鹄的远大志向呢！

5. 顾……哉，独……耶/乎/哉（可译为"难道……吗？"）

① 人之立志，顾不如蜀鄙之僧哉？（《为学》）

译：一个人树立志向，难道还不如四川边境的这个和尚吗？

② 相如虽驽，独畏廉将军哉？（《廉颇蔺相如列传》）

译：我蔺相如虽然驽钝，难道是害怕廉将军吗？

6. 不亦……乎，……非……乎/欤（可译为"不是……吗？"）

① 人不知而不愠，不亦君子乎？

（《论语》）

译：人家不了解我们，我们也不生气，难道不也是君子的修养吗？

② 子非三闾大夫与？何故至于斯？（《屈原列传》）

译：你不是三闾大夫吗？怎么到了这里呢？

三、表示感叹语气

1. 何其、一何（句序上和现代汉语并无区别，一般是状语，用来修饰后面的谓语，可译为"多么""怎么这样"）

① 至于誓天断发，泣下沾襟，何其衰也！（《伶官传序》）

译：以至于剪断头发，对天发誓，眼泪沾湿了衣裳，又是多么衰败啊！

② 吏呼一何怒！妇啼一何苦！（《石壕吏》）

译：差役喊叫得是多么凶狠！老妇人啼哭得是多么悲伤！

2. 直/惟……耳（可译为"只不过……罢了"，"耳"放在句末，表示一种无奈的感慨）

① 曰："不可，直不百步耳，是亦走也！"（《寡人之于国也》）

译：梁惠王说："不行。只不过没有跑上一百步罢了，那也是逃跑啊。"

② 天下英雄，惟使君与操耳！（《三国演义》）

译：当今天下的英雄人物，也就只有您（刘备）和我（曹操）了！

3. （不）亦……哉/乎［可译为（不）也（是）……啊！］

① 呜呼，亦盛矣哉！（《五人墓碑记》）

译：啊！也真是盛大隆重的事啊！

② 而彭祖乃今以久特闻，众人匹之，不亦悲乎？（《逍遥游》）

译：彭祖到如今还是以年寿长久而闻名于世，世间常人想与之相比，岂不可悲吗？

第八课
学会固定句式（下）

专题分析

这节课继续学习表示揣测、陈述语气的固定句式，以及常见的固定搭配。

四、表示揣测语气

揣测的语气一般都有"恐怕""大概""或许""可能"的意思，有如下常见的表达：

1. 无乃/得无……乎/耶/哉，庶几（可译为"恐怕/或许……吧"）

① 今君王既栖于会稽之上，然后乃求谋臣，无乃后乎？（《勾践灭吴》）

译：现在大王您退守到会稽山之后，才来寻求有谋略的大臣，恐怕太晚了吧？

② 迁客骚人，多会于此，览物之情，得无异乎？（《岳阳楼记》）

译：降职的官吏和来往的诗人，大多在这里聚会，他们观赏自然景物而触发的感情大概会有所不同吧？

③ 寡人以为善，庶几息兵革。（《史记·秦始皇本纪》）

译：我认为这样子很好，因为这样或许就可以平息战争了。

2. 其……欤/乎？（可译为"难道不是……吗"，兼有反问的语气）

今其智乃反不能及，其可怪也欤？（《师说》）

译：现在他们的聪明智慧反而不如这些人，岂不是很奇怪吗？

五、表示陈述语气

这些固定句式或词组被用在陈述句中，语气上没有波澜，只是陈述事实，以"有""无"构成的居多。

1. 有以……、无以……（"有/没有用来……的办法/途径，能/不能"）

① 诚能得樊将军首，与燕督亢之地图献秦王，秦王必说见臣，臣乃得有以报太子。（《荆轲刺秦王》）

译：如果真的能够得到樊将军的首级，及燕国督亢一带的地图献给秦王，秦王一定高兴地召见我，我就有办法来报答太子了。

② 军中无以为乐，请以剑舞。（《鸿门宴》）

译：军中没什么用来助兴的，请允许臣作剑舞！（注意"请"在文言文中的指向性）

2. 有所……、无所……〔（人/事/物）"有/没有……的（人/事/物）"，所字结构后加动词形成名词性词组〕

① 岂敢盘桓，有所希冀。（《陈情表》）

译：（我）哪敢徘徊观望，有什么非分之想。

② 今入关，财物无所取，妇女无所幸，此其志不在小。（《鸿门宴》）

译：（刘邦）现在进了关，财物没有什么取用的，妇女没有谁受宠幸，这说明他的志气不小啊！

3. 无从……（"没有""无法""不能"）

① 家贫，无从致书以观。（《送东阳马生序》）

译：家中贫苦，无法买到书来看。

② 无从下手（成语）

4. 比及……（"等到……的时候"）

① 由也为之，比及三年，可使有勇，且知方也。（《子路、曾皙、冉有、公西华侍坐》）

译：让子路（我）去治理这个国家，等到三年光景，可以让百姓们勇敢起来，而且懂得礼义。

六、其他常见句式

1. 被动结构：为……所……，为所

上述被动结构的形式特点与"奈何""奈……何"相似，既可以联合使用，也可以拆分使用。其中，联合使用的方法可以视作拆分用法的变体，因为省略了宾语成分，二者一脉相承。具体来说，两种被动结构形式如下：

A+为所+动词

A+为+B+所+动词

例如：

不者，若属皆且为所虏。（《鸿门宴》）

不者，若属皆且为（之）所虏。（变式）

2. 重复出现表选择：其……其……

现代汉语中有一组关联词，表示选择关系"是……还是……"，对应在文言文中则是"其……其……"。例如：

① 天之苍苍，其正色邪？其远而无所至极邪？（《逍遥游》）

译：天空灰蒙蒙的，是它真正的颜色呢，还是因为高旷辽远而看不到边际呢？

② 其信然邪？其梦邪？其传之非其真邪？（《祭十二郎文》）

译：难道这是真的吗？还是做梦呢？还是传信的弄错了真实情况呢？（注意第一个"其"表示反问）

3. 与其……孰若……？（表选择，可译为"与其……，不如/哪比得上……"）

① 与其有誉于前，孰若无毁于其后？与其有乐于身，孰若无忧于其心？（《送李愿归盘谷序》）

译：与其有人在事前称赞，不如没有人在事后批评。与其在身体上得到快活，哪里比得上在心里没有忧愁事？

② 且而与其从辟人之士也，岂若从辟世之士哉？（《论语·微子》）

译：且说你与其跟着躲避坏人的人，哪里比得上跟着躲避恶世的人呢？

4. "然"可译为"这样"：然则，然而，不然，虽然

"然"在文言文中表示"这样"是常见义项，与之搭配后形成临时的短语，到现代汉语中仍然保留了原汁原味的意义。

然则——"既然这样，那么……"或"虽然如此，那么……"

① 是进亦忧，退亦忧。然则何时而乐耶？（《岳阳楼记》）

译：在朝廷做官也担忧，在僻远的江湖也担忧。既然这样，那么何时才会快乐呢？

然而——"虽然这样，但是……"

② 然而成败异变，功业相反，何也？（《过秦论》）

译：虽然如此强盛，但最终被势弱的陈胜打败，功业完全相反，为什么呢？

不然——"不是这样的话……"

③ 不然，籍何以至此？（《鸿门宴》）

译：不是这样的话，我项羽怎么会如此生气呢？

④ 虽然，犹有未树也。（《逍遥游》）

译：即便如此，还是有未能达到最高境界的地方。

5．"因此""所以"表达多：是以，以是，由是，以故，是故

① 母、孙二人，更相为命，是以区区不能废远。（《陈情表》）

译：祖孙二人相依为命，因此我感念祖母，不愿废止奉养、远离祖母。

② 以是人多以书假余，余因得遍观群书。（《送东阳马生序》）

译：因此人们大多肯将书借给我，我因而得以看遍许多书籍。

③ 由是之扬，之杭，之金陵，名达于缙绅间。（《柳敬亭传》）

译：因此到扬州，到杭州，到南京，在官宦间名望显达。

④ 唐浮图慧褒始舍于其址，而卒葬之，以故其后名之曰"褒禅"。（《游褒禅山记》）

译：唐时有个和尚慧褒在此建庙居住，并最终葬在这里，因此后人称这山叫"褒禅山"。

⑤ 是故弟子不必不如师，师不必贤于弟子。（《师说》）

译：因此弟子不一定不如师父，师父也不一定会比弟子厉害。

6．发语词花样多：夫，且夫，若夫，至若

发语词一般出现在分句的句首，并没有实际意义，但在结构上起到连接的作用。例如：

① 夫战，勇气也。一鼓作气，再而衰，三而竭。（《曹刿论战》）

② 且夫天地之间物各有主，苟非吾之所有，虽一毫而莫取。（《赤壁赋》）

③ 若夫日出而林霏开，云归而岩穴暝。（《醉翁亭记》）

④ 至若春和景明，波澜不惊，上下天光，一碧万顷。（《岳阳楼记》）

当堂练习

一、这两节课集中介绍了文言文中常见的固定句式，回顾主要内容并回答下列问题。

1. 表示疑问语气的词有哪些？有哪些常见固定结构？

2. 表示反问语气的词有哪些？有哪些常见固定结构？

3. 表示感叹语气的词有哪些？有哪些常见固定结构？

4. 表示揣测语气的词有哪些？有哪些常见固定结构？

5. 表示陈述有、无的词有哪些？有哪些常见固定结构？

相关链接

"所"字结构成语举例

1.不知所云：不知道说的是什么。形容说话内容混乱，无法理解。

出自《出师表》："临表涕零，不知所言。"

2.畅所欲言：畅快地把要说的话都说出来。畅：尽情，痛快。

出自《三垣笔记·崇祯》："惟延儒等请退，则谕止之，故开元不能畅所欲言。"

3.匪夷所思：指言谈行动离奇古怪，不是一般人根据常情所能想象的。匪：不是；夷：平常。

出自《周易·涣》："涣有丘，匪夷所思。"

4.力所能及：在自己力量的限度内所能做到的。

出自《诫子书》："今之职位，谬恩之加耳，非吾力所能致也。"

5.千夫所指：受到众人指责，形容触犯众怒。

出自《汉书·王嘉传》："千人所指，无病而死。"

6.若有所思：好像在思考着什么。

出自《长恨传》："玉妃茫然退立，若有所思。"

7.所向披靡：力量到达的地方都四散溃败，比喻一切障碍全被扫除。所向：指力所到达的地方；披靡：溃败。

8.无所适从：不知听从哪一个好。指不知怎么办才好。适：归向；从：跟从。

出自《左传·僖公五年》："一国三公，吾谁适从。"

9.众望所归：大家一致期望的，指得到群众的信任。众望：众人的希望；归：归向。

出自《晋书·列传三十传论》："于是武皇之胤，惟有建兴，众望攸归，曾无与二。"

阶段五

经典文言文

第一课 《烛之武退秦师》：劝说的思维

原文呈现

晋侯、秦伯围郑，以其无礼于晋，且贰于楚也。晋军函陵，秦军氾南。

佚之狐言于郑伯曰："国危矣，若使烛之武见秦君，师必退。"公从之。辞曰："臣之壮也，犹不如人；今老矣，无能为也已。"公曰："吾不能早用子，今急而求子，是寡人之过也。然郑亡，子亦有不利焉。"许之。

夜缒而出，见秦伯，曰："秦、晋围郑，郑既知亡矣。若亡郑而有益于君，敢以烦执事。越国以鄙远，君知其难也。焉用亡郑以陪邻？邻之厚，君之薄也。若舍郑以为东道主，行李之往来，共其乏困，君亦无所害。且君尝为晋君赐矣，许君焦、瑕，朝济而夕设版焉，君之所知也。夫晋，何厌之有？既东封郑，又欲肆其西封，若不阙秦，将焉取之？阙秦以利晋，唯君图之。"秦伯说，与郑人盟。使杞子、逢孙、杨孙戍之，乃还。

子犯请击之，公曰："不可。微夫人之力不及此。因人之力而敝之，不仁；失其所与，不知；以乱易整，不武。吾其还也。"亦去之。

专题分析

我们常会说某某人很会说话，很有语言艺术。其实，所谓"会说话""有语言艺术"首先是思维水平。尤其是劝说艺术，劝人、说服人，最关键的还是对形势的分析、对利害的判断、对目标的定位。

在大军压境的背景下，从烛之武见秦伯，仅仅说了一百多字，就收到了"秦伯说"且"与郑人盟"的神奇效果，烛之武究竟说了什么？怎么说的？是他嘴皮子厉害吗？显然不是，如果让烛之武去退晋师，恐怕说得再好听，也不容易成功。

秦晋围郑，有两个理由，"无礼于晋"和"贰于楚"，这两条都与秦国没关系。秦国为什么来围？显然为"利"。其为利而来，自以利退之，这就是烛之武的总体思路。

动之以情、晓之以理、诱之以利、挑拨离间是这个劝说辞的四大步。

动之以情才能赢得信任，但作为外交辞令，不可能用卑微的求情来感动人，一定要不卑不亢。

所以烛之武先说"秦晋围郑，郑既知亡矣"，表明中立立场，似乎自己与郑国也没有关系，这是劝说的前提，不能让秦伯上来就感到来者是劝我的、求我的，这样会引发戒备之心或敌对情绪，这样劝说的效果就会大打折扣。就好像老师找孩子谈话，不能让孩子感觉到你是要教育我，这样教育效果会打折扣，甚至引发抗拒心理。

不仅如此，烛之武共用了八个"君"，在保持中立的同时，又努力站在秦王角度来说话。

然后亮明观点："若亡郑而有益于君，敢以烦执事。"这话说得相对含蓄，表达的意思就是"灭了郑国，对秦国是无利的"。这对秦伯来说是个很新颖的观点，因为前面我们分析了，攻打郑国的两个原因都与秦国无关，秦师为何会来？无非为一"利"字。现在烛之武说是无利的，秦伯很好奇。

"越国以鄙远，君知其难也。"这句话交代得很清楚，虽然晋国许给你秦国好处，灭了郑国让你秦国得土地，但这是不可能实现的。晋国许给你秦国的，最后都会归为晋国的，那么自然是"邻之厚，君之薄也"。

还要诱之以利。如果不打郑国呢，郑国也不会忘记秦国的恩情。

因为烛之武看清楚了，秦伯就是要"利"，来打郑国就是一件利欲熏心的糊涂事，那么就也"熏"他一下：郑国也给"利"，"若舍郑以为东道主，行李之往来，共其乏困，君亦无所害"。而且这话说得委婉，又清楚表达了意思。

除此之外，还要挑拨离间。不能光让他不打郑国，像这样没脑子的，过几天被晋国再劝劝就会再回到前面的立场，所以还要切断秦和晋的关系。后面的话可分成两个方面：一个是回顾过去，一个是展望未来。回顾过去，晋对秦出尔反尔，忘恩负义，实在可恶；展望未来，其居心险恶，随时翻脸，还要占秦国便宜。

"且君尝为晋君赐矣，许君焦、瑕，朝济而夕设版焉，君之所知也。"当一个人说一个众所周知的话题时，往往居心叵测，动机不纯。这是在故意点秦王的痛点、揭秦王的伤疤，引发其对晋的不愉快回忆。为增强效果，说完后还痛心地点评"夫晋，何厌之有"，好像自己是秦王的朋友一样，痛骂晋国。"既东封郑，又欲肆其西封，若不阙秦，将焉取之"，大胆推测，合理判断，晋国要故意损害秦国利益。

观点又深入一层，秦国本来为利而来，烛之武认为打郑国秦国不会"有利"，还有害；接着自然地过渡到打郑国将"阙秦"，这是晋国没安好心，挖的坑，使秦王幡然醒悟。

最后冷静地轻描淡写地说："阙秦以利晋，唯君图之。"再回到中立立场，但观点已经表达得非常明确了，感情倾向也是非常清楚了。

结论：语言艺术两个层面，一个是思维层面，一个是艺术层面。前面是里，后面是表，二者相辅，前者为主。

当堂练习

根据理解用原文语句填空：

烛之武临危受命，说退秦师，表现出他能言善辩、智能过人。其说辞大体可分三个层次，二、三层次中又可各分两小层意义：

第一小层：不卑不亢，引出话题：_____

第二小层：分析情势，说明利害：_____

a.亡郑，对晋有利：_____

b.存郑，对秦有利：_____

第三小层：回顾历史，预见未来：

a.过去，晋国曾过河拆桥，忘恩负义：_____

b.将来，晋国必贪得无厌，进犯秦国：_____

相关链接

古人善于运用逆向思维思考问题、解决问题。有许多案例，在今天读来仍能让我们有所启发。孙膑是战国时著名兵法家，至魏国求职，魏惠王心胸狭窄，妒其才华，故意刁难，对孙膑说："听说你挺有才能，如果你能使我从座位上走下来，就任用你为将军。"魏惠王心想：我就是不起来，你又奈我何？孙膑想：魏惠王赖在座位上，我不能强行把他拉下来，把皇帝拉下来是死罪。怎么办呢？只有用逆向思维法，让他自动走下来。于是，孙膑对魏惠王说："我确实没有办法使大王从宝座上走下来，但是我却有办法使您坐到宝座上。"魏惠王心想：这还不是一回事，我就是不坐下，你又奈我何？他便乐呵呵地从座位上走下来。孙膑马上说："我现在虽然没有办法使您坐回去，但我已经使您从座位上走下来了。"魏惠王方知上当，只好任用他为将军。

（摘自《思维的艺术》）

第二课 《触龙说赵太后》：劝说的角度

原文呈现

赵太后新用事，秦急攻之。赵氏求救于齐，齐曰："必以长安君为质，兵乃出。"太后不肯，大臣强谏。太后明谓左右："有复言令长安君为质者，老妇必唾其面。"

左师触龙言愿见太后。太后盛气而揖之。入而徐趋，至而自谢，曰："老臣病足，曾不能疾走，不得见久矣。窃自恕，而恐太后玉体之有所郄也，故愿望见太后。"太后曰："老妇恃辇而行。"曰："日食饮得无衰乎？"曰："恃粥耳。"曰："老臣今者殊不欲食，乃自强步，日三四里，少益耆食，和于身。"太后曰："老妇不能。"太后之色少解。

左师公曰："老臣贱息舒祺，最少，不肖；而臣衰，窃爱怜之。愿令得补黑衣之数，以卫王宫。没死以闻。"太后曰："敬诺。年几何矣？"对曰："十五岁矣。虽少，愿及未填沟壑而托之。"太后曰："丈夫亦爱怜其少子乎？"对曰："甚于妇人。"太后笑曰："妇人异甚。"对曰："老臣窃以为媪之爱燕后贤于长安君。"曰："君过矣！不若长安君之甚。"左师公曰："父母之爱子，则为之计深远。媪之送燕后也，持其踵，为之泣，念悲其远也，亦哀之矣。已行，非弗思也，祭祀必祝之，祝曰：'必勿使反。'岂非计久长，有子孙相继为王也哉？"太后曰："然。"

左师公曰："今三世以前，至于赵之为赵，赵王之子孙侯者，其继有在者乎？"曰："无有。"曰："微独赵，诸侯有在者乎？"曰："老妇不闻也。""此其近者祸及身，远者及其子孙。岂人主之子孙则必不善哉？位尊而无功，奉厚而无劳，而挟重器多也。今媪尊长安君之位，而封之以膏腴之地，多予之重器，而不及今令有功于国，一旦山陵崩，长安君何以自托于赵？老臣以媪为长安君计短也，故以为其爱不若燕后。"太后曰："诺，恣君之所使之。"

于是为长安君约车百乘，质于齐，齐兵乃出。

子义闻之曰："人主之子也，骨肉之亲也，犹不能恃无功之尊、无劳之奉，已守金玉之重也，而况人臣乎。"

专题分析

上一课《烛之武退秦师》说到所谓语言的艺术，首先是思维的艺术，

这节课我们通过《触龙说赵太后》来说一说劝说切入的角度。

赵太后刚上台就遇到棘手的事儿，秦国攻打赵国，赵国向齐国求救，齐国同意了，但是一定要以赵太后的儿子长安君作为人质才能出兵。赵太后不愿意，大臣强谏激怒了她，赵太后就发了毒誓"谁要再提让我儿子做人质这件事儿，我就吐口水到他脸上"，这是触龙劝说赵太后的背景。

赵太后在一开始就设了一个雷区，不管你是谁，你只要进了我的雷区，我就爆炸。触龙非常聪明，如果他开口就提长安君的事，估计赵太后会直接一口口水吐他脸上了。

触龙实际上是有备而来，"入而徐趋，至而自谢"，"趋"就是快步走，"徐"就是慢慢地，而"谢"道歉，这是他准备好的表演。来了就是道歉，说我早就应该来看您，好久不来看是担心您身体不好。赵太后心知肚明触龙想做什么，但是既然触龙不把话说破，她也就揣着明白装糊涂，便敷衍说"我吃饭就随便吃点粥，出行就靠着坐车"。

触龙接下来就开始了他计划的第一步，寻找共同点，他说我也不想吃饭，然后我有个小秘方，多走路就想吃了，我试验过了很有效。太后果然

放松。

第一步计划完成之后，还需要进一步让太后放松警惕，所以触龙说："老臣贱息舒祺，最少，不肖；而臣衰，窃爱怜之。愿令得补黑衣之数，以卫王宫。没死以闻。"意思就是我想给我的儿子找个活干，触龙也是费尽了心思，他在"贱息"前面加上一个"最少"，"贱息"就是儿子，"最少"就是最小，这几个词一用，触龙将自己和赵太后放在了同一立场上：你疼爱小儿子，我也疼爱小儿子，都是为儿子考虑。果然太后完全放松，回答"敬诺"，就是完全没问题。

如果话说到这个地方就完了，那触龙所有的设想计划就泡汤了，妙就妙在触龙在后面又加了一句"希望在我死之前能把他安排好"，而这一句正叩在了太后的心坎上，谁不疼自己的小儿子呢？这可是亲儿子呀，自然就有点情不能自已。到此为止，两人完全在一个立场了，赵太后也完全放松了。

于是两人就男人和女人谁更爱自己的小儿子的问题进行了讨论，在这个过程中，触龙巧妙地进行了一个话题偷换，他说"老臣窃以为媪之爱燕后贤于长安君"（"我认为您爱您的女儿比爱小儿子更厉害"），这里的燕后就是赵太后的女儿。从讨论男的和女的谁更爱自己的小儿子，现在变成了太后是更爱儿子还是更爱女儿。但是赵太后没有强烈的反应，因为她急于跟触龙争辩，急于表明自己的观点，说她还是更爱长安君。

这时候触龙终于抓住时机将话题带回正路："父母之爱子，则为之计深远。媪之送燕后也，持其踵，为之泣，念悲其远也，亦哀之矣。已行，非弗思也，祭祀必祝之，祝曰：'必勿使反。'岂非计久长，有子孙相继为王也哉？"这里要说明，那时两国国君互嫁女儿，这个女儿是永远不能回国的，只有两国开战或者是自己的国家灭亡才能回国，因此赵太后送女儿的时候哭得很伤心，每次祭祀的时候还一定要说，一定不要让她回来。触龙的意思是您赵太后这样做，不就是希望女儿的子孙能够相继为王吗？这时赵太后当然无话可说，她才恍然大悟，触龙原来也是为这事而来的，他这才入了主题，自己中了圈套，触龙并没有走进自己的雷区，而赵太后自己却从自己的雷区走出来了，只得说"是这样的，你说得有道理"。

于是触龙开始长篇大论。您希望燕后的子孙长期为王，但实际上长期为王是不容易的，不仅赵国没有，诸侯国都没有三代以上还称王的，为什么就没有呢？难道国君的孩子就不如别人吗？是因为他们"位尊而无功，奉厚而无劳，而挟重器多也"。现在您疼爱长安君，封之以膏腴之地，多予之重器，却不让他对国有功，一旦你死了，长安君怎么样才能在赵国独自保全立身安命呢？这段话要是说直接一点，他就是讲："赵太后，你现在不愿意让长安君做人质，这不是计深远之爱，这是溺爱，以后会害了长安君。国家危急，救国要紧，国之不存，儿子安附？再说如果这事不给儿子考虑，让他为国立功，一旦您去世了，那这个孩子将无法在赵国立身。"至此为止，触龙已经完成了这个工作，果然太后说我那个小儿子随便你们怎么摆弄吧。大功告成。这一番话让赵太后自己从雷区里跳了出来，触龙可谓煞费苦心，绝处逢生，成千古佳话。

总结一下，建议再正确，也要讲究方式，其实有时被劝的人明知自己错了，但就是接受不了别人劝说的态度，不按建议做，其实他自己也非常沮丧恼火，但是他咽不下这口气，这时几乎就等着别人帮他想个理由，给他个台阶让他下来，这时说话切入的角度、站的立场、建议前的预热都非常重要，从这点来说我们的确要向触龙学习。

当堂练习

选择与下列句中虚词的用法相同的例句：

1.例：对曰："甚于妇人。"（　　）

A.少益耆食，和于身也。

B.赵氏求救于齐。

C.冰，水为之，而寒于水。

D.长安君何以自托于赵？

2.例：父母之爱子，则为之计深远（　　）

A.必以长安君为质，兵乃出。

B.老臣以媪为长安君计短也。

C.廉颇为赵将，伐齐。

D.冰，水为之，而寒于水。

相关链接

人都不是傻子，我凭什么要听你的？其实，正因为人是有思想、有头脑的，才给劝说提供了可能。喜欢赞扬，厌烦批评，人之常情。唐太宗说:"会须杀此田舍翁。"(今天,我一定要把这个乡巴佬杀了。)皇后忙问,是谁呀?皇上说:魏征总在朝廷上侮辱我,我要杀了他。这是《贞观政要·公平》中的记述。皇后非常清楚,魏征是国家的栋梁,有这样的臣子是国家的大幸,可是皇上正在气头上,怎么劝他呢?聪慧的皇后急中生智,她二话没说,而是退下穿戴好朝服站在了皇上的面前。这一举动让皇上大感意外,他非常吃惊地问这是为了什么,皇后说:"妾闻主明臣直,今魏征直,由陛下之明也,妾敢不贺。"好一个聪明的皇后,她没有说魏征多么对,皇上多么不对,而是变换了一种角度,从赞扬入手。魏征的直言,还不是由于皇上您的贤明吗?主明臣直,朝中有这样的好事,我怎能不祝贺呢?你想,这样的话皇上听起来要有多么熨帖!人常说,"良药苦口利于病,忠言逆耳利于行",如果良药不苦,忠言顺耳不是更好?

(摘自搜狐博文《向古人学习劝说艺术》)

第三课 《祭十二郎文》：情感的蓄势

原文呈现

年、月、日，季父愈闻汝丧之七日，乃能衔哀致诚，使建中远具时羞之奠，告汝十二郎之灵：

呜呼！吾少孤，及长，不省所怙，惟兄嫂是依。中年兄殁南方，吾与汝俱幼，从嫂归葬河阳。既又与汝就食江南。零丁孤苦，未尝一日相离也。吾上有三兄，皆不幸早世。承先人后者，在孙惟汝，在子惟吾。两世一身，形单影只。嫂尝抚汝指吾而言曰："韩氏两世，惟此而已！"汝时尤小，当不复记忆。吾时虽能记忆，亦未知其言之悲也。

吾年十九，始来京城。其后四年，而归视汝。又四年，吾往河阳省坟墓，遇汝从嫂丧来葬。又二年，吾佐董丞相于汴州，汝来省吾。止一岁，请归取其孥。明年，丞相薨。吾去汴州，汝不果来。是年，吾佐戎徐州，使取汝者始行，吾又罢去，汝又不果来。吾念汝从于东，东亦客也，不可以久；图久远者，莫如西归，将成家而致汝。呜呼！孰谓汝遽去吾而殁乎！吾与汝俱少年，以为虽暂相别，终当久相与处。故舍汝而旅食京师，以求斗斛之禄。诚知其如此，虽万乘之公相，吾不以一日辍汝而就也。

去年，孟东野往。吾书与汝曰："吾年未四十，而视茫茫，而发苍苍，而齿牙动摇。念诸父与诸兄，皆康强而早世。如吾之衰者，其能久存乎？吾不可去，汝不肯来，恐旦暮死，而汝抱无涯之戚也！"孰谓少者殁而长者存，强者夭而病者全乎！

呜呼！其信然邪？其梦邪？其传之非其真邪？信也，吾兄之盛德而夭其嗣乎？汝之纯明而不克蒙其泽乎？少者强者而夭殁，长者衰者而存全乎？未可以为信也。梦也，传之非其真也，东野之书，耿兰之报，何为而在吾侧也？呜呼！其信然矣！吾兄之盛德而夭其嗣矣，汝之纯明宜业其家者，不克蒙其泽矣。所谓天者诚难测，而神者诚难明矣。所谓理者不可推，而寿者不可知矣。

虽然，吾自今年来，苍苍者或化而为白矣，动摇者或脱而落矣。毛血日益衰，志气日益微，几何不从汝而死也。死而有知，其几何离？其无知，悲不几时，而不悲者无穷期矣。

汝之子始十岁，吾之子始五岁，少而强者不可保，如此孩提者，又可冀其成立邪？呜呼哀哉！呜呼哀哉！

汝去年书云："比得软脚病，往往而剧。"吾曰："是疾也，江南之人，常常有之。"未始以为忧也。呜呼，其竟以此而殒其生乎？抑别有疾而至斯乎？

汝之书，六月十七日也。东野云，汝殁以六月二日；耿兰之报无月日。盖东野之使者不知问家人以月日，如耿兰之报，不知当言月日。东野与吾书，乃问使者，使者妄称以应之耳。其然乎？其不然乎？

今吾使建中祭汝，吊汝之孤与汝之乳母。彼有食可守，以待终丧，则待终丧而取以来；如不能守以终丧，则遂取以来。其余奴婢，并令守汝丧。吾力能改葬，终葬汝于先人之兆，然后惟其所愿。

呜呼！汝病吾不知时，汝殁吾不知日，生不能相养以共居，殁不能抚汝以尽哀，敛不凭其棺，窆不临其穴。吾行负神明，而使汝夭。不孝不慈，而不能与汝相养以生，相守以死。一在天之涯，一在地之角，生而影不与吾形相依，死而魂不与吾梦相接。吾实为之，其又何尤！彼苍者天，曷其有极！自今已往，吾其无意于人世矣！当求数顷之田于伊、颍之上，以待余年。教吾子与汝子，幸其成；长吾女与汝女，待其嫁，如此而已。

呜呼，言有穷而情不可终，汝

其知也邪？其不知也邪？呜呼哀哉！尚飨！

专题分析

"感人心者莫先乎情"，一切最动人的文字都是从心底里流淌出来的。韩愈的《祭十二郎文》就是一篇字字含泪、句句动情的抒情散文。明代茅坤称此文为"祭文中的千古绝调"，《古文观止》评曰："字字是血，字字是泪。"此文为什么有如此悲痛的效果呢？原因是文中交织着作者的多种心绪，这多种心绪在为文章的感情蓄势。

其一，家族人丁不旺。韩愈出身小官吏之家，深受儒学影响，自然封建社会门第家族观念极强。父母早亡，三兄俱死，两世一身，而今侄儿又死，韩氏支撑门面的仅他一人，家族之事连个商量的人也没有，他自然痛心。何况子女尚幼，而自己年未四十，"视茫茫""发苍苍""齿牙动摇"，想到"诸父诸兄皆康强而早世"，他怎能不担心——担心自己，更担心韩家门户。何况，韩愈和十二郎从小一起生活，名为叔侄，实为兄弟手足。中年，兄殁南方，韩愈和十二郎皆幼，从嫂归葬河阳。不久"又与汝就食江南，零丁孤苦，未尝一日相离"。在注重门庭家道的古代，作为"两世一身，形单影只"的他们，相仿的年龄，相同的际遇，更加明白双方对于彼此的意义，成为对方生命中最重要的一部分。顺风顺水的亲情固然让人艳羡，但大风大浪中的相依更让我们动容和心碎。这样血浓于水的骨肉亲情怎能不令人悲恸欲绝？人生的际遇让韩愈和十二郎远远超越了叔侄亲情，成为人生路上相互搀扶的一道风景，成为相依为命的一路旅人。如今，相依之人已无，家族人丁凋敝，这无限的孤独和心痛怎能不使他"无意于人世"。

其二，恩情未报。韩愈三岁丧父母，靠兄嫂（十二郎的父母）抚养成人，韩愈发愤学习，想有所作为，报答兄嫂的养育之恩，但不幸的是兄又早早地离开人世。韩愈28岁，仕途上还未见成效，嫂子又去世了。韩愈悲痛之余，自然想把兄嫂对他的恩情转而寄托到与他自幼相伴、情同手足的侄子十二郎身上。韩愈，19岁离家赴长安求官，十几年的宦游奔波，使他未能与老成共同生活，几欲相见团聚，但由于种种原因，却未能遂心。

正当韩愈官运好转，有可能叔侄"相养共居"之时，在长安监察御史任上的韩愈突然得知十二郎病死异乡的噩耗，他如雷轰顶，悲痛欲绝。韩老成比韩愈年少而体强，却"强者夭而病者全"。韩老成得的不过是一种常见的软脚病，作者本来不以为意，毫无精神准备，因而对老成的遽死追悔莫及，意外的打击使他极为悲痛。这不能不使作者悔恨无穷，抱憾终生。如今他永远地失去了报答的机会，愧疚之情使韩愈说出了"吾行负神明，不孝不慈"的话。

其三，仕途失意。韩愈19岁到京城谋求发展，想以个人的成功来振兴韩家门户。但多次应试落第，25岁好不容易中进士后，还要四处求权贵援引举荐，29岁才开始入仕途。到35岁写作本文的几年间，京城、汴州、徐州、宣城四处漂泊。他才华出众，却不得施展，内心郁郁寡欢，而此时又传来侄儿死去的消息。悲痛之中情不自禁地蕴含了无限酸楚，于是喊出了"诚知其如此，虽万乘之公相，吾不以一日辍汝而就也"的肺腑之言。

文学作品的情感往往讲究"蓄势"，如同"筑堤蓄水"一样，正因为有这么多因素的交织、积蓄，以上三种悲情与丧侄之痛交织，作者的情感才来得更猛烈，悼念侄子的情感才显得格外悲痛，全文"字字是泪"，有非常感人的力量。再从形式上看，古代的祭文一般都是用韵文写的，但作为古文运动的旗手韩愈在《祭十二郎文》中却一反传统文风，运用散文形式写成此文，因为四言韵语或骈文形式无法婉转灵活，只有"形散神不散"的散文才能更好地把作者巨大的悲痛曲折婉转地抒发出来。这篇祭文，不单在形式上用的是散句单行，在内容上也一任情感的激荡，通篇追叙他与十二郎的共同生活和深厚情谊，不断蓄势，宣泄十二郎之死所带给他的莫大哀痛。这种对祭文体的创变，适应了作者情感表达的需要，进而也使该文形成了"以情胜"的鲜明艺术特色。

当堂练习

根据要求选择正确选项：

1.结合全文，有关下列字词解释不正确的一项是（　　）

A. 韩愈世称韩昌黎，又称韩吏部。谥号"文"，又称韩文公。宋代苏轼称他"文起八代之衰"，明人推他为唐宋八大家之首，与柳宗元并称"韩柳"，有"文章巨公"和"百代文宗"之名。

B."汝"即你，多用于后辈。古汉语中表示"你"的称呼还有"尔、公、君、卿、足下"等。

C."矣、呜呼"语气助词的运用强化了这一段情感发展变化的节奏，也准确地抒发了作者强烈的不愿相信、不能相信又不得不相信的失去亲人的悲痛感情。

D.殁在殡葬中的区别：古代对身份和地位不同的人去世后，称呼也不同。天子死曰崩，诸侯死曰薨，大夫死曰不禄，庶人死称死，小孩夭折称为殁。

2.阅读全文，下列对文言文内容的阐述正确的一项是（　　）

A.韩愈悲恸欲绝，写下这篇祭文。作者把抒情与叙事结合在一起，联系家庭、身世和生活琐事，反复抒写他对亡侄的无限哀痛之情。

B.这是一篇情文并茂的祭文。虽没有铺排，但隐露出张扬，作者善于融抒情于叙事之中，在对身世、家常、生活遭际朴实的叙述中，表现出对兄嫂及侄儿深切的怀念和痛惜，一往情深，感人肺腑。

C.由于作者情绪的激动以及生活经历的坎坷，所要书写的内容很多，所以文章往复重叠、散漫错综。

D.全文构思巧妙。文章结尾叙写"两世一身，形单影只"的身世之悲再次衬托了内心的悲痛心情。

相关链接

辽宁省博物馆珍藏着一卷传为王羲之真迹的小楷墨迹《曹娥诔辞》，这是迄今唯一存世的东晋楷书墨迹，也是中国现存最早的楷书墨迹。它不仅是书法神品，其背后还蕴藏着许多故事。

《曹娥诔辞》讲述的是1600多年前曹娥投江救父的感人故事。据《后汉书·列女传·曹娥》记载：东汉时期，舜江边上有一个孝女叫曹娥，她对父母的孝顺无人不知，无人不晓。不幸的是，在当年的一场五月祭祀仪式上，父亲落入舜江淹死了，数日不见尸体。孝女曹娥当时年仅14岁，呼天抢地地哭着，沿着舜江堤岸寻找她父亲的尸体，就这样，边哭边找经历了17天。为了寻找父亲的尸体，在五月五日端午节的这一天，曹娥也跳入了舜江。3天后人们发现江边出现了曹娥抱着父亲的两具尸体。后来人们为了纪念曹娥的孝节，在曹娥投江之处兴建了曹娥庙，又立碑纪念。东晋升平二年（358年），王羲之来到此庙，书写了曹娥碑内容，文字由新安吴茂先镌刻。

此碑诔文还有另一则有趣的故事。据《世说新语》记载：一日曹操和杨修路过曹娥碑，见碑的背面题有"黄绢幼妇，外孙齑臼"八个字。曹操便问身边的杨修："你知道这是什么意思吗？"杨修回答说："知道。"曹操说："我还不知其意，你先不要说出来，等我想一想。"当二人又行30里路程的时候，曹操才对杨修说："我已破解了其中的意思。"这时，曹操让杨修把他自己理解的意思写下来。杨修写道："黄绢，色丝也，于字为'绝'；幼妇，少女也，于字为'妙'；外孙，女子也，于字为'好'；齑臼，受辛也，于字为'辞'。"曹操也把自己理解的意思说出来，与杨修破解的一样。但是，曹操感叹地说："我的才智不如你，竟然相差30里地远。"

因为有了这个经典故事，便成就了"曹娥碑"作为"中国最早的字谜"的美誉。正因为曹娥碑隐含着中国第一个离合字谜，被看作是中国文字隐语的图腾，字谜的鼻祖。也因为这个典故的来历，在灯谜中还专门设置了一个谜格"曹娥格"。

（摘自中国社会科学网《曹娥诔辞》）

第四课 《项脊轩志》：琐事的力量

原文呈现

项脊轩，旧南阁子也。室仅方丈，可容一人居。百年老屋，尘泥渗漉，雨泽下注；每移案，顾视无可置者。又北向，不能得日，日过午已昏。余稍为修葺，使不上漏。前辟四窗，垣墙周庭，以当南日，日影反照，室始洞然。又杂植兰桂竹木于庭，旧时栏楯，亦遂增胜。借书满架，偃仰啸歌，冥然兀坐，万籁有声；而庭阶寂寂，小鸟时来啄食，人至不去。三五之夜，明月半墙，桂影斑驳，风移影动，珊珊可爱。

然余居于此，多可喜，亦多可悲。先是庭中通南北为一。迨诸父异爨，内外多置小门墙，往往而是。东犬西吠，客逾庖而宴，鸡栖于厅。庭中始为篱，已为墙，凡再变矣。家有老妪，尝居于此。妪，先大母婢也，乳二世，先妣抚之甚厚。室西连于中闺，先妣尝一至。妪每谓余曰："某所，而母立于兹。"妪又曰："汝姊在吾怀，呱呱而泣；娘以指叩门扉曰：'儿寒乎？欲食乎？'吾从板外相为应答。"语未毕，余泣，妪亦泣。余自束发读书轩中，一日，大母过余曰："吾儿，久不见若影，何竟日默默在此，大类女郎也？"比去，以手阖门，自语曰：

"吾家读书久不效，儿之成，则可待乎！"顷之，持一象笏至，曰："此吾祖太常公宣德间执此以朝，他日汝当用之！"瞻顾遗迹，如在昨日，令人长号不自禁。

轩东故尝为厨，人往，从轩前过。余扃牖而居，久之，能以足音辨人。轩凡四遭火，得不焚，殆有神护者。

项脊生曰："蜀清守丹穴，利甲天下，其后秦皇帝筑女怀清台；刘玄德与曹操争天下，诸葛孔明起陇中。方二人之昧昧于一隅也，世何足以知之，余区区处败屋中，方扬眉、瞬目，谓有奇景。人知之者，其谓与坎井之蛙何异？"

余既为此志，后五年，吾妻来归，时至轩中，从余问古事，或凭几学书。吾妻归宁，述诸小妹语曰："闻姊家有阁子，且何谓阁子也？"其后六年，吾妻死，室坏不修。其后二年，余久卧病无聊，乃使人复葺南阁子，其制稍异于前。然自后余多在外，不常居。

庭有枇杷树，吾妻死之年所手植也，今已亭亭如盖矣。

专题分析

生活琐事怎样才能写得感人呢？离不开两个方面：一个是与相关的物要建立起联系，一个是选取的琐事要典型。与物建立起联系，才能使散文的空间和情感的抒发相对集中；选取典型才能使场景再现，才能使读者的情感参与。这样才更容易引发读者的共鸣。

比如《项脊轩志》，写母亲先写"先妣尝一至"，这就和"物"（项脊轩）建立了联系，然后通过老妪之口（写老妪时也通过"尝居于此"和"物"建立了联系），选择了母亲三个方面典型的动作和语言，一个是"立"，一个是"以指叩门扉"，一个是"儿寒乎，欲食乎"。第一个很普通；第二个就不同了，母亲的形象就表现出来了，表现出对孩子的关爱；到第三个就完全是点铁成金。明代以前的散文，像"儿寒乎，欲食乎"这样的口语出现在散文里是很少见的，但一个母亲对孩子的爱怜却通过这个特别符合母亲身份，特别符合小孩子，又特别符合孩子"呱呱而泣"这个场景传神地表现出来。母亲可能也说过别的话，但就是选取"寒"和"食"这两个方面来表现，这就是典型性，这样读者的情感就会参与其中，这样当"余泣"时，我们才会更感动。

这里还有另外一个层面，就是通过老妪来回忆，其实从一个侧面表现了母亲在世时对家里的仆人也非常好，仆人非常怀念她，虽然母亲"尝一至"，但老妪却"每谓余曰"，这样人物的形象也就有了整体性，"妪亦泣"也让读者参与其中。

写祖母时，先说"余自束发，读书轩中，一日大母过余曰"，与项脊轩建立起联系。祖母共说了三句话，第一句"吾儿，久不见若影，何竟日默默在此，大类女郎也"，第二句"吾家读书久不效，儿之成，则可待乎"，第三句"此吾祖太常公宣德间执此以朝，他日汝当用之"。这三句话也非常典型，第一句表达祖母的关爱，还有点打趣的语气。而第二句妙在"自语"，祖母自语，祖母并不懂得读书，她只是关心孩子，只是知道读书的结果，但孙儿听来却能感觉到期待和责任。这一句说的是可能，而第三句用的是"当"，则说得非常确定。回忆这个典型的场景，想起祖母的话，让科举失利的归有光非常自责和愧疚，而难以自持，"长号不自禁"。

到了写妻子，这一招用到了极致。相比之下，写母亲更多的是一种"自怜"，写祖母还有"自责"，而写妻子，则非常克制。这与中国古代士大夫的文化心理是有关的。

这种克制甚至到了冷酷的地步，比如先用"后五年，吾妻来归"来交代妻子嫁入，后面用"其后六年，吾妻死"交代妻子去世。没有一句类似"泣""长号"等表达悲伤的词，甚至连一个写情感的词也没有。但中间回忆的两个细节却大有玄机。第一个"时至轩中，从余问古事，或凭几学书"。按理说妻子应该不常进入到书房的，但她却是"时至"，妻子对"古事"和"书"应该是不感兴趣的，但她却是"问""学"。其实这里的关键是"从余"，她喜欢着丈夫喜欢的东西，正好表现了两情相悦，夫妻融洽。而第二个"吾妻归宁，述诸小妹之语"，一方面说的还是项脊轩，另一方面，说明两人无话不说，恰好表现出妻子从娘家回来的亲密和愉悦。这两个典型的琐事的回忆和妻子死形成对比，表现恰是真情和悲情。而在"吾妻死"后作者再次建立联系"室坏不修"，这样就引发了读者的想象，因为心情黯然，妻子不在，没有心思，这实际上已经表达了感情。结尾的"枇杷树"把这种感情推到顶点。这里也是先建立联系"吾妻死之年所手植也",然后说"今已亭亭如盖矣",这里不单是睹物思人,更重要的是树的生机带来的时间的变化,让人更加悲伤,还有树的生机让人对已死去的人加倍思念和伤感,余味悠长,真乃妙笔。

还值得一提的是,琐事还讲究主题的统一性,比如关于母亲的琐事主要表现母亲对子女的怜爱,关于祖母的琐事主要表现祖母对孙儿的期待,关于妻子的琐事主要表现夫妻的亲密无间。这些琐事在空间上都统一于"项脊轩",选材上都统一于典型(有代表性,符合人物身份,符合要表达的感情,符合场景的再现),情感上都统一于家庭的亲情、爱情。

现在学生直到高中毕业,学了十几年语文,一谈散文就只记得"形散神不散"这个背会了却不理解的概念,至于如何"散",如何"不散",知之甚少,不知道这样讲是不是稍好一点。

当堂练习

根据要求选择正确答案:

1. 下列文中词语理解不完全正确的一项是(　　)。

A. 三五:农历每月十五日
　　既望:农历每月十六日

B. 先大母:敬称自己已死去的祖母
　　先妣:敬称自己已死去的母亲

C. 束发:古代男子20岁成人的标志
　　而立之年:指三十岁

D. 归宁:旧指女子出嫁后回娘家
　　来归:旧指女子出嫁

2. 下列说法不正确的一项是(　　)。

A. 归有光号震川,别号项脊生,世称震川先生,明代后期著名散文家,著有《震川文集》,其散文对清代的桐城派影响很大。

B. "志"即"记",是古代一种叙事、抒情的文体,如《项脊轩志》就是一篇借记物以叙事抒情的散文名篇。

C. 《项脊轩志》借写项脊轩的兴废,着重写与之有关的日常生活和家庭琐事,表达了物在人亡、三世变迁的感慨以及对祖母、母亲和妻子的深切怀念。

D. "五柳先生""樊川先生""临川先生""聊斋先生"指的分别是东晋大诗人陶潜、唐代诗人杜牧、北宋文豪欧阳修、清代小说家蒲松龄。

相关链接

归有光一生先后娶过三位妻子。

第一个妻子魏氏，是他母亲生前为他选的。魏氏是名儒魏校的侄女，魏校是归有光的师父，两人的婚姻可谓亲上加亲。他的妻子陪伴他仅有四年多，为他生育了一子一女，在女儿四岁，儿子才几个月大时去世了。那个时候的归有光才24岁。

后来归有光在他30岁时又娶了第二个妻子王氏，这位王氏是安亭望族之女，18岁。王氏与归有光同甘共苦过了16年，后来便因操劳过度病逝，王氏死时34岁，归有光46岁。归有光在王氏死后一年，在他47岁时娶了第三任妻子费氏。

一般人多是注意到归有光一生对三个女人情深，而往往忽略了另一个对归有光极其重要的女人。这个女人便是归有光的母亲，那么归有光的母亲是怎么死的呢？

《项脊轩志》中写老妪转述其母当年对儿女的疼爱："汝姊在吾怀，呱呱而泣；娘以指叩门扉曰：'儿寒乎？欲食乎？'吾从板外相为应答。"这段文字清楚转述了母亲对他和其他子女的爱护之情。实际上，他的母亲应该是生产过多，伤了身体，最终身体日渐衰弱。《先妣事略》记载，归有光的母亲，一直为生育了过多的子女苦恼，她17岁时生了第一个女儿，18岁时生了归有光，接下来几年又生产了4次，其中一次还是双胞胎。生产没有间断，没有给身体恢复的时间。她自己都对侍女说"吾为多子苦"。如此，这应该是归有光母亲死亡的主要原因。

（摘自中国历史故事《归有光的深情》）

第五课 《鸿门宴》：衬托的艺术

原文呈现

沛公军霸上，未得与项羽相见。沛公左司马曹无伤使人言于项羽曰："沛公欲王关中，使子婴为相，珍宝尽有之。"项羽大怒，曰："旦日飨士卒，为击破沛公军！"当是时，项羽兵四十万，在新丰鸿门；沛公兵十万，在霸上。范增说项羽曰："沛公居山东时，贪于财货，好美姬。今入关，财物无所取，妇女无所幸，此其志不在小。吾令人望其气，皆为龙虎，成五采，此天子气也。急击勿失！"

楚左尹项伯者，项羽季父也，素善留侯张良。张良是时从沛公，项伯乃夜驰之沛公军，私见张良，具告以事，欲呼张良与俱去，曰："毋从俱死也！"张良曰："臣为韩王送沛公，沛公今事有急，亡去不义，不可不语。"良乃入，具告沛公。沛公大惊，曰："为之奈何？"张良曰："谁为大王为此计者？"曰："鲰生说我曰：'距关，毋内诸侯，秦地可尽王也。'故听之。"良曰："料大王士卒足以当项王乎？"沛公默然，曰："固不如也。且为之奈何？"张良曰："请往谓项伯，言沛公不敢背项王也。"沛公曰："君安与项伯有故？"张良曰："秦时与臣游，项伯杀人，臣活之；今事有急，故幸来告良。"沛公曰："孰与君少长？"良曰："长于臣。"沛公曰："君为我呼入，吾得兄事之。"张良出，要项伯。项伯即入见沛公。沛公奉卮酒为寿，约为婚姻，曰："吾入关，秋毫不敢有所近，籍吏民，封府库，而待将军。所以遣将守关者，备他盗之出入与非常也。日夜望将军至，岂敢反乎！愿伯具言臣之不敢倍德也。"项伯许诺，谓沛公曰："旦日不可不蚤自来谢项王！"沛公曰："诺。"于是项伯复夜去，至军中，具以沛公言报项王，因言曰："沛公不先破关中，公岂敢入乎？今人有大功而击之，不义也。不如因善遇之。"项王许诺。

沛公旦日从百余骑来见项王，至鸿门，谢曰："臣与将军戮力而攻秦，将军战河北，臣战河南，然不自意能先入关破秦，得复见将军于此。今者有小人之言，令将军与臣有郤。"项王曰："此沛公左司马曹无伤言之，不然，籍何以至此？"项王即日因留沛公与饮。项王、项伯东向坐；亚父南向坐——亚父者，范增也；沛公北向坐，张良西向侍。范增数目项王，举所佩玉玦以示之者三，项王默然不应。范增起，出，召项庄，谓曰："君王为人不忍。若入前为寿，寿毕，请以剑舞，因击沛公于坐，杀之。不者，若属皆且为所虏！"庄则入为寿。寿毕，曰："君王与沛公饮，军中无以为乐，请以剑舞。"项王曰："诺。"项庄拔剑起舞，项伯亦拔剑起舞。常以身翼蔽沛公，庄不得击。

于是张良至军门见樊哙。樊哙曰："今日之事何如？"良曰："甚急！今者项庄拔剑舞，其意常在沛公也。"哙曰："此迫矣！臣请入，与之同命。"哙即带剑拥盾入军门。交戟之卫士欲止不内，樊哙侧其盾以撞，卫士仆地。哙遂入，披帷西向立，瞋目视项王，头发上指，目眦尽裂。项王按剑而跽曰："客何为者？"张良曰："沛公之参乘樊哙者也。"项王曰："壮士！赐之卮酒！"则与斗卮酒。哙拜谢，起，立而饮之。项王曰："赐之彘肩！"则与一生彘肩。樊哙覆其盾于地，加彘肩上，拔剑切而啖之。项王曰："壮士！能复饮乎？"樊哙曰："臣死且不避，卮酒安足辞！夫秦王有虎狼之心，杀人如不能举，刑人如恐不胜，天下皆叛之。怀王与诸将约曰：'先破秦入咸阳者王之。'今沛公先破秦入咸阳，毫毛不敢有所近，封闭宫室，还军霸上，以待大王来。故遣将守关者，备他盗出入与非常也。劳苦而功高如此，未有封侯之赏，而听细说，欲诛有功之人。此亡秦之续耳，窃为大王不取也！"项王未有以应，曰："坐。"樊哙从良坐。坐须臾，沛公起如厕，因招樊哙出。

沛公已出，项王使都尉陈平召沛公。沛公曰："今者出，未辞也，为之奈何？"樊哙曰："大行不顾细谨，大礼不辞小让。如今人方为刀俎，我为鱼肉，何辞为？"于是遂去。乃令张良留谢。良问曰："大王来何操？"曰："我持白璧一双，欲献项王，玉斗一双，欲与亚父。会其怒，不敢献。公为我献之。"张良曰："谨诺。"当是时，项王军在鸿门下，沛公军在霸上，相去四十里。沛公则置车骑，脱身独骑，与樊哙、夏侯婴、靳强、纪信等四人持剑盾步走，从郦山下，道芷阳间行。沛公谓张良曰："从此道至吾军，不过二十里耳。度我至军中，公乃入。"

沛公已去，间至军中。张良入谢，曰："沛公不胜杯杓，不能辞。谨使臣良奉白璧一双，再拜献大王足下；玉斗一双，再拜奉大将军足下。"项王曰："沛公安在？"良曰："闻大王有意督过之，脱身独去，已至军矣。"项王则受璧，置之坐上。亚父受玉斗，置之地，拔剑撞而破之，曰："唉！竖子不足与谋！夺项王天下者必沛公也。吾属今为之虏矣！"

沛公至军，立诛杀曹无伤。

专题分析

"烘云托月"本是指绘中国画月亮的一种传统手法，比喻从侧面加以点染以烘托所描绘的事物。中学语文中有些术语是从绘画里借来的，比如渲染、白描等。"烘云托月"借用于写作之中，指对作品所描写的主要对象不作正面的刻画，而是通过写周围的人物或环境，使其形象鲜明突出的写作方法。

中国历史和文学作品中比较常用此手法。

比如教材中的《鸿门宴》，节选自《项羽本纪》，按道理说主要就应该是写项羽的，但我找了一下，文中直接写项羽的句子却只有这么多：

项羽大怒曰："旦日飨士卒，为击破沛公军。"

项王许诺。

项王曰："此沛公左司马曹无伤言之。不然，籍何以至此？"项王即日因留沛公与饮。

项王默然不应。

项王按剑而跽曰："客何为者？"

项王曰："壮士！赐之卮酒。"项王曰："赐之彘肩。"项王曰："壮士！能复饮乎？"

项王未有以应，曰："坐。"

项王使都尉陈平召沛公。

项王曰："沛公安在？"

项王则受璧，置之坐上。

171字。这个节选部分将近2000字。那么其他部分都在写什么？写到了很多人物，还写了很多故事，甚至连座位都不厌其烦地介绍，写这些和写项羽之间是什么关系呢？

我们先来看人物，本文写到的人物：

项羽　范增　项伯　项庄

刘邦　张良　曹无伤　樊哙

第一行，是项羽集团的，第二行是刘邦集团的。

我们先来看写范增的句子，全文中共出现三次。

第一次：

范增说项羽曰："沛公居山东时，贪于财货，好美姬。今入关，财物无所取，妇女无所幸，此其志不在小。吾令人望其气，皆为龙虎，成五采，此天子气也。急击勿失。"

先通过对比分析得出刘邦"志不在小"的推断，并且通过看天象来印证自己的推断，最后提出"急击勿失"的建议——是这段话的核心意思。这段话后面没写项羽的言行，大家可能想，不必要了，就是打刘邦呗，项羽本来就是要打的。但同学们有没有发现，这句话和曹无伤的话有相同之处，但也有不同处，甚至有矛盾的地方，你们看一下。曹无伤说："沛公欲王关中，使子婴为相，珍宝尽有之。"

二者的相同处是都说刘邦欲据关中为王，不过曹无伤说得直接，而且确定、详细。而范增则说得相对委婉，避开了"欲王关中"这样的敏感字样，而用什么来代替？"此其志不在小。"还有"此天子气"。曹无伤和范增谁更了解项羽？显然是范增。这种说话方式我们可以看出项羽是一个需要用更好的方式向他提建议的人。还有，两人的话中有矛盾之处，一个说珍宝尽有之，一个说财物无所取，谁说得对呢？一个有谋略的人不可能忽视这两种说法的差别，不可能分析不出这两句话背后的真相。曹无伤的身份是什么？不是一个普通士兵，他更了解刘邦的政策。所以财物无所取是表，珍宝尽有之是实，看似矛盾，其实一致，刘邦不仅思想上想称王，更重要的是行动上已经采取了相关的措施，这矛盾的话正显示出刘邦的谋略。分析范增的话，我们就可以看出，项羽没有细想这些，表现出无眼光、无脑子、无谋略的"三无"倾向。范增的话可以是了解项羽性格的一个角度。

再看第二处：

> 范增数目项王，举所佩玉玦以示之者三，项王默然不应。范增起，出，召项庄，谓曰："君王为人不忍。若入前为寿，寿毕，请以剑舞，因击沛公于坐，杀之。不者，若属皆且为所虏！"

我想问的是项羽和范增这个最重要的谋臣对于杀不杀刘邦这件事有没有商量好？应该是本来商量好了，要杀，不然，范增举玦项羽怎么能看得懂呢？他对项庄说"君王为人不忍"，可以看出不仅他们俩商量好了，而且项羽团队对此也已经达成共识。但问题是项羽临时又变卦了，听项伯的了，而这一点项羽没有和范增再商量，所以"默然不应"。于是范增就不得不采取行动，让项庄舞剑。那么同学们想一下，项庄舞剑，张良看出来意在沛公，项伯也看出来了，刘邦就不用说了，项羽呢？为什么没采取行动？还有项伯舞剑，项羽有没有看出来是在帮刘邦，为什么也没采取行动？杀也行，不杀也行？天哪，哪有这等事？哪有这等人？关系自己江山的大事，如此轻率对之。实际上，项羽后来又改主意了，人家都来道歉了，又这么忠心，我不好意思下手；再说了，我想杀他，什么时候不行。我们很容易看出项羽做事计划性不强，优柔寡断，缺少主见，不善听从建议。范增也是不得已而为之。我们从范增做事的方式看出了项羽的反应，从而看出他的性格。

再看第三处：

> 亚父受玉斗，置之地，拔剑撞而破之，曰："唉！竖子不足与谋！夺项王天下者必沛公也。吾属今为之虏矣！"

你能理解范增的发火吗？从范增的角度来说，他已经尽力了。但项羽烂泥扶不上墙，自己没脑子，还不愿听从有脑子人的建议。

比较一下，范增的话也是有变化的：

> 今入关，财物无所取，妇女无所幸，此其志不在小。

> 夺项王天下者必沛公也。

有什么不同呢？前者主要是一种推断，但后一句说得比较绝对。是什么让范增更加相信自己的判断呢？是刘邦在宴会上的表现和项羽在宴会上的表现比较出来的。刘邦的那一套瞒不过范增的，但却成功瞒过了项羽，范增更加相信项羽不是刘邦的对手。

范增当着项羽的面破口大骂，这也可见二人沟通上存在的问题。当然，这里的"竖子"应属于指桑骂槐，明指项庄，暗指项羽。

还有一个细节，你发现没有？范增对项庄说"若属皆且为所虏"，但后来这一次却说"吾属今为之虏矣"，为什么？

第一次为什么把自己排除在外呢？有对项羽短见的不满，更有自己的自负——届时我自有退路——后来果然愤然而走。及至刘邦虎入山林，自己的计划落空，范增不禁悲从中来，恨无泄处，从"若属"到"吾属"的变化，反映了人由自负到自叹、由失望到绝望、由激愤到悲哀的心理变化过程。这一会儿，我们会突然很同情范增：70多岁了，想要有所成就，辅佐一个20多岁的年轻人，一心想"老有所为"，成就平生之志，可惜这个人没眼光，又不听从建议。范增是十分清醒的，内心是非常痛苦的。所以刘邦后来评价项羽时说"项羽有一范增而不能用，此其所以为我擒也"。这种变化反映的正是项羽缺少远见，又不听建议。我们从范增对项羽的态度看出了项羽的性格。

同学们发现没，即使在写范增时，处处也在写项羽，虽不是直接写的，但借范增的言和行，我们却看到了项羽鲜明的性格特点。这是司马迁在写人上的高超之处。

然后我们再看一看写项伯的句子：

项伯乃夜驰之沛公军，私见张良，具告以事，欲呼张良与俱去，曰："毋从俱死也。"

项伯即入见沛公。沛公奉卮酒为寿，约为婚姻。

项伯许诺，谓沛公曰："旦日不可不蚤自来谢项王。"

于是项伯复夜去，至军中，具以沛公言报项王。因言曰："沛公不先破关中，公岂敢入乎？今人有大功而击之，不义也。不如因善遇之。"

项王、项伯东向坐……

项伯亦拔剑起舞，常以身翼蔽沛公。

大家想项伯是奸细吗？他想坏了项羽的大事吗？只要仔细想一下，看看项伯的身份——"季父"，我们就知道，他肯定是支持项羽大业的，他和曹无伤有本质上的不同。从文中看，在那天晚上之前，他和刘邦没有打过交道。当然他这个人很好交往，当晚就约为婚姻了。我想起卢梭的一句话："有人和整体部队的行走正好相反，那可能是因为他听了另一种鼓点。"今天的读者看来，他泄露了军情，保护了刘邦，坏了项羽的大事。但在他看来，他在为侄子办大事，办一件一举两得的事，他办了一件成就项羽美名的大事。用我们常说的一句话说"人是个好人"，这话的潜台词是什么？就是缺心眼儿。大家看文中的"私""具""欲"，尤其是"即""约为婚姻""许诺"等词，充分表现了他智商的档次。

但我们现在探讨的关键不在此，而是项羽信他的吗？大家再看看这些词"具""岂敢""不如因善遇之"等，推心置腹，很是感人——侄子呀，我这个都是为你好呀！项羽非常相信他的话，这才是关键。项伯的话有很多值得推敲的地方：你为什么去？你和张良是什么关系？张良为什么要引荐你去见刘邦？你和刘邦说了什么？刘邦为什么要急着来？这些项羽都没有过问，只说"许诺"。

这是说项羽集团的人，通过写他们来烘托项羽的形象。更重要的是，写刘邦集团的人，首先烘托刘邦的形象，进而共同烘托项羽的形象。

再看刘邦，他声称鲰生献计"距关，毋内诸侯，秦地可尽王也"。这样的重大事件，刘邦都没有告诉过谋士张良，真有心计，紧急关头，摇尾乞怜，又向张良求救。问明张良与项伯的关系，心领神会，立刻接见项伯，说得天花乱坠，做得天衣无缝，机敏过人，贯彻执行张良的方针真叫漂亮！拉拢收买了项伯，通过项伯软化了项羽，在鸿门宴上受到项伯的"翼蔽"。

刘邦鸿门谢罪是迫不得已，但有胆量有气魄，而又卑躬屈节，称项羽为"将军"，自称"臣"，奉承项羽，掩饰自己，拉近关系，自己"北向坐"，"张良西向侍"，低三下四。

刘邦进入咸阳，住在皇宫，尽享荣华富贵，不肯离开。见状，樊哙与张良质问刘邦："欲有天下耶？将为富家翁耶？"力劝刘邦封宫室府库，还军霸上。刘邦察纳雅言，"沛公军霸上"。项羽扬言要"击破沛公军"的时候，他听取了张良的意见；刘邦要逃跑的时候，又听取了樊哙的意见。总之，刘邦还是善听人言的。赔罪时，项羽暴露了曹无伤，刘邦不露声色，置若罔闻，密记在心；回军后，"立诛曹无伤"。刘邦多有心计，处事多么果断！

我们可以用三个词来概括刘邦：老奸巨猾、虚心纳谏、能屈能伸，而这三点恰好是项羽不具备的，所以可以说，虽为写刘邦，实则写项羽。

张良在刘邦集团大概相当于范增在项羽集团的位置。他对刘邦忠心，当项伯来拉他逃命时，他说："臣为韩王送沛公，沛公今事有急，亡去不义，不可不语。"这话不仅表明了态度，更重要的是，还找了托词，做了解释，而这番解释表面上是表现他这样做的"不得已"，而实质上是表明对刘邦的完全忠心。随即"具告沛公"，并连发数问，"谁为大王此计""料大王士卒足以当项王乎"，没有避讳，又不计刘邦未与之谋的前事，从实际出发，提出"沛公不敢背项王"的方针。随即"要项伯"。与范增和项羽之间不同，张良和刘邦之间交流无障碍，非常默契，能迅速达成一致，并落实到行动。张良不仅负责出谋，而且还能执行，还有应急反应，制定对策，全力保障刘邦的安全。这一方面衬托出刘邦善用人，能信人；另一方面衬托项羽在这一方面的不足。樊哙的言行也与此相类。

除此之外，这篇文章在细节上也很有匠心，比如宴会的座位。

项王、项伯东向坐，亚父南向坐。亚父者，范增也。沛公北向坐，张良西向侍。

这个方向要解释一下，你可能知道面南坐最尊贵，但那是指在堂上，而这个宴会应在室中，室东西长而南北窄，室内最尊的座次是坐西面东，其次是坐北向南，再次是坐南面北，最卑是坐东面西。项羽、项伯朝东而坐，最尊；范增朝南而坐，仅次于项氏叔侄的位置；项羽让刘邦北向坐，又卑于范增，不把他看成与自己地位匹敌的宾客；张良面朝西的位置，是在场人中最卑的了，不能叫坐而叫侍。司马迁之所以不惜笔墨一一写出每个人的座次，就是通过项羽对座次的安排，突出表现项羽不把刘邦放在心上，以尊者自居的骄傲心理，由此细节，可见项羽骄矜专横、唯我独尊的性格，也可见刘邦忍辱屈从、顾全大局的雄心。尤其是我们不得不遗憾地看到，项伯对项羽来说显然要重于范增，一个把自己的军情告诉了自己最大的敌人的人比一个最重要的臣还要重要，可能正因为如此，正确的建议才到不了项王耳边来呀，因为项王耳朵里已装满了弱智的建议。从对座次的描写中，我们看到了项羽的没眼光、没心机、没谋略，任人唯亲，难怪范增气成那样。

甚至，两个集团的称呼，也值得玩味，也起到烘托人物形象的作用。

项羽集团，人前人后，皆称"项

王"。而刘邦集团，对外"沛公"，在内"大王"，可见工作做得非常细致，来赴宴会前集团做了充分的估计和准备，思想达成了共识，行动高度一致。

通过这样的分析，我们看出来，本文未直接写项羽的部分，通过写范增、项伯以及刘邦，还有刘邦阵营的张良等人，通过他们说话的内容、做事的方式、对项羽的态度，从侧面写出了项羽政治上无知、少谋略、少主见、不果断、自大、不知人、不会用人等特点。这些内容起着"烘云托月"的重要作用，而且使人物形象更丰满，性格更鲜明，可谓"烘云托月月更明"。

当堂练习

根据要求选择正确答案：

1.下列有关文学常识的表达，不正确的一项是（　　）。

A.《论语》记载了孔子及其弟子的言行。体现了孔子政治、伦理、哲学、教育等方面的思想，是儒家重要的经典，被列为"四书"之一。

B.司马迁的《史记》开纪传体史书的先河，我们熟悉的《鸿门宴》和《项羽之死》均出自《史记·项羽本纪》。

C.中国现代著名剧作家曹禺，原名万家宝，出生于天津，创作了《雷雨》《茶馆》《北京人》等话剧剧本。

D.美国作家海明威在《老人与海》中塑造了桑地亚哥的形象，颂扬了人类挑战困难、捍卫尊严的"硬汉精神"。

2.下列各项中，其手法不属于"春秋笔法"的一项是（　　）。

A.《林黛玉进贾府》中，刻画权倾贾府、笑里藏刀的王熙凤："一双丹凤三角眼，两弯柳叶吊梢眉"，"粉面含春威不露，丹唇未启笑先闻"。

B.《雷雨》中，周朴园对女仆梅侍萍始乱终弃，三十年后面对鲁妈，在回忆当年时说侍萍是"梅家的一个年轻小姐，很贤惠，也很规矩"。

C.《鸿门宴》中写刘邦与樊哙、夏侯婴、靳强、纪信等四人从鸿门宴上逃走时，写道："脱身独骑。"用了一个"独"字，来显示作者的态度。

D.《记念刘和珍君》一文，鲁迅先生描写烈士遇害时，写到"从背入，斜穿心肺"，又写到"其一是手枪""弹从左肩入，穿胸偏右出"。

相关链接

楚汉争霸持续了八年，鸿门宴之后刘邦项羽各自为政，互相攻伐。

公元前203年12月，韩信把兵马屯在垓下，布置了十面埋伏，要把霸王引到一个适当的地方，把他围困起来。韩信故意拿话去激霸王，他编了四句话，叫士兵冲着楚营叫喊："人心都背楚，天下已属刘；韩信屯垓下，要斩霸王头！"

霸王一怒之下率领十万大军冲到垓下，进入汉军的重围。霸王带领人马只管向前冲，见了韩信，更不肯放过，一路追击，韩信一边作战，一边后退。霸王追赶了好几里地，杀散一批，又来了一批，杀出一层，还有一层，四面八方全是韩信"十面埋伏"的人。霸王发现自己被骗，就跑回垓下大营去了。

夜里，项羽听到周围汉营里的士兵唱的净是楚人的歌。"四面楚歌"的成语就是从这儿来的。霸王大吃一惊，他说："难道楚军都投降刘邦了，为什么汉营中的楚人这么多呢？"说着他就在营帐里喝起闷酒来。他留恋他宠爱的美人虞姬，她常常侍候在身边；还有那匹骑了五年的乌骓马。想到这儿，霸王再也忍不住了，他悲壮愤慨地唱起自己作的诗歌来："力拔山兮气盖世，时不利兮骓不逝。骓不逝兮可奈何，虞兮虞兮奈若何。"项羽一连唱了几遍，虞姬跟着一块儿唱。他唱得流下几行眼泪，伺候他的人全都哭了，不忍心抬头看他。

霸王跨上乌骓，带着八百子弟兵，突出重围，他打算渡过淮河再往东去。霸王和八百子弟兵沿路杀散了汉兵。韩信、英布、周勃、樊哙他们分头追赶。霸王渡过淮河，到了南岸，又跑了一程，就迷了路，不知道哪一条路可以通到彭城。

项羽就向一个庄稼人问路。那个庄稼人不愿帮他，就说："往左边儿走。"霸王跟一百多个子弟兵就往左跑下去，跑了一阵，连路也没了，前边只是一片水洼地。他们的马陷在泥泞里，连蹄子都不好拔出来。霸王这才知道受了骗，走错了路，赶紧拉转缰绳，再回到三岔路口，汉兵已经追到了。

霸王往东南跑，到了东城（今安徽定远东南），点了点人数，一共才28个骑兵，追上来的人马有好几千。霸王觉得没法脱身了，就带着28人上了山冈，对他们说："我从起兵到现在八年了，亲身作战70多次，战无不胜，成了天下霸王。今天在这儿被围，这是天数，不是我不会打仗。"

霸王带着子弟兵一直往南，跑到了乌江（今安徽和县东北），乌江亭长荡着一只小船等在那儿。他知道来的是霸王，就催他马上渡河。他说："江东虽小，可也有一千多里土地，几十万人口，大王还可以在那边做王。这儿只有我这只船，请大王赶快渡过河去。"

霸王笑着对亭长说："当初我跟江东子弟八千人渡过江来打天下，到今天他们全完了，我哪能一个人回去呢？就说江东父兄同情我，立我为王，我哪有脸见他们呐？"他接着又说："这匹乌骓马，我最喜爱，曾经一天跑过一千里地。我舍不得把它杀了。我知道您是个忠厚长者，我很感激您一片好意，这匹马送给您。"

他和子弟兵跟汉兵交战，最后身受重伤在乌江边拔剑自杀了。

（摘译自《项羽之死》）

第六课 《六国论》：论证的力量

原文呈现

六国破灭，非兵不利，战不善，弊在赂秦。赂秦而力亏，破灭之道也。或曰：六国互丧，率赂秦耶？曰：不赂者以赂者丧。盖失强援，不能独完。故曰：弊在赂秦也。

秦以攻取之外，小则获邑，大则得城。较秦之所得，与战胜而得者，其实百倍；诸侯之所亡，与战败而亡者，其实亦百倍。则秦之所大欲，诸侯之所大患，固不在战矣。思厥先祖父，暴霜露，斩荆棘，以有尺寸之地。子孙视之不甚惜，举以予人，如弃草芥。今日割五城，明日割十城，然后得一夕安寝。起视四境，而秦兵又至矣。然则诸侯之地有限，暴秦之欲无厌，奉之弥繁，侵之愈急。故不战而强弱胜负已判矣。至于颠覆，理固宜然。古人云："以地事秦，犹抱薪救火，薪不尽，火不灭。"此言得之。

齐人未尝赂秦，终继五国迁灭，何哉？与嬴而不助五国也。五国既丧，齐亦不免矣。燕赵之君，始有远略，能守其土，义不赂秦。是故燕虽小国而后亡，斯用兵之效也。至丹以荆卿为计，始速祸焉。赵尝五战于秦，二败而三胜。后秦击赵者再，李牧连却之。洎牧以谗诛，邯郸为郡，惜其用武而不终也。且燕赵处秦革灭殆尽之际，可谓智力孤危，战败而亡，诚不得已。向使三国各爱其地，齐人勿附于秦，刺客不行，良将犹在，则胜负之数，存亡之理，当与秦相较，或未易量。

呜呼！以赂秦之地封天下之谋臣，以事秦之心礼天下之奇才，并力西向，则吾恐秦人食之不得下咽也。悲夫！有如此之势，而为秦人积威之所劫，日削月割，以趋于亡。为国者无使为积威之所劫哉！

夫六国与秦皆诸侯，其势弱于秦，而犹有可以不赂而胜之之势。苟以天下之大，下而从六国破亡之故事，是又在六国下矣。

专题分析

从今天考场作文的角度来看，《六国论》应该是一篇满分作文，这篇文章在论证方式、论点的提出、语言的叙述，包括写作目的，这些方面都有值得我们学习的地方。

《六国论》这篇文章可以分为五个部分。第一部分提出论点，上来就说"六国破灭，非兵不利，战不善，弊在赂秦"，这是中心论点，接着说出了两个分论点，"赂秦而力亏，破灭之道也"和"不赂者以赂者丧，盖失强援，不能独完"。为什么从两个角度分析？因为六国并不是全都送土地给秦国，只有韩、魏、楚三个国家送了土地，齐、燕、赵未曾贿赂秦国，所以中心论点怎么能成立呢？因此要补充第二个分论点"不赂者以赂者丧"，不贿赂土地的国家因为贿赂土地的国家而灭亡。我们平常建议大家写考场作文一定要在第一段里亮出观点，让人迅速地知道你要写什么，你要表达什么样的观点。很多同学写考场作文的时候喜欢在第一段里面只叙述不列观点，或者是用问句，不明确表达观点，这是不妥当的。接着第二部分侧重于论证第一个分论点，"赂秦而力亏"，第三部分论证第二个分论点"不赂者以赂者丧"，第四部分总结教训，第五部分交代写作目的，所以整篇的结构非常严谨。

我们来看一下这篇文章是怎样论证的。其实这篇文章的论证方法非常简洁，也非常清晰，用三个字概括就是叙、析、结。叙，就是叙述，引材料；析，就是分析；结，就是总结。"秦以攻取之外，小则获邑，大则得城"，这是叙述部分，交代事实；"较秦之所得，与战胜而得者，其实百倍；诸侯之所亡，与战败而亡者，其实亦百倍"，秦国因为诸侯贿赂而得到的土地和秦国因为战胜而得到的土地相比，前者是后者的百倍，同样，诸侯因为贿赂而丢失的土地和因为战败而丢失的土地相比，前者也是后者的百倍，这是做分析；然后就可以得出结论"则秦之所大欲，诸侯之所大患，固不在战矣"，那么秦国最想要的，诸侯最担心的，当然就不是战争了。很多同学在写考场作文之时不知该如何论证，可以学习一下这种办法，先引材料或者是举事例，然后对材料或事例加以分析，最后做一个总结。而且这个办法可以反复运用，比如说苏洵在《六国论》的同一段当中就运用了两次这种方法："思厥先祖父，暴霜露，斩荆棘，以有尺寸之地。子孙视之不甚惜，举以予人，如弃草芥。今日割五城，明日割十城，然后得一夕安寝。起视四境，而秦兵又至矣。然则诸侯之地有限，暴秦之欲无厌，奉之弥繁，侵之愈急。故不战而强弱胜负已判矣。至于颠覆，理固宜然。古人云：'以地事秦，犹抱薪救火，薪不尽，火不灭。'此言得之。"这段也是按照上述办法，只不过为了增强论证的效果，在后面又加了一个引用——"以地事秦，犹抱薪救火，薪不尽，火不灭"，意思是说你拿土地去侍奉秦国，就好像抱着柴火去救火。不过苏洵在这篇政论文中的叙述部分，不是普通的叙述，他也有技巧。这段话的意思是，想想他们的祖先，就是这些贿赂秦国土地的国家的祖先，"暴霜露，斩荆棘，以有尺寸之地"，费了很大的劲才得到一丁点的土地，"子孙视之不甚惜，举以予人，如弃草芥"非常的形象，"今日割五城，明日割十城，然后得一夕安寝"，结局呢，"起视四境，而秦兵又至矣"。这完全像家长在教导上学的孩子：我们起早贪黑辛苦挣钱供你上学，每天接送你，周末送你到补习班；而你呢，今天要看电视，明天要打游戏，动不动要出去和同学过生日，一到考试，成绩单上的数字不能看。其实也就是说，苏洵并没有采用一种冷静的叙述，他在叙述当中加入了感情，而且通过这种感情来使后面的分析和结论显得水到渠成，前面的叙述已经暗示了后面的结论，他实际上用这种形象化的叙述替代了部分分析。

当然好的议论文讲究有破有立，前面三部分主要是"破"，到第四部分开始"立"。应该怎么办呢？"以赂秦之地封天下之谋臣，以事秦之心礼天下之奇才，并力西向，则吾恐秦人食之不得下咽也。"这个句式也很有意思，前面写六国具体策略的时候，连用了三个方面，"封天下之谋臣""礼天下之奇才""并力西向"，而后面写秦国的时候只有一句"则吾恐秦人食之不得下咽也"，形成一种不对称性，前面的形成一种气势对后面产生一种冲击，这是语言形式上增强论证的效果；下一句则反过来，"有如此之势，而为秦人积威之所劫，日削月割，以趋于亡"。后面是三个句子，而前面的只有"有如此之势"一句，也形成一种不对称，后面的形成一种气势来表明一种惋惜，六国完全有能力，完全可以做得到，但是却选择不正确的方法，最后落到这样的下场，这是多么不正确啊。然后得出教训"为国者无使为积威之所劫哉"。

从道理上来说，这篇文章写到这里应该算写完了，论证完毕，而且总结了教训。但是，苏洵最后还是交代了写作目的，把话说得更直接。"夫六国与秦皆诸侯，其势弱于秦，而犹有可以不赂而胜之之势。苟以天下之大，下而从六国破亡之故事，是又在六国下矣"，如果凭借这么大的天下却去学六国的那种做法，那就连六国都

不如了，很显然他话里有话，交代了他的写作目的，是一种借古讽今。其实苏洵写这篇文章的社会背景，就是北宋的现实。北宋吸取了唐代藩镇割据的教训，所以实行了中央集权制，解除了节度使的权力，而派遣文臣做地方官，但这种政策也导致"兵不识将，将不识兵"，军队没有战斗力。所以北宋在建国后一百年间，与契丹、西夏军队大小60多次战争，败多胜少，于是转而向契丹和西夏求和，每年上供大量银两以及物品，而这样的贿赂助长了契丹和西夏的气焰，加重了人们的负担，极大地损伤了国力，带来了无穷的祸患。也就是说，苏洵的这篇文章是有所指的，借古讽今来针对这样的社会现实。

当堂练习

名句默写：

1.子孙视之不甚惜，举以予人，_____。

2.呜呼！_____，_____，并力西向，则吾恐秦人食之不得下咽也。

3.有如此之势，_____，

_____，以趋于亡。

相关链接

在《六国论》中，作者把李牧看作赵国存亡的关键人物，因而指出"秦击赵者再，李牧连却之，洎牧以谗诛，邯郸为郡"。关于李牧的事迹，记载在《史记·廉颇蔺相如列传》中。

李牧是赵国名将，驻守雁门数年，使边关稳定，后用计伏击匈奴，使匈奴十几年未敢再犯赵国。公元前235年，悼襄王逝世，赵王迁即位。第二年（前234），秦国派将军桓齮领兵入侵赵国武遂，赵王派扈辄领兵十万去救援，结果两军大战，扈辄阵亡，十万兵全军覆灭。桓齮杀死扈辄以后，乘胜进击，大军深入赵国境内，直向邯郸进军。赵王迁从代雁门调回李牧，任命他为大将军，迎击入侵的秦军。两军在宜安（现在河北省藁城区西南）相遇，李牧趁秦军立脚不稳，发起进攻，杀得秦军丢盔卸甲，大败而逃，桓齮也只带着几个亲随逃去。这就是赵王迁二年（前234）李牧一却秦军。由于李牧却秦功大，赵王迁晋封李牧为武安君。武安君本来是秦国著名将领白起的封号，李牧击退秦军以后，赵王迁说："李牧是寡人的白起。"因而封为武安君。由此也可以看出赵王迁当时对李牧的倚重态度。

赵王迁四年（前232），秦军入侵，进到番吾（现在河北省平山县南），李牧再次击败秦军，解除秦的威胁。这就是李牧再却秦军。

赵王迁七年（前229），秦王政（始皇）派大将王翦领兵几十万进攻赵国，赵王又任命李牧为大将军，司马尚为副将，领兵抵抗入侵秦军。王翦知道，李牧是自己的劲敌，李牧不除，赵国以灭亡。王翦禀告秦王，派奸细入赵国都城邯郸，用重金收买了赵王迁近臣郭开，让郭开散布流言蜚语，说什么李牧、司马尚勾结秦军，准备背叛赵国。赵王迁一听到这些谣言，不加调查证实，立即委派宗室赵葱和齐人投奔过来的颜聚去取代李牧和司马尚。李牧接到这道命令，知道赵国已不可为，只得离军私自出逃，半路上被赵使臣捕获杀死。司马尚则被废弃不用。又过了三个月，到了赵王迁八年（前228），王翦大败赵军，杀死赵葱，攻下邯郸，赵王被俘，灭亡了赵国，邯郸成了秦国一个郡治。

苏洵说："洎牧以谗诛，邯郸为郡。惜其用武而不终也。"前一句说得有道理，如果不杀李牧，秦赵还得比一下高低。但说赵用武不终，则不十分准确。赵是始终坚持抗秦的，其灭亡原因虽有很多方面，但其中很重要的一条是"用人不信，自毁长城"。前有赵孝成王在长平之役中以赵括代廉颇，造成长平惨败，赵军死45万人，元气大伤；继之悼襄王以乐乘代廉颇，迫使廉颇奔魏投楚，失去良将；后又有赵王迁冤杀李牧，招致赵的灭亡。所以，唐司马贞在《史记索隐述赞》中说"颇牧不用，王迁囚虏"，是有一定道理的。

（摘自百家号《李牧的故事》）

第七课 笔记小说二则：有趣的故事（上）

原文呈现

放火三日

田登作郡，自讳其名。触者必怒，吏卒多被榜笞。于是举州皆谓灯为火。上元放灯，许人入州治游观。吏人遂书榜揭于市曰："本州依例，放火三日。"

——（宋·陆游《老学庵笔记》）

偷 画

有白日入人家偷画者，方卷画出门，主人自外归。贼窘，持画而跪曰："此小人家祖宗像也，穷极无赖，愿以易米数斗。"主人大笑，嗤其愚妄，挥叱之去，竟不取视。登堂，则所悬赵子昂画失矣。

——（清·袁枚《子不语》）

专题分析

微型文言文短小精悍而内涵丰富深刻，这一节课我们通过两则微型文言文的学习，让大家了解一些重要的文言实词，并且掌握一些文言学习的方法。

第一则"放火三日"，大家熟悉的

"只许州官放火，不许百姓点灯"就出自此处。"田登作郡，自讳其名。"田登是人名，"作"就是动词"担任"，"郡"意思是"郡守""太守"，"自讳其名"就是非常避讳别人叫他的名，也就是这个"登"字。古时候对人名有很多避讳，比如说李世民的"世"和"民"就都被避讳了，在唐朝以前都是叫"世"的，后来就改成了"代"，所以我们会发现常听说唐代、宋代，而没有叫秦代、魏代，《桃花源记》里有"问今是何世"，就是问现在是哪个朝代，"民"后来也都改成了"人"，《捕蛇者说》里就把"民风"写成"人风"。"触者必怒，吏卒多被谤笞。于是举州皆谓灯为火"，一旦有人叫了他的名字冒犯了他，那他一定会非常生气，冒犯的人不是被骂就是被打，"于是"就是指在这种情况下，古时候这两个字大多数时候是拆开的，在这种情况下全泉州的人都把"灯"叫作"火""皆谓灯为火"，"谓……为……"就是"把……叫……"。"上元放灯"，"上元"就是元宵节，元宵节开灯展，"许人入州治游观"，这里的"人"很显然就是上面所说避讳的"民"，允许老百姓进入州政府游玩。"吏人遂书榜揭于市曰：'本州依例，放火三日。'"这里的"书"和"揭"都是动词，"书"指写，而"揭"指的是粘贴，吏人于是就写了榜文贴在街上，说本州按照规矩，放火三日，本来应该是开灯展"放灯三日"，但是他不敢说"灯"，所以就说"放火三日"。这就是著名的"只许州官放火，不许百姓点灯"。

第二则故事叫作"偷画"。"有白日入人家偷画者，方卷画出门，主人自外归。贼窘，持画而跪曰：'此小人家祖宗像也，穷极无赖，愿以易米数斗。'"这里"穷极无赖"的"无赖"是什么意思呢？"赖"是依靠，穷困至极没有依靠，"愿"是希望，"以易米数斗"就是拿这幅画来换几斗米。"主人大笑，嗤其愚妄，挥叱之去，竟不取视。"主人哈哈大笑，笑话这个小偷荒唐，挥手训斥他，让他离开了，最终都没有打开看一看，"竟"是最终的意思，今天我们说"有志者，事竟成"的"竟"就是这个意思。"登堂，则所悬赵子昂画失矣。"走到堂上一看，原来自己挂的赵子昂的画丢了。这个故事有一个非常有意思的点，就是这个小偷说的话——"此小人家祖宗像也"，这是小人家祖宗像，这也是理解这个故事最重要的一点。按理说，这个主人家挂着赵子昂的画，这应该是一个懂画、爱画的人，爱画的人见到画就要打开欣赏一下，那为什么没有打开小偷的画看呢？因为小偷告诉他，这画是小人家祖宗像。小偷竟然想用自己家祖宗的画像换米，别说换米不行就是送给别人人家也不能挂在自己家啊，所以这个主人才"哂其愚妄"，最终都没有打开画看一眼，这也正是这个小偷的聪明之处。另外，大家可能说，有陌生人从你家里出来了，难道不是偷东西的吗？其实这跟以前民风朴实有关系，古时候的人经常到别人家去找点水喝或者卖东西，这都是非常正常的。这里面还涉及到古代房屋结构的问题，我们稍做了解。古时候人盖房子，正房三间叫作"庐"，"结庐在人境"就是指盖房子；三间正房，中间的叫作"堂"，类似于我们今天的客厅；"堂"两边的叫"室"，所以有个成语叫"登堂入室"，就是你得先登"堂"才能进入到"室"当中；然后外面就是院子，院子旁边盖着厢房，厢房一般有厨房、马房、柴房、客房等功能，有东厢，也有西厢；院子比较大，"堂"门口的门被称作"户"，外面的大门才被称作"门"，它们中间有一条砖路，这个路叫"有道"或者"径"，"三径就荒"指的就是这条路，当然中间的"径"要长一点，那这是为什么呢？今天你

到我家来就直接到屋里就行了，但是古人并不是这样。古代有身份的人，包括读书人，要在院子里行礼，你站在院子那一边，我站在院子这一边，两人互相行礼，主人说大驾光临蓬荜生辉，客人说擅造潭府多有叨扰。也有一个成语形容这个现象叫"分庭抗礼"，这里的"庭"就是院子，所以我们还听过一个成语叫"门庭若市"。门口还会有两根大柱子，我们称之为"楹"，上面写上对仗的话，我们称之为"楹联"，今天我们把对联、春联叫楹联就是从这儿来的。我们借这个机会对古代建筑结构做一点介绍，这样大家就知道了，原来这个主人是在"门"这个地方遇到小偷的，主人从门走到堂的时间，就是小偷拿着画逃跑的时间，这样比较方便理解。

当堂练习

根据要求选择正确答案：

1.与例句中画线字用法相同的一项是（　　）。

例句：吏人遂书榜揭于市。

A.乃丹书帛曰"陈胜王"。

B.烽火连三月，家书抵万金。

C.之盱眙市中，为人说<u>书</u>。

D.羲之尝慕张芝临池学<u>书</u>，池水尽黑。

2.下列句子中画线词语不属于古今异义词的一项是（　　）。

A.穷极<u>无赖</u>，愿以易米数斗。

B.臣生当陨首，死当<u>结草</u>。

C.<u>寡君</u>之师徒，不足以辱君矣。

D.<u>行李</u>之往来，共其乏困。

相关链接

在封建社会里，臣下或晚辈不准直称国君或尊长的名字，说话或书写时若遇到同国君或尊长名字相同的字眼必须回避，这叫避讳。

避讳的情况主要是"避尊者讳，避长者讳，避贤者讳"。避讳主要有三种办法。（1）省字。即把要避讳的字省掉，或用"某""荠"来表示。如唐人许景先的曾祖父本名世绪，而《新唐书·许景先传》却写作"景先曾祖绪"，这是避唐太宗李世民的讳，用了省字（省去"世"字）的避讳法。

（2）改字。就是把要避讳的字用同义或近义的字来代替。这是古人用得最多的一种避讳法。如柳宗元《捕蛇者说》中把"民风"改写成了"人风"（"民"与"人"同义，这是避唐太宗李世民的讳），用的是改字的避讳法。（3）缺笔。这是唐代才有的，指把要避讳的字减去一两个笔画。《红楼梦》中有一个细节，说林黛玉写字遇到"敏"字往往少写一二笔（因为她的母亲姓贾名敏），用的正是缺笔的避讳法。

隋唐时，不但要避讳同君主或尊长名字相同的字，而且连音同或音近的字也要避讳（这叫避嫌名）。中唐浪漫主义的代表诗人李贺，就因为父亲名"晋肃"，"晋"与"进"同音，而终生不能"举进士"。尽管当时有较高社会地位的韩愈专门写了《讳辩》，多方为李贺辩解，指出："父名晋肃，子不得举进士；若父名仁，子不得为人乎？"但丝毫未能改变诗人的命运，李贺只活了27岁便在抑郁中辞世。

（根据王力《中国古代文化常识》整理）

第八课 笔记小说三则：有趣的故事（下）

原文呈现

囊萤映雪

车胤囊萤读书，孙康映雪读书。一日，康往拜胤，不遇。问何往，门者曰："出外捉萤火虫去了。"已而胤答拜康，见康闲立庭中。问："何不读书？"康曰："我看今日这天不像个下雪的。"

——（明·浮白主人《笑林·名读书》）

豹咬杀鱼

则天禁屠颇切，吏人弊于蔬菜。娄师德为御史大夫，因使至于陕。厨人进肉，师德曰："敕禁屠杀，何为有此？"厨人曰："豹咬杀羊。"师德曰："大解事豹。"乃食之。又进鲙，复问何为有此。厨人复曰："豹咬杀鱼。"师德因大叱之："智短汉，何不道是獭。"厨人即云是獭。师德亦为荐之。

——（宋·李昉《太平广记》）

吮疽

吴起为魏将，攻中山。军人有病疽者，吴子自吮其脓。其母泣之。旁人曰："将军于而子如是，尚何为泣？"对曰："吴子吮此子父之创，而杀之于注水之战，战不旋踵而死；今又吮之，安知是子何战而死，是以哭之矣。"

——（汉·刘向《说苑》卷六）

专题分析

上一课讲了《放火三日》和《偷画》，这一讲我们继续学习怎样读出小故事的好。

第一则是一个非常通俗的故事，东晋的车胤囊萤读书，孙康映雪读书，这是大家都知道的。但是《笑林》这本书的作者重新编排了一个故事来讽刺这种现象。囊萤读书有没有可能呢？映雪读书有没有可能呢？后人都提出了很多的质疑，怀疑故事的真实性。"一日，康往拜胤，不遇。问何往，门者曰：'出外捉萤火虫去了。'"就是说，有一天孙康去拜访车胤，车胤不在家，孙康就问他去哪儿了，守门的人说"他外出捉萤火虫去了"，这其实已经很可笑了，按理说一个热爱读书的人应该时时在读书，结果大白天到他家去找他，他竟然不在读书而去捉萤火虫了，然后晚上再用萤火虫照亮读书，可见车胤是一个沽名钓誉之徒。"已而胤答拜康，见康闲立庭中。问：'何不读书？'康曰：'我看今日这天不像个下雪的。'"不久车胤回访孙康，大家知道古人讲"来而不往非礼也"，你到我家来拜访，那我也要到你家回访。车胤就看见孙康悠闲地站在院子中，车胤就问"你为什么不读书"，孙康就回答说"我看今日这天不像个下雪的"，看来这个孙康读书还不如车胤，因为不下雪他就不读，他这一年也读不了几次书。浮白主人在明代就有勇气拿这种励志的故事来开涮，可见他也是非常有魄力了。

第二则故事叫作"豹咬杀鱼"，这里要注意，"咬"是过程，"杀"是此事的结果，文言文中说"杀"常常是指结果死了，而不是这个过程，所以才会有"刺人而杀之"这样的说法，意思就是豹咬死了鱼。"则天禁屠颇切"，大家知道武则天信佛禁止杀生，而且禁得非常严厉，当然这也是个搞笑的事情，也就是说武则天禁止杀人以外的动物。"吏人弊于蔬菜。娄师德为御史大夫，因使至于陕。厨人进肉，师德曰：'敕禁屠杀，何为有此？'厨人曰：'豹咬杀羊。'"娄师德到陕西出差，大家可以想象，娄师德在武则天身边不敢吃荤，装模作样，已经压抑很久了，好不容易有机会出差就想犯点规矩，但是又不能明说出来。这里的厨子非常聪明，直接给娄师德端上了肉，娄师德就不得不装模作样地说："皇帝下令禁止杀生，为什么会有肉呢？"这里需要介绍一下背景。唐代虽然信佛禁止杀生，但是并不是特别死板，如果出现意外死亡的动物也不能浪费，那就可以吃掉。结果厨子就说"豺咬死了羊"，实际意思就是，你看这是意外死的，不吃就浪费了，您帮帮忙委屈一下自己吃点吧。然后娄师德说了一句"大解事豺"，"解事"就是懂事，这句话就露出了娄师德臭不要脸的本质，他说多懂事儿的豺呀，这个话当然是一语双关，既夸豺也是在夸这个厨子。"乃食之"，于是就吃了。"又进鲙，复问何为有此。厨人复曰：'豺咬杀鱼。'师德因大叱之：'智短汉，何不道是獭。'厨人即云是獭。师德亦为荐之。"厨子一看娄师德肉都吃了，就又给他端上鱼，娄师德又问这是怎么来的，结果这个厨子又说是豺咬死了鱼。豺生活在陆地上，鱼生活在水中，豺怎么可能咬死鱼呢？于是娄师德就大声斥骂他"智短汉"，就是说你这个笨蛋，这个不能直译，直译就是"智障男"，"何不道是獭"，你个笨蛋怎么不说是水獭咬的？因为只有水獭生活在水里。厨子很聪明，立刻说就是水獭。这个故事告诉我们，中国人之间的臭不要脸也是遵循着一种心照不宣的原则，但是娄师德的臭不要脸又深了一层，因为他直接把这个话说出来了，"何不道是獭"，就直接捅破了这层窗户纸了。

第三则"吮疽"，"疽"就是一种疮，古时候根据疮的大小及位置的不同，叫法也不同。"军人有病疽者，吴子自吮其脓"，这里注意"病"，在这里并不是名词，而是动词"患上……病"的意思，这段话的意思就是吴起在攻打中山的时候，他的队伍中有人长了疮，吴起亲自为他吸脓。而这个军人的母亲听说这件事就哭了，别人不理解就问她："将军于而子如是，尚何为泣？"吴将军对您的儿子这样好，您为什么哭了呢？母亲就回答说："吴子吮此子父之创，而杀之于注水之战，战不旋踵而死；今又吮之，安知是子何战而死，是以哭之矣。"意思就是，吴将军曾经给这个孩子的父亲吸过伤口，但是却使他在注水之战中死去。那这个父亲他怎么死的呢？"战不旋踵而死"，"旋"就是掉转，"踵"就是脚后跟，不掉转脚后跟，意思就是打仗的时候勇往直前不回头，因为他要报答吴将军的恩情。现在吴将军又给这个孩子吮吸伤口，哪里知道这个孩子会在哪一战中死去呢？这是一个多么智慧的母亲呀！吴将军给这个孩子的父亲吸伤口，孩子父亲为他卖命，最终死在战场上，现在又为这个儿子吸伤口，这个儿子也一定会为他卖命冲锋陷阵，那么不知道这个儿子会在哪一天战死，所以哭泣。

通过这些短小的故事学文言文还是非常有意思的。文言文本身有魅力，多练习，多掌握一些实词，你的推断能力就会慢慢增强，这样学习就会更有信心了。

当堂练习

解释下列各句中的画线词语：

1. 车胤<u>囊</u>萤读书，孙康映雪读书。_____

2. 师德曰："大<u>解事</u>豸。"乃食之。_____

3. 峻<u>擢</u>用文武吏，皆尽其能，纠剔奸盗，不得旋踵。_____

相关链接

这浮白主人是谁呢？历来学界有五种看法：一冯梦龙，一许自昌，一卞文瑜，一李渔，一无名氏。

李渔，虽然有浮白轩的室名，但似乎年代后了些。

许自昌，署"浮白斋主人述"的《雅谑》，冯梦龙《古今谭概》里引作"樗斋《雅谑》"，而樗斋是许自昌的号，所以有认为"浮白斋主人"即许自昌。但是据《笑笑录》里说这《雅谑》即冯梦龙所作，遂莫衷一是。

卞文瑜，号浮白，据保利拍卖会上卞作山水卷有"浮白山人"自署，而明末清初有一种《适情十种》的本子，题为"明冯梦龙原辑、明卞文玉重辑"。似乎卞文瑜就是浮白主人了。却又不然。《适情十种》另题作《山中一夕话》，有一种明末的刻本，却写着"冯梦龙先生原辑、安闲道人增订"，则卞文瑜当是"安闲道人"了。所以也存疑。至于为什么由"安闲道人增订"衍为"卞文玉重辑"，可能是后来的翻刻者不知道冯氏有浮白（斋）主人之号，只知道卞氏有浮白之字号，所以出现变易。

多数的本子里，编者是题作"浮白主人"的。《山中一夕话》（内有题《破愁一夕话》的）内，分卷辑者有题"浮白主人"的，也有作"浮白斋主人"的。再结合《笑笑录》《适情十种》的标示，则"浮白主人"或"浮白斋主人"即冯梦龙，这样的可能性最大，后有人在冯本基础上作增删辑订的工作，或匿名，或托名，现在要考出究属何人，则不太可能了。

（摘自李寻花《浮白主人考》）

第九课 《阿房宫赋》：经典的文赋

原文呈现

六王毕，四海一，蜀山兀，阿房出。覆压三百余里，隔离天日。骊山北构而西折，直走咸阳。二川溶溶，流入宫墙。五步一楼，十步一阁；廊腰缦回，檐牙高啄；各抱地势，钩心斗角。盘盘焉，囷囷焉，蜂房水涡，矗不知其几千万落。长桥卧波，未云何龙？复道行空，不霁何虹？高低冥迷，不知西东。歌台暖响，春光融融；舞殿冷袖，风雨凄凄。一日之内，一宫之间，而气候不齐。

妃嫔媵嫱，王子皇孙，辞楼下殿，辇来于秦。朝歌夜弦，为秦宫人。明星荧荧，开妆镜也；绿云扰扰，梳晓鬟也；渭流涨腻，弃脂水也；烟斜雾横，焚椒兰也。雷霆乍惊，宫车过也；辘辘远听，杳不知其所之也。一肌一容，尽态极妍，缦立远视，而望幸焉。有不见者，三十六年。燕赵之收藏，韩魏之经营，齐楚之精英，几世几年，剽掠其人，倚叠如山。一旦不能有，输来其间。鼎铛玉石，金块珠砾，弃掷逦迤，秦人视之，亦不甚惜。

嗟乎！一人之心，千万人之心也。秦爱纷奢，人亦念其家。奈何取之尽锱铢，用之如泥沙？使负栋之柱，多于南亩之农夫；架梁之椽，多于机上之工女；钉头磷磷，多于在庾之粟粒；瓦缝参差，多于周身之帛缕；直栏横槛，多于九土之城郭；管弦呕哑，多于市人之言语。使天下之人，不敢言而敢怒；独夫之心，日益骄固。戍卒叫，函谷举，楚人一炬，可怜焦土！

呜呼！灭六国者六国也，非秦也；族秦者秦也，非天下也。嗟乎！使六国各爱其人，则足以拒秦；使秦复爱六国之人，则递三世可至万世而为君，谁得而族灭也？秦人不暇自哀，而后人哀之；后人哀之而不鉴之，亦使后人而复哀后人也。

专题分析

每当对中国文学以时代或文体进行总结时，大家常常会说到先秦诗经楚辞、汉赋、唐诗宋词、元曲、明清小说，但实际上每个朝代的文学类型都多种多样，而每种文体也在不同的朝代都有所变化发展。而赋，作为韵文和散文的综合体，盛行于汉魏六朝之时，但早在周代，《诗经》中已有了赋、比、兴的表现手法。赋在古代文学史的长河中，经过了几次大的变化。战国时，屈原、宋玉等已运用铺陈方法抒发忧愤哀愁之情，他们的作品被后人称为"骚体赋"。汉代枚乘与司马相如等人，用主客问答方式描写山川、京殿、苑囿，极尽夸张铺陈，形成规模宏大的赋体，人称"大赋"，也就是我们所熟悉的"汉赋"，以东汉张衡的《归田赋》为标志。以抒情为主，风格较为清新的"小赋"出现，之后盛行于六朝。这些都是文人写的赋，极讲究骈偶用典，史称"俳赋"或"骈赋"。进入唐代，应科举考试需要，而兴起一种律体赋，这种赋命题限韵，讲究平仄、对仗，近乎一种文字游戏。中唐时期，韩愈、柳宗元等人提倡的古文运动影响了赋的格局，使其趋向散文，从而产生了"文赋"，基本以散代骈，句子参差，押韵随便，显得自由活泼。宋代时，著名的文学家苏轼撰写的赋体文章，更加活泼流畅而又清新写意，与散文基本合为一流。"文起八代之衰"就是针对文章由骈体至自由而言的，与赋的发展变化密切相关。

今天，我们来讲一讲文赋的经典之作《阿房宫赋》。《阿房宫赋》从文体上来说属于文赋，而且是文赋中的经典，与以前的骈赋不同，有部分对仗，也有个别押韵，但是句式比较灵活。这篇文章写于唐敬宗宝历年间，敬宗贪好声色，大兴土木，所以《阿房宫赋》的写作目的就是借古讽今，以秦始皇骄奢淫逸及秦的灭亡来影射劝诫唐敬宗。全文共分成四段四个部分，第一部分写建筑雄伟，第二部分写生活奢侈，第三部分写灭亡原因，第四部分总结教训。

第一部分是怎样来写建筑的雄伟或者说建筑的风貌呢？首先，文章对阿房宫的全貌进行了一个总体的描述——"六王毕，四海一，蜀山兀，阿房出。"这四个短句，十二个字，非常简练地写出了秦统一天下的气势和阿房宫的建成。"覆压三百余里，隔离天日"，以夸张的手法交代了阿房宫占地面积之广、房屋建筑之高。"骊山北构而西折，直走咸阳。二川溶溶，流入宫墙。五步一楼，十步一阁；廊腰缦回，檐牙高啄；各抱地势，钩心斗角。盘盘焉，囷囷焉，蜂房水涡，矗不知其几千万落。"这里作者同样以夸张的手法，写阿房宫在地理上依山傍水的宏阔景象与楼阁的密集程度，走廊屋檐的形状，楼阁之间互相勾连环绕的气势，描写得非常形象。这一段最后还想象了阿房宫中歌舞的效果。第二部分写生活奢侈主要是从两个方面来写，前者主要是从宫女之多来表现，后者是从珍宝的角度来表现。第三部分是通过对比的手法来分析它的原因。最后一部分是作者的议论，阐明了观点，提醒唐敬宗要爱惜民力，不要重蹈秦朝灭亡的覆辙。这是这篇赋的整体结构和主要内容。

下面我们来分析一下这篇文章的语言。第一段主要分析"长桥卧波，未云何龙？复道行空，不霁何虹？"这句话运用了三种修辞：反问、比喻、对仗。我们会发现，如果把这句话简洁一下，不用问句，而直接写成"长桥如龙，复道如虹"似乎也是可以的，那么用了问句有什么好处呢？它就会增加那种惊奇感，人在里边实在太壮观了，仿佛迷了路一样，怎么突然间像做梦一样，实际上哪里有虹啊？在那里怎么会有龙啊？这种惊奇感从侧面衬托出了气势。第二段当中则是用了一组排比句来描写宫人梳妆以及出行的盛大场面："明星荧荧，开妆镜也；绿云扰扰，梳晓鬟也；渭流涨腻，弃脂水也；烟斜雾横，焚椒兰也。雷霆乍惊，宫车过也；辘辘远听，杳不知其所之也。"只用了一组排比句，非常有气势，同时这组排比句的每一个分句又是一个比喻，而且喻体在前，本体在后，给人鲜明的印象。如果按照本体在前，喻体在后，比如说开妆镜如荧荧的明星，梳晓鬟如扰扰的绿云，那么这个效果就没有这么好，就不能给人视觉上的冲击力，就不能形成一个和谐统一的整体。此外，这种明星闪耀、绿云扰扰、渭流涨腻、烟雾蒙蒙、雷声乍起，自然界的天气变化给人以新奇的视听感受，表现出盛大的气势。然后作为本体的事物才出现，原来是美丽妖娆的宫女们打开了梳妆镜，梳理头发，洗去脂粉，焚香熏衣，宫车出行，又是排比又是比喻，有力地突出了宫人生活的奢华。

有个细节需要注意："一肌一容，尽态极妍，缦立远视，而望幸焉。有不见者，三十六年。"很多人认为这里表现出了宫女们凄惨的生活，三十六年啊，半生已逝，未见帝王，但其实这样理解，是按照生活思维来理解的，而分析文本要从创作的角度出发，从杜牧创作的角度来说，他显然不是为了写宫女的凄惨，它实际上是为了写阿房宫之大，从而来讽刺和揭露秦始皇的奢靡，为后文他分析秦朝灭亡的原因埋下伏笔。

第三段非常有意思，"使负栋之柱，多于南亩之农夫；架梁之椽，多于机上之工女；钉头磷磷，多于在庾之粟粒；瓦缝参差，多于周身之帛缕；直栏横槛，多于九土之城郭；管弦呕哑，多于市人之言语。"这段话实际上在写阿房宫的构件之多，又以百姓的生活作为比较对象，每一段话都形成一种鲜明的对比，而且形成一种错位。按理说宫室构件与百姓生活两者之间是不应该建立起什么联系的，但是这样的写作却收到了极好的效果，一方面是秦始皇和阿房宫的奢侈铺张，另一方面是百姓生存环境的穷困艰难，讽刺之意不言而喻，同时这种对比又是不平衡的，阿房宫中的柱子、椽子、钉子、瓦缝、栏槛、乐声比农夫、织女、粟粒、帛缕、城郭、市井言语还要多，和阿房宫相关的数量处于强势，和老百姓相关的数量处于劣势，阿房宫越是豪华气派，百姓的生活就越发显得困苦。六个排比句铺张开来，气势流畅，对比双方的悬殊，也就更加明显，作者的讽刺之意也就更加突出，等于直接点明了灭亡的原因，这样后面的"戍卒叫，函谷举；楚人一炬，可怜焦土"才显得水到渠成，才显得是一种必然。结尾一段"秦人不暇自哀，而后人哀之；后人哀之而不鉴之，亦使后人而复哀后人也"直接表明了这篇赋的写作目的。

总体上来说，这篇赋句式变化比较灵活，运用铺叙、夸张、渲染的手法，而且使用了各种修辞，阿房宫越是描写得穷奢极丽，越能有力地显示秦王朝崩溃的必然性，表现出高超的写作技巧。

当堂练习

根据原文默写：

1. 杜牧在《阿房宫赋》中批评秦统治者奢侈时写道："钉头磷磷，＿＿＿＿＿＿＿＿；瓦缝参差，＿＿＿＿＿＿＿＿＿＿＿＿。"

2. 长桥卧波，未云何龙？复道行空，＿＿＿＿＿＿＿＿＿＿？"

3. 秦人不暇自哀，而后人哀之；＿＿＿＿＿＿＿，＿＿＿＿＿＿＿。

4. 使天下之人，＿＿＿＿＿＿；独夫之心，日益骄固。

相关链接

阿房宫真的是被项羽一把火给烧了吗？

阿房宫被誉为"天下第一宫"。两千多年来，《阿房宫赋》里的"楚人一炬，可怜焦土"是阿房宫最后命运的凭据。史书记载，西楚霸王项羽进入咸阳后，看到如此奢华的秦朝宫殿后大怒，一把火烧了阿房宫。从此人们一直认为阿房宫是项羽烧的。但现在不断有人指出，项羽烧的是秦始皇在咸阳的宫室建筑，而不是阿房宫。项羽究竟有没有烧阿房宫呢？如果没有烧过，那规模宏大的阿房宫又到哪里去了，为何消失了呢？

根据近年来的考古发现，专家认为，历史上有关项羽放火焚烧阿房宫的记载是不准确的。根据考古队介绍，考古人员勘探的面积超过20万平方米，发掘面积也有1000平方米，但是现在的红烧土只有少量几块。如果说是大面积的火烧3个月（此为史料所载）的话，红烧土应该遍地都是。除了红烧土外，还有大量草木灰。

那么史书上记载的项羽烧的是什么宫殿？有人认为："项羽火烧的是秦咸阳宫。"而关于项羽火烧阿房宫、大火三月不灭的说法，秦汉时期的文献资料没有这样的记载，可能是后人对古文献的错误理解。《史记·项羽本纪》中记录"烧秦宫室，火三月不灭"，这里所说的火烧秦宫的地点在咸阳。《高祖本纪》说项羽"屠烧咸阳秦宫室",《秦始皇本纪》也说项羽"遂屠咸阳,烧其宫室"。咸阳是秦朝的首都,说烧毁的也是首都宫殿,根本不是秦朝时地处渭水之南的上林苑中的阿房宫。这从后来的考古发掘中得到了证实,秦咸阳宫遗址曾发现大片的红烧土遗迹。

阿房宫并非毁于大火,那么到底毁于什么?有人说,阿房宫其实并没有想象的庞大,它是个未完成的工程,虽然秦始皇有意把它修建为庞大的宫殿群,但他还未来得及修好就死了,考古人员在一年多的前殿遗址勘探过程中,没有发现一枚当时建房普遍使用的秦代瓦当及其碎片。这说明当时阿房宫主体建筑没有封顶,他们分析说,"阿房宫可能基础打好了,但宫殿没有完全盖好"。当时修建阿房宫不到一年多,秦始皇就死了,劳动力被拉去修秦陵墓,陵墓没修完,秦二世就垮台了。在历史之中,阿房宫没有建成,更没有被烧毁过,它只是秦始皇一个未尽的梦想。

不过大多数人认为,阿房宫即使可能没完成,但必定已经初具规模。至于这些建筑如果不是被项羽烧的,那么如何毁坏这一问题仍是个千古之谜,有待将来破解。

(摘编自网络)

第十课 《赤壁赋》：有趣的质疑

原文呈现

壬戌之秋，七月既望，苏子与客泛舟游于赤壁之下。清风徐来，水波不兴。举酒属客，诵明月之诗，歌窈窕之章。少焉，月出于东山之上，徘徊于斗牛之间。白露横江，水光接天。纵一苇之所如，凌万顷之茫然。浩浩乎如冯虚御风，而不知其所止；飘飘乎如遗世独立，羽化而登仙。

于是饮酒乐甚，扣舷而歌之。歌曰："桂棹兮兰桨，击空明兮溯流光。渺渺兮予怀，望美人兮天一方。"客有吹洞箫者，倚歌而和之。其声呜呜然，如怨如慕，如泣如诉，余音袅袅，不绝如缕。舞幽壑之潜蛟，泣孤舟之嫠妇。

苏子愀然，正襟危坐而问客曰："何为其然也？"客曰："'月明星稀，乌鹊南飞'，此非曹孟德之诗乎？西望夏口，东望武昌，山川相缪，郁乎苍苍，此非孟德之困于周郎者乎？方其破荆州，下江陵，顺流而东也，舳舻千里，旌旗蔽空，酾酒临江，横槊赋诗，固一世之雄也，而今安在哉？况吾与子渔樵于江渚之上，侣鱼虾而友麋鹿，驾一叶之扁舟，举匏樽以相属。寄蜉蝣于天地，渺沧海之一粟。哀吾生之须臾，羡长江之无穷。挟飞仙以遨游，抱明月而长终。知不可乎骤得，托遗响于悲风。"

苏子曰："客亦知夫水与月乎？逝者如斯，而未尝往也；盈虚者如彼，而卒莫消长也。盖将自其变者而观之，则天地曾不能以一瞬；自其不变者而观之，则物与我皆无尽也，而又何羡乎？且夫天地之间，物各有主，苟非吾之所有，虽一毫而莫取。惟江上之清风，与山间之明月，耳得之而为声，目遇之而成色，取之无禁，用之不竭，是造物者之无尽藏也，而吾与子之所共适。"

客喜而笑，洗盏更酌。肴核既尽，杯盘狼藉。相与枕藉乎舟中，不知东方之既白。

专题分析

学习这一课，如果我们细心，会发现三个有趣的问题。

第一个问题是，明明特别高兴唱的歌，而且按照歌声来伴奏，为什么伴奏的箫声却是凄凉的？

大家看，文中明明写"饮酒乐甚，扣舷而歌之"，"客有吹洞箫者，倚歌而和之"，但洞箫声却是"呜呜然，如怨如慕，如泣如诉，余音袅袅，不绝如缕"。这是怎么回事呢？

我们先来看一下是什么歌："桂棹兮兰桨，击空明兮溯流光。渺渺兮于怀，望美人兮天一方。"其实情感的转变就是在这首歌里完成的。作者与朋友泛舟赤壁，清风徐来，水波不兴，举酒属客，诵明月之诗，歌窈窕之章。心旷神怡，十分快乐，禁不住扣舷而歌。前两句的意思是："桂木做的船棹，兰木做的船桨，划破月光下的清波啊，逆流而上。"这是多美好的场景呀，可谓良辰美景赏心乐事齐备。于是就禁不住想到了那遥远的地方，遥远的地方有什么呢？有美人。美人代指什么？屈原开创了香草美人的传统，美人常常用来指明主贤臣或者美好的理想。这两句的意思是在这美好的时刻，我的心到了那遥远的地方，那里有我美好的理想，而那理想是那么遥远，远不可及，不禁让人心生惆怅。正因为美好的理想遥不可及，感情才由乐而悲。而这种情感由乐到悲的变化，是很常见的。比如有时人获得了巨大的成功和幸福，本来非常喜悦，忽然想到，要是某某亲人看到这一天该多好呀，于是转而悲怆，情感发生了变化。史铁生在他的散文《合欢树》里就曾写过，自己小说获奖了，本来很开心，却想到曾经不停地鼓励自己的母亲已经不在人世，于是内心非常悲伤。

所以，这篇赋不是从客的箫声转乐为悲的，而是从"歌"开始。这个歌词不能忽视，先乐后悲。所"乐"者，清风之夜，明月当空，泛舟江上，饮酒诵歌，谪居之所的夜游让人暂时忘却烦恼；所悲者，吾心渺渺，美人天隔，年华易逝，功业无成，月夜的赤壁让人徒生悲伤。才华横溢的苏轼，有着济世的期许，他怎会甘心于"清风明月"呢，"美人"寄托着他的政治理想，歌声流露了他怀才不遇的苦闷心情。这种情怀自然而然地被"客"觉察到了，因为所谓的"客"，不过是苏轼内心的另一个自己，所以应和的箫声才如此准确地把握了歌的"悲"的基调，所以箫声"呜呜然，如怨如慕，如泣如诉"。

第二个问题，写箫声，苏轼竟然犯了一个逻辑上的错误，是苏轼失误了吗？

我们来看一下，为了表现客人洞箫声的感染力，可分为两层，前一层是正面描写，后一层是侧面烘托。前者用比喻，"如怨如慕，如泣如诉；余音袅袅，不绝如缕"；后者用想象，"舞幽壑之潜蛟，泣孤舟之嫠妇"。这种写法常为人称道。

不过细看来，"泣孤舟之嫠妇"一句与"舞幽壑之潜蛟"一句，虽结构一致，句式整齐，但句意上并不匹配。"舞"和"泣"皆为使动用法，这两句的意思是"（洞箫声）使深谷里潜伏的蛟龙舞动，使孤舟上寡居的妇人哭泣"。"潜蛟"者，本是潜伏，不轻易动，何况"幽壑"之中的，更不易动，现在不仅动了，而且是"舞动"，可见箫声的感染力之大。但后一句就有些说不通，"嫠妇"本来内心就很悲伤，何况又在"孤舟"之上，没有凄凉的箫声她都想哭，既然箫声有如此大的感染力，使她"泣"算什么本领呢？这句话与前一句明显不匹配：箫声使"幽壑之潜蛟"舞动，固然能衬托出箫声之感染力，箫声使"孤舟之嫠妇"哭泣却实在不够高明。从逻辑上说似乎"泣龙舟之新妇"更妥当，"新妇"不轻易哭，何况是"龙舟"上的，更不轻易哭，现在却"泣"了，才能更衬托出箫声的感染力。这样，"幽壑"与"龙舟"，"潜蛟"与"新妇"才相配，才更合乎逻辑。而苏轼的这种写法让人费解，身为大学士，为何连基本的逻辑都不顾了呢？

当然，我们首先考虑这样写可能是出于意境相合的考虑，当然不能写"泣龙舟之新妇"，否则与"如怨如慕，如泣如诉；余音袅袅，不绝如缕"的境界"犯冲"，与"舞幽壑之潜蛟"情感不合。这可以为苏轼这一写法做一个解释。

不过，为什么苏轼偏偏选择了这样一个意象，还是值得思考的。

如果我们理解了作者的情怀，再来看用来衬托箫声的两个意象，一个是潜蛟，一个是嫠妇。结合我们上一个问题对歌声的分析，就不难理解了，这两个意象实在不过是苏轼个人形象的写照：那深藏幽壑的潜蛟，不正是有才华而不见用于世的作者吗？那独守孤舟的嫠妇不正是有济世情怀却处贬谪之境的作者吗？这看似不匹配的两句话，实际上都是作者复杂凄凉的内心世界的外在写照。而这，才是苏轼想要借箫声表达的重点。这样理解才更容易发现箫声与全赋所表达的情感的内在一致性。

第三个问题，苏轼到底是豁达的，还是故作豁达的？我们语文老师上课经常讨论这样的问题，一讨论就是一节课甚至几节课，最后得出的结论都说服不了对方。

我们先来看一下，被贬黄州的苏轼一定是有苦闷的，这是人之常情。就连庄子，死了老婆一开始也是悲伤的。但人苦闷和悲伤之时，情绪的宣泄一般是两个方向，一个是向外，一个是向内。向外就是借助外在的事情寻求解脱，比如苏轼和朋友泛舟赤壁、赏美景、唱歌、诵诗。向内就是说服自己，就是从理性上让自己摆脱这种情绪。这篇文章里，苏轼向客做了大段的表述：自其变者而观，则天地曾不能以一瞬；自其不变者观之，则物与我皆无尽也，不必羡慕。还有天地之间，物各有主，苟非吾之所有，虽一毫而莫取。唯江上清风，山间明月，取之无禁，用之不竭。这是在劝慰自己。

在文中，苏轼是说服了客，也就是说服了"另一个自己"。结尾就可以看出来，"客喜而笑，洗盏更酌。肴核既尽，杯盘狼籍。相与枕藉乎舟中，不知东方之既白"。但这依然让人担心，在月夜中，在酒醉中，作者获得了暂时的解脱，天亮了呢，酒醒了呢，作者是不是还要回到现实？

当然，这不在文学的考虑范围之内，关键在于作者在作品里营造的艺术氛围，作者是想开了，洒脱了。人是复杂的，不可能是持续的痛苦，没有片刻的欣慰，也不可能是彻底的解脱，再没有丝毫的惆怅。讨论苏轼是豁达还是故作豁达，本身就有问题。我们只能说，在这个作品里，表现的是暂时的豁达和解脱，读者从生活理性角度考虑苏轼还有苦闷，这也正常，不过不属于作品的讨论范围。

学习古代文学作品，读细致，多思考，会有更多收获。

当堂练习

1.对下列各句中加点的词语解释不正确的一项是（　　）。

A. 举酒属客　属：通"嘱"，这里指劝人喝酒

B. 凌万顷之茫然　凌：越过

C. 盈虚者如彼，而卒莫消长也　卒：到底

D. 而吾与子之所共适　适：到……去

2. 下列有关文化常识的表述，不正确的一项是（　　）。

A. "壬戌之秋"中的"壬戌"是古代纪年法中的干支纪年，文中指宋神宗元丰五年。

B. "七月既望"中的"既望"是指农历的每月十五。

C. "徘徊于斗牛之间"中的"斗牛"指斗宿和牛宿，都是星宿名。

D. 曹孟德，即曹操，"孟德"是他的字。

3. 对下列句子翻译不正确的一项是（　　）。

A. 遗世独立，羽化而登仙——离开人世，飞升仙境。

B. 逝者如斯，而未尝往也——流去的水像这样（不断地流去），而并没有流去。

C. 望美人兮天一方——在天的那一边眺望（那个）美人啊！

D. 物与我皆无尽——万物同我们一样都是永恒的，没有尽头的。

相关链接

吾文如万斛泉源，不择地皆可出。在平地，滔滔汩汩，虽一日千里无难。及其与山石曲折，随物赋形，而不可知也。所可知者，常行于所当行，常止于不可不止，如是而已矣！其他，虽吾亦不能知也。

（苏轼《文说》）

第十一课 《陈情表》：典范的作文（上）

原文呈现

臣密言：臣以险衅，夙遭闵凶。生孩六月，慈父见背；行年四岁，舅夺母志。祖母刘愍臣孤弱，躬亲抚养。臣少多疾病，九岁不行，零丁孤苦，至于成立。既无伯叔，终鲜兄弟，门衰祚薄，晚有儿息。外无期功强近之亲，内无应门五尺之僮，茕茕孑立，形影相吊。而刘夙婴疾病，常在床蓐，臣侍汤药，未曾废离。

逮奉圣朝，沐浴清化。前太守臣逵察臣孝廉，后刺史臣荣举臣秀才。臣以供养无主，辞不赴命。诏书特下，拜臣郎中，寻蒙国恩，除臣洗马。猥以微贱，当侍东宫，非臣陨首所能上报。臣具以表闻，辞不就职。诏书切峻，责臣逋慢；郡县逼迫，催臣上道；州司临门，急于星火。臣欲奉诏奔驰，则刘病日笃；欲苟顺私情，则告诉不许：臣之进退，实为狼狈。

伏惟圣朝以孝治天下，凡在故老，犹蒙矜育，况臣孤苦，特为尤甚。且臣少仕伪朝，历职郎署，本图宦达，不矜名节。今臣亡国贱俘，至微至陋，过蒙拔擢，宠命优渥，岂敢盘桓，有所希冀。但以刘日薄西山，气息奄奄，人命危浅，朝不虑夕。臣无祖母，无以至今日；祖母无臣，无以终余年。母、孙二人，更相为命，是以区区不能废远。

臣密今年四十有四，祖母今年九十有六，是臣尽节于陛下之日长，报养刘之日短也。乌鸟私情，愿乞终养。臣之辛苦，非独蜀之人士及二州牧伯所见明知，皇天后土实所共鉴。愿陛下矜愍愚诚，听臣微志，庶刘侥幸，保卒余年。臣生当陨首，死当结草。臣不胜犬马怖惧之情，谨拜表以闻。

专题分析

很多同学感觉语文教材学习和考试似乎是两条线，不相交。其实只要我们换个角度看，很容易看到他们之间的联系，比如学写作文，《陈情表》就是一个很好的范例。

目前，高考作文在由传统的"表达作文"向"交际作文"转变。表达作文关注"我要说"，交际作文关注"对谁说""什么情境下说""为什么而说"。也就是说文章要有明确的对象、明确的情境、明确的任务。《陈情表》恰好就具备"交际作文"的这些要素。

《陈情表》是有明确的对象的，就是晋武帝司马炎。当然也有明确的情境，司马炎篡夺帝位，篡了曹家曹奂的帝位，做了皇帝，就希望更多的故老，就是原来做官的这些名士，出来做官，以表示对他的政权的支持。在这种背景下，他要征召李密，李密是曾经在蜀国做郎中的，而且名气很大，还曾出使吴国，很有辩才。但是李密不想去，一方面他是蜀国的旧臣，蜀国灭亡了，不想出来做官，有"一臣不事二主"的道德约束；另一方面他的祖母生病。两个理由中的前一个，当然是不能说出来的，于是后一个理由就成为李密写作的重点，也就是：因为祖母生病非常严重，我不能出来做官。他的这篇文章的明确任务，就是把这个理由说充分，使晋武帝答应他的请求。这个任务是很艰巨的，既要突出后一个理由，又要间接回应第一个方面的猜疑，不说清楚而坚决不出仕，在那种政治环境下，可是有杀头之虞的。

李密这篇"作文"交上去，晋武帝看了之后，大为感动，不但答应了他的请求，而且命郡县供其祖母奉膳。也就是说，事实证明，"任务"完成得非常好。那么，作者是如何达到这样的写作效果的呢？

为了完成写作任务（让皇帝答应自己不出仕），作者充分考虑当时情境（新朝的政治环境），尤其是关注到"对象"（刚篡了权上台的皇帝），这篇《陈情表》在写作上可谓煞费苦心。

首先结构安排精巧。全文实际上"陈"了三种"情"：先陈苦情，再陈孝情，最后陈忠情。苦情主要是两个方面：一个是身世之苦，少时而孤，自幼多病，家丁不旺；另一个是被逼之苦，皇帝征召，进退两难，非常狼狈。然后写孝情，祖母刘抚养了自己，现在她"日薄西山，气息奄奄"，自己日夜照顾，不能离开。最后再谈忠情，提出解决办法，毕竟祖母年龄大了，自己还算年轻，还有机会效忠于晋武帝。全文三个部分安排精心，环环相扣，层次清晰。

其次，有非常强烈的"对象意识"。李密这篇文章处处考虑晋武帝这位"读者"的感受，所以非常有说服力。比如在介绍自己孤苦的身世的时候，充分考虑了晋武帝可能产生的疑问。我们来看下，李密不出仕的理由是"有祖母需要照料、需要尽孝"，那么晋武帝脑子里边自然有很多的问号。你要照顾的不是母亲而是祖母，你父亲呢？"生孩六月，慈父见背"，爹早死了。你妈妈呢？"行年四岁，舅夺母志"。你叔叔伯伯呢？"既无伯叔"，没有。你哥哥、弟弟呢？"终鲜兄弟"，也没有。那你儿子呢？"门衰祚薄，晚有儿息"，孩子太小。那你难道没有亲戚、邻居、家里仆人吗？"外无期功强近之亲，内无应门五尺之僮"，全没有。把晋武帝可能想到的全部考虑到，交代清楚，结论是，只有我一人，家里没我不行。

写祖母刘的病也是如此，病到什么样的程度呢？一个是"夙婴疾病"，很早就生病；第二是"常在床蓐"，病倒在床上；第三是"人命危浅"，非常严重。可见我是不能离开的。还有写自己被逼迫之苦，"诏书切峻，责臣逋慢；郡县逼迫，催臣上道；州司临门，急于星火"，侧面表现自己被逼的窘迫。想要"奉诏奔驰"，但是祖母刘的病一天天严重；想要"苟顺私情"，但是申诉又不被允许："臣之进退，实为狼狈。"晋武帝呀，晋武帝，我都被你逼成什么样了？站在"读者"角度，这两个方面写得既有形象的画面感，很有感染力，又非常有说服力。

再次是有严密的逻辑。一个是不能明说的逻辑，一个是可以明说的逻辑。不能说的是关键：你为什么偏偏要征召我呢？不就是担心我有怀念旧朝、不事二主之心，希望我表明政治态度、支持新朝吗？我首先承认"圣朝""沐浴清化"，直接消除武帝的疑虑。但光这样说还不够，还要让逻辑严谨，毕竟曾在蜀国"历职郎署"，于是再说自己以前任职的是"伪朝"，而且当年做官的目的也只是"本图宦达"，诸葛亮说自己"不求闻达"，他这里在特殊情况下，说自己"不矜名节"。而且说自己现在是"亡国贱俘，至微至陋"，把自己地位说得非常低；而把晋武帝征召自己抬得特别高，"过蒙拔擢，宠命优渥"：两相比较，表明自己没有"盘桓""有所希冀"的道理。这样就委婉地回应了武帝的疑虑，逻辑非常严谨。

对于能说的，李密则采取了"以子之矛攻子之盾"的方法。忠孝二字，是古人的最高道德标准，司马炎上台以后，因为皇位是抢来的，已经不忠了，所以他就努力地在打"孝"的旗号。而李密就抓住这一点，而且几乎"毫不客气"地表达"嗔怪"，"凡在故老，犹蒙矜育"，大家都受到了照顾，为什么唯独不照顾我呢？而且我更需要照顾，"况臣孤苦，特为尤甚"。李密知道在这一点上无论说得多么"放肆"，都没有问题的，因为越"放肆"，越表明和武帝是"站在一起"的。您让我出仕，现在祖母刘是一个什么样的状况？是"日薄西山，气息奄奄，人命危浅，朝不虑夕"，说白了我一离开，家里就要死人。您不是"以孝治天下"吗，但您逼着让我去做官，这就是我最大的不孝啊，和您的这个宗旨是相违背的呀。"臣无祖母，无以至今日；祖母无臣，无以终余年"，无论从现实情况上，还是从道义上，我现在都"不能废远"。这完全是让晋武帝"哑口无言"的说法，论证有力。

李密行文逻辑的严密还体现在提出了解决办法：先尽孝，再尽忠。"臣密今年四十有四，祖母今年九十有六"，不能赴任，只是暂时的，"臣尽节于陛下之日长"。并且表明自己所言，当地官员都非常清楚，绝非虚言，并表明决心，以后"生当陨首，死当结草"，效忠皇帝，感念恩情。

从交际作文角度来看，《陈情表》完全是一篇优秀的任务驱动型作文，"任务"完成得漂亮，在写作层次的安排、写作对象的观照、论证的逻辑等方面都可以给我们的考场作文一些启发。大家学习语文教材上其他课文时，尝试着从写作角度看一看，相信也会有新的发现。

当堂练习

1. 下列各句中加点的词的解释，有误的一项是（　　）。

A. 躬亲抚养（亲自）
外无期功强近之亲（期望）
B. 门衰祚薄（福气）
凤婴疾病（缠绕）
C. 未曾废离（废止）
刘病日笃（病重）
D. 晚有儿息（儿子）
诏书切峻（严厉）

2. 指出表述有误的一项（　　）。

A. 晋武帝征诏李密为太子洗马，李密不愿应诏，就写了这篇申诉自己不能应诏的苦衷的表文。

B. 本文开篇就提出不愿应诏，接着从自己幼年的不幸遭遇写起，说明自己与祖母相依为命的特殊感情，希望君王收回成命。

C. 本文叙述委婉，辞意恳切，语言简洁生动，富有表现力与强烈的感染力。

D. 文章始终围绕"愿乞终养，辞不赴命"八个字展开，在简洁的笔墨中寄寓了深深的情感。

相关链接

李密，字令伯，犍为武阳人也，一名虔。父早亡，母何氏醮。密时年数岁，感恋弥至，烝烝之性，遂以成疾。祖母刘氏，躬自抚养，密奉事以孝谨闻。刘氏有疾，则涕泣侧息，未尝解衣，饮膳汤药必先尝后进。有暇则讲学忘疲，而师事谯周，周门人方之游夏①。

少仕蜀，为郎。数使吴，有才辩，吴人称之。蜀平，泰始初，诏征为太子洗马。密以祖母年高，无人奉养，遂不应命。乃上疏《陈情表》。

帝览之曰："士之有名，不虚然哉！"乃停召。后刘终，服阕，复以洗马征至洛。司空张华问之曰："安乐公何如？"密曰："可次齐桓。"华问其故，对曰："齐桓得管仲而霸，用竖刁而虫沙②。安乐公得诸葛亮而抗魏，任黄皓而丧国，是知成败一也。"次问："孔明言教何碎？"密曰："昔舜、禹、皋陶相与语，故得简雅；《大诰》与凡人言，宜碎。孔明与言者无己敌，言教是以碎耳。"华善之。

出为温令，而憎疾从事，尝与人书曰："庆父不死，鲁难未已。"从事白其书司隶，司隶以密在县清慎，弗之劾也。密有才能,常望内转,而朝廷无援,乃迁汉中太守,自以失分怀怨。及赐饯东堂。诏密令赋诗,末章曰:"人亦有言,有因有缘。官无中人,不如归田。明明在上,斯语岂然!"武帝忿之,于是都官从事奏免密官。后卒于家。

[注]①游夏:指孔子的学生子游和子夏,他们在文学上皆有造诣。②虫沙:比喻战死的将士或因战乱而死的人民。此指死亡。

(《晋书·李密传》节选)

第十二课 《师说》：典范的作文（下）

原文呈现

　　古之学者必有师。师者，所以传道受业解惑也。人非生而知之者，孰能无惑？惑而不从师，其为惑也，终不解矣。生乎吾前，其闻道也固先乎吾，吾从而师之；生乎吾后，其闻道也亦先乎吾，吾从而师之。吾师道也，夫庸知其年之先后生于吾乎？是故无贵无贱，无长无少，道之所存，师之所存也。

　　嗟乎！师道之不传也久矣！欲人之无惑也难矣！古之圣人，其出人也远矣，犹且从师而问焉；今之众人，其下圣人也亦远矣，而耻学于师。是故圣益圣，愚益愚。圣人之所以为圣，愚人之所以为愚，其皆出于此乎？爱其子，择师而教之；于其身也，则耻师焉，惑矣。彼童子之师，授之书而习其句读者，非吾所谓传其道解其惑者也。句读之不知，惑之不解，或师焉，或不焉，小学而大遗，吾未见其明也。巫医乐师百工之人，不耻相师。士大夫之族，曰师曰弟子云者，则群聚而笑之。问之，则曰："彼与彼年相若也，道相似也，位卑则足羞，官盛则近谀。"呜呼！师道之不复，可知矣。巫医乐师百工之人，君子不齿，今其智乃反不能及，其可怪也欤！

圣人无常师。孔子师郯子、苌弘、师襄、老聃。郯子之徒，其贤不及孔子。孔子曰：三人行，则必有我师。是故弟子不必不如师，师不必贤于弟子，闻道有先后，术业有专攻，如是而已。

李氏子蟠，年十七，好古文，六艺经传皆通习之，不拘于时，学于余。余嘉其能行古道，作《师说》以贻之。

专题分析

前面一课说到《陈情表》是高考满分作文，其实《师说》也是。从考场作文角度来看，这篇文章有几大特点，值得我们写作时借鉴。

第一个是有明确的对象。第二个是结构非常清晰。第三个是论证非常有力，事实充分，说理透彻，有极强的说服力和感染力。第四个是多种句式运用，气势磅礴，非常有表现力。

而这四点正是目前高中考场作文学生普遍所缺少的。

先说第一点，明确的对象。就是写作一定要想着你的文章是写给谁看的，他是怎样的，你想向他传达什么观点，你怎样根据他的情况向他讲更合适，这样会更有针对性，论证也才有可能更有逻辑。本文表面上是写给李氏子蟠，实际上就是写给那帮以拜师为耻的士大夫。他们的所作所为，他们持有的观点，他们的心理状态，知己知彼，才能有的放矢，才能打中靶心，才能百发百中。他们的所作所为是，"耻学于师""爱其子，择师而教之，于其身也，则耻师焉"，不仅自己耻学于师，别人"曰师曰弟子云者，则群聚而笑之"，这个具体情境中的对象是明确的，针对他们的这些所作所为评价论证。而且士大夫之族的观点和心理状态也是明确的，"位卑则足羞，官盛则近谀"，韩愈有针对性地引用孔子的"三人行，必有我师"，进一步细化，"弟子不必不如师，师不必贤于弟子，闻道有先后，术业有专攻，如是而已"。

本文思路清晰，逻辑严密。文章先从历史事实（"古之学者必有师"）、教师功能（"传道授业解惑"）、学者定会遇到疑难（"人非生而知之者，孰能无惑"）三个方面证明了从师学习的必要性和重要性。对于老师的年长年少，作者认为"无贵无贱，无长无少，道之所存，师之所存也",明确了择师的标准。接着就从三个方面进行对比,抨击"耻学于师"的人。先用古今对比,指出从师与不从师的两种结果;再用人们对自己与对儿子的要求不同来对比,指出"士大夫之族"行为的自相矛盾;最后用"士大夫之族"与"巫医乐师百工之人"对比,揭露士大夫之族的错误想法,指出这是"师道不复"的真正原因。从后果、行为、心理等方面逐层深入分析,指出了他们在"从师"问题上的不同态度,点明了从师学习的重要性。作者从"道之所存,师之所存"的择师标准出发,推论出"弟子不必不如师,师不必贤于弟子,闻道有先后,术业有专攻,如是而已"的论断。为了证明这一论断,作者选择了孔子的言行来做证。在当时人们的心中,孔子是圣人,圣人尚且如此,那一般人就更不必说了。而且作者虽只用了寥寥数语,而孔子的言行却写得具体,因而很有说服力。这样,文章以其鲜明的中心、清晰的层次、充分的说理体现了逻辑思维的严密。

《师说》不仅重在思路清晰,逻辑严密,更是运用了大量的论证手法,翔实可信。首先是下定义、作结论,中国古代散文,尤其是唐以前,不以议论见长。能言善辩如孟子、荀子,也总是在他们的议论文章中运用比喻和寓言故事来帮助说理。相比之下,韩愈这篇论说文却在逻辑思维方面大大超过了前人。这表现在概念明晰、论证严密上。如文章一开头就断言"古之学者必有师",并下定义说:"师者,所以传道受业解惑也。"接着从这个定义出发,由"解惑"说到"从师"。经过一番推论,又得出"道之所存,师之所存"的结论。其间层层衔接,一气贯通,毫无冗余之处,具有强大的说服力。其次是对比论证,本文第二段写得最为精彩,这和恰当地运用了对比的论证方法有直接的关系。这段所用的三组对比有一个共同的特点,那就是经过双方的对比,造成了一种强烈的反差效果,都可以用"反而"承接上文,在语义上形成了一个逆接序列。如,"古之圣人"才智高,尚且从师学习;"今之众人"才智低,反而"耻学于师"。通过对比,揭示了"士大夫之族"不从师学习的违背常理,则作者主张从师学习的观点不言自明。最后是引用论证,引用是论说文中常用的论证方法,这在现在的学术论文中也是最常见的。本文第三段,作者引述了孔子的言行来进一步阐明自己的观点,这就比前文笼统地说"古之圣人"更加切实可信。有了孔子这样一个强大的支持者，更增强了说服力。而在短短的几行字中，述事引言简洁明快，表现出作者非凡的语言功力。

韩愈的散文素以气势充沛、笔力雄放著称，他的这种风格，在本文中也得到了充分的体现。这一方面体现在句式上，韩愈为文多用排比句、对偶句和连珠句。如"生乎吾前……生乎吾后……""古之圣人……今之众人……"。这种句式的运用，形式整齐，气势飞动，增强了表现力。连珠，又称顶针、蝉联，民间俗称为"咬字"，即用上一句的结尾字，作下一句的开头，首尾相连，"历历如贯珠"。本文这样的句式很多，如开头的几句："古之学者必有师。师者，所以传道受业解惑也。人非生而知之者，孰能无惑？惑而不从师……"这种句式的运用，加强了句子之间的连接，使论述环环相扣，严密紧凑。另一方面又体现在行文的语气上。丰富的语气表达，可以增强文章的生动性，本文在这方面是相当成功的。如用"嗟乎""呜呼"这样的语气词加强感叹，用"彼与彼年相若也，道相似也"这样的摹状语句有声有色地描绘"士大夫之族"的神态，用"如是而已"这样的限止语句表示结论的无可置疑。文章的第二段，一连用了三组对比批判人们在师道问题上的"惑"，得出的结论是一样的，但语气却各不相同。"圣人之所以为圣，愚人之所以为愚，其皆出于此乎"，是用推测疑问语气作判断；"小学而大遗，吾未见其明也"，是用肯定语气作判断；"巫医乐师百工之人，君子不齿，今其智乃反不能及，其可怪也欤"，是用惊诧语气作判断。这种错综变化的语句，使议论更生动，说理更深刻。

从高考作文角度来分析这一课，希望给大家写议论文一些启发。大家试着在写作中尝试借鉴一下。

当堂练习

1.从下列各题的加点词中，分别找出两个意义相同的词。

（1）答：〔　　〕与〔　　〕

A.闻道有先后，术业有专攻

B.后世之谬其传而莫能名者，何可胜道也哉

C.从华容道步走

D.道中迷雾冰滑

（2）答：〔　　〕与〔　　〕

A.师道之不传也久矣

B.师者，所以传道受业解惑也

C.六艺经传皆通习之
D.此世所以不传也
（3）答：〔　　〕与〔　　〕
A.今之众人，其下圣人也亦远矣
B.圣益圣，愚益愚
C.圣人之所以为圣，愚人之所以为愚
D.诚宜开张圣听，以光先帝遗德

2.文言中，名词和形容词在句子里活用作动词，除使动用法外，还有一种常见用法。如"吾从而师之"的"师"，就有"以……为师"的意思。这叫作"意动用法"。说说下边句子里加点词用作什么词类，作何解释。

（1）巫医乐师百工之人，不耻相师
（2）孔子师郯子、苌弘、师襄、老聃
（3）且庸人尚羞之，况于将相乎
（4）登泰山而小天下
（5）邑人奇之，稍稍宾客其父
（6）粪土当年万户侯

相关链接

《师说》是唐贞元十八年（公元802年）韩愈任四门博士时所作，目的是说明教师的重要作用、从师学习的必要性以及择师的原则，抨击当时士大夫之族耻于从师的错误观念，倡导从师而学的风气。同时，也是对那些诽谤者的一个公开答复和严正的驳斥。作者表明任何人都可以做自己的老师，不应因地位贵贱或年龄差别，就不肯虚心学习。文末以孔子言行做证，申明求师重道是自古已然的做法，时人实不应背弃古道。

这是韩愈散文中一篇重要的论说文。文章论述了从师学习的必要性和原则，批判了当时社会上"耻学于师"的陋习，表现出非凡的勇气和斗争精神。

中国古代的学校教育十分发达，从中央到地方都有官学。韩愈写这篇文章时35岁，正在国子监任教。那么，韩愈为什么说"古之学者必有师""师道之不传也久矣"？原来他听说的"师"，有其独特含义。既不是指各级官府的学校老师，也不是指"授之书而习其句读"的启蒙教师，而是指社会上学有所成，能够"传道受业解惑"的人。韩愈既以这样的人自我标榜，也以好为人师而著称。《新唐书》本传说他"成就后进士，往往知名。经愈指授，皆称韩门弟子"。

唐代，魏晋以来的门阀制度仍

有沿袭。贵族子弟都入弘文馆、崇文馆和国子学。他们无论学业如何，都有官可做。韩愈写《师说》的社会背景，可以从柳示元《答韦中立论师道书》中的一段话里看出。柳宗元说："由魏晋氏以下，人益不事师。今之世不闻有师，有辄哗笑之，以为狂人。独韩愈奋不顾流俗，犯笑侮，收召后学，作《师说》，因抗颜而为师。世果群怪聚骂，指目牵引，而增与为言辞。愈以是得狂名。居长安，炊不暇熟，又挈挈而东，如是者数矣。"由此可见，韩愈作《师说》，大张旗鼓地宣扬自己的观点，是难能可贵的。

实际上，可以把《师说》看作韩愈提倡"古文"的一个庄严宣言。六朝以来，骈文盛行，写文章不重视思想内容，讲求对偶声韵和词句华丽，尽管也产生了一些艺术成就很高的作品，却导致了文学创作中浮靡之风的泛滥。这种风气，直到中唐仍流行不衰。在唐代，韩愈不是第一个提倡"古文"的人，却是一个集大成者。他无论在文学理论还是在创作实践上，都有力地促成了"古文运动"的兴起、发展，并身体力行，培养了大批有志于古文创作的年轻人。

（节选自网络）

阶段六

文言文综合

第一课 断句有哪些"绝招"

专题分析

韩愈在《师说》中说："彼童子之师，授之书而习其句读（dòu）者。""习其句读"就是教学生断句。中国古代没有标点符号，一篇文章甚至一本书，都是一个汉字挨着一个汉字地写下来的，所以前人读书都要自己断句，常常在一句话的末了用"。"断开，叫"句"；在一句之内语气停顿的地方用"，"断开，叫"读"。给古书断句也可以叫"断句读"。明辨句读，是阅读古文最基本的能力。近年的高考语文试卷中，一直有文言文断句题。

文言断句基本遵循以下几个原则：一要通读全文，仔细体会词、短语以及句子之间的联系；二要先易后难，把会断的句子先断开，逐步缩小范围，直到把所有的句子都断开；三要重视内容，断完后根据句子的含义、文章的内容再核对一遍。高考断句主要考查句末，句内可断可不断的地方一般忽略不计；并且不要求用明确的标点符号标明，只需要用"／"断开即可。目前除北京卷之外，基本断句题通常会以客观选择的形式出现。

给文言文断句，首先要阅读全

文，了解文意，这是断句的先决条件。如果想当然地断下去，就容易错断。通读全文，搞清属于什么文体，写了什么内容，想表达什么意思。要注意文言文单音词（即一个字是一个词）占多数的特点，抓住几个关键的字词翻译以理解文段大意。例如，找出动词，明确句意。古汉语中，句子多以动词或形容词谓语为中心。找出了动词或形容词谓语，也就区分出独立的句子，明确了语句的意思，从而正确断句。比如有道高考题"马无故亡而入胡／人皆吊之"，句中动词有"亡""入""吊"，因此可区分出两个句子。

文言文可以借助古代文化常识断句，如天文、历法、地理、历史、官职、科举、姓名等方面的知识。如"汉六年正月封功臣良未尝有战斗功高帝曰运筹策帷帐中决胜千里外子房功也自择齐三万户良曰始臣起下邳与上会留此天以臣授陛下陛下用臣计幸而时中臣愿封留足矣不敢当三万户乃封张良为留侯"。

这段文字中，涉及古代文化常识的有历法、地理、历史、官职、姓名等，比如，汉六年正月、良（即张良）、高帝（即汉高祖）、子房（即张良字）、三万户、邳、留、留侯等，根据这些内容，点断就很方便了。

"汉六年正月／封功臣／良未尝有战斗功／高帝曰／运筹策帷帐中／决胜千里外／子房功也／自择齐三万户／良曰／始臣起下邳／与上会留／此天以臣授陛下／陛下用臣计／幸而时中／臣愿封留足矣／不敢当三万户／乃封张良为留侯。"

需要注意的是，文言文中，人名第一次出现时往往用全称，以后再出现就只提名不提姓了。例如《赤壁之战》中，"初，鲁肃闻刘表卒"，先用全称，后文"肃径迎之""肃宣权旨"就不再提姓了。

明辨句读，虚词是重要标志。尤其是语气词和一些连词的前后，往往是断句的地方。如夫、盖、凡、窃、请、敬等发语词和表敬副词，常常用在句首；也、矣、欤、焉、哉等语气词，常常用在句尾；以、于、为、而、则等连词，常常用在句中。根据这些特点，区分虚词就有助于断句。

如《游褒禅山记》中"于是余有叹焉／古人之观于天地／山川／草木／虫鱼／鸟兽／往往有得／以其求思之深而无不在也／夫夷以近／则游者众／险以远／则至者少／而世之奇伟／瑰怪／非常之观／常在于险远／而人之所罕至焉／故非有志者不能至也"。

焉、以、则、而、也等语气词，就是断句的关键。

借助对比、对偶、排比、顶真等修辞也有利于断句。文言中常有对偶句、排比句，抓住这个特点断句，常能收到断开一处、接着断开几处的效果。例："秦孝公据崤函之固拥雍州之地君臣固守以窥周室有席卷天下包举宇内囊括四海之意并吞八荒之心当是时也商君佐之内立法度务耕织修守战之具外连横而斗诸侯于是秦人拱手而取西河之外"这一段文字之中，"据崤函之固／拥雍州之地"是对偶；"席卷天下／包举宇内／囊括四海／并吞八荒"是排比；"内""外"是对照。根据这样的语言特点，断句也就容易多了。顶真也是文言文中常见的形式。句子前后相承，前一句做宾语的词，在后一句又做了主语。例如："畏惧则存想，存想则目觑。"（王充《订鬼》）根据这一特点，我们也可以确定句读。"名不正则言不顺／言不顺则事不成／事不成则礼乐不兴／礼乐不兴则刑罚不中／刑罚不中则民无所措手足。"

文言文断句还可以利用对称句式。解题时，注意古文讲究整齐对称、行文中上下句常用相同的字数和相同的结构的特点。如"故福之为祸／祸之为福／化不可极／深不可测也"，句式工整，都为四字一句，据此可正确断句。

利用总分关系断句。文言文中常用总说分承或分说总承的写法，掌握了这个写法对断句很有帮助。如《谋攻》的最后一段："故知胜有五／知可以战与不可以战者胜／识众寡之用者胜／上下同欲者胜／以虞待不虞者胜／将能而君不御者胜。"这显然是总说分承的写法了。再如"老而无妻曰鳏／老而无夫曰寡／老而无子曰独／幼而无父曰孤／此四者天下之穷民而无告者"，这显然是分说总承的写法了。

当然，断句的方法还有很多，如根据押韵规律断句，根据间隔反复断句，特殊句式等断句，综合运用这些方法，效果会更好。同时一定要多读多看文言文，积累语感，是帮助断句的重要途径。方法只是登堂入室的阶梯，有了它还不能确保走进科学的殿堂，因为进入本身是需要行动的，也就是需要自身的能力。能力从何而来？以课本为本，掌握实词、虚词、句法、词法，培养扎实的文言功底；熟读一些典范的文言文，培养语感。此外，就像古人说的"观千剑而后识器，操千曲而后晓声"，要适当做一些专题练习。这样，正确断句的能力就会在阅读中形成，在实践中成熟，在运用中提高。

知识归纳

文言断句原则：一、通读全文，体会词句间联系；二、会断的句子先断，缩小范围；三、断完核对。

文言文断句几种方法：借助古代文化常识断句，如天文、历法、地理、历史、官职、科举、姓名等方面的知识；借助虚词断句，如语气词、连词等；借助对比、对偶、排比、顶真等修辞断句；利用总分关系断句；利用对称句式断句，如相同的字数和结构的特点。

当堂练习

用斜线（／）给下面的短文断句：

1. 因民之所利而利之斯不亦惠而不费乎择可劳而劳之又谁怨欲仁而得仁又焉贪君子无众寡无小大无敢慢斯不亦泰而不骄乎？（《论语·尧曰》）

2. 为政有能声盗悉窜他境至夜户不闭尝有使客亡橐中物移书诘盗公亮报吾境不藏盗殆从之者廋耳索之果然。（《宋史·曾公亮传》）

相关链接

我国古代文章没有标点，读文章全凭断句。在不同位置断句就会使原话的意思起到变化，有的闹出笑话，有的还会起到意想不到的作用。

利用断句巧留宿。相传有个书生，入山遇雨，又值黄昏，便投宿一人家。但主人却有意拒绝，并写了一行字给书生："下雨天留客天留人不留。"意思是说，下雨天留客，天留人不留。书生看了后，却赶忙拜谢，并大声朗读道："下雨天，留客天，留人不？留！"主人见此无可奈何，只好让书生留宿了。

善于断句诗改词。唐代诗人杜牧的"清明时节雨纷纷"是首脍炙人口的七言绝句诗，有人却不按七言断句，把它读成："清明时节雨，纷纷路上行人，欲断魂。借问酒家何处？有牧童，遥指杏花村。"这样，这首七言诗就被变成长短句式的一首词了。

巧用断句救性命。传说清代有位书法家给慈禧太后题扇，写的是唐人王之涣的《凉州词》，可由于心情紧张，竟写漏了一个"间"字。慈禧太后大怒，一口咬定该书法家欺她没学识，非要将其斩首不可。书法家急中生智，急忙解释道："此处并非遗漏，而是填写的一阕小曲。"并当即诵道："黄河远上，白云一片，孤城万仞山。羌笛何须怨？杨柳春风，不度玉门关。"慈禧听了以后，无言以对，只好赐酒压惊。这位书法家巧断句换回了头颅。

妙用断句回讥讽。在全国解放前夕，有一次，周恩来同志同国民党辩论。周恩来义正词严地雄辩，对方理屈词穷之后，便恼羞成怒、气急败坏地叫嚷："对牛弹琴！"周恩来当即灵机一动，妙用断句反驳过去："对，牛弹琴！"对方只有搓手的份了，一句话也说不出。周恩来妙用断句回讥讽一直被传为佳话。

（摘编自郭丽玲《断句的妙用》）

第二课
——断句有哪些标志

专题分析

　　文言文断句需要通读全文，仔细体会词、短语以及句子之间的联系，还要注意实词、虚词、修辞、句式、语境、文意等多方面，非常复杂。但其实也有一些标志，抓住这些标志给文言文断句就会事半功倍。

　　那么，文言文断句有哪些明显的标志呢？

　　首先，利用对话、引文标志断句，以"曰""云""言"最具代表性，两人对话，一般在第一次问答写出人名，以后就只用"曰"而把主语省略。遇到对话时，应根据上下文判断出问者、答者，明辨句读。比如，"沛公曰／孰与君少长／良曰／长于臣／沛公曰／君为我呼入／吾得兄事之"这句话以对话标志"曰"区分，基本就明确断句点了。

　　其次，借助文言虚词断句。古人的文章没有标点符号，为了明辨句读，虚词就成了重要的标志。尤其是一些语气词和连词的前后往往是该断句的地方。句前有虚词是发语词，要在它前面断开，如夫、盖、凡、窃、清、敬等发语词和表敬副词，常常用在句首；句后有虚词是句末语气词，要在它后面断开，如乎、哉、也、矣、尔、欤、焉、耳等语气词常用在句末；而以、于、为、而、则等连词经常出现在句中，这种可以不用断开；句中的关联词，如苟、虽、虽然、纵、纵使、向使、假使、若夫、至于、已而、且夫、乃夫、于是、至若、若、故、是故等，多用在一个句子的开头，也可以考虑在关联词前（或后）面断开；有些复音虚词大体上都位于一句话的开头，这些词前一般要断句，比如且夫、若夫、乃夫、已而、至若、于是、虽然、至于、是故、向使、纵使等等；疑问语气词，如何、胡、安、曷、奚、盍、焉、孰、孰与、何如、奈何、如之何、若之何等词或固定结构之后，一般可构成疑问句，只要贯通上下文意，就可断；复句中的关联词，如虽、虽然、纵、纵使、向使、假使、苟、故、是故、则、然则、或、况、而况、且、若夫、至于、至若、已而、于是、岂、岂非，在它们的前面一般要断开。比如"庞葱与太子质于邯郸／谓魏王曰／今一人言市有虎／王信之乎／王曰／否／二人言市有虎／王信之乎／王曰／寡人疑之矣／三人言市有虎／王信之乎／王曰／寡人信之矣"这句话，基本借助对话标志"曰"及句尾虚词"乎""矣"就能断句了。

再次，以名词为标志断句。找出人名、地名、事物名、朝代名、国家名、官职名等，这些名词常在句中作主语或宾语，然后考虑：什么人，办什么事情，采用什么方式，取得什么结果等。介宾短语用在动词后，名词、代词充当介词宾语，可在它后面断开。有些代词指代对象意义明确，独立完整，充当宾语时，可以代词断句。常见的人称代词，如吾、我、予、余、朕、孤、寡人、臣、仆、妾等词，代说话或写文章的人，即今之所谓第一人称代词；尔、汝、女、若、乃、而、子、君、公、阁下、陛下、足下等，代受话人，是第二人称代词；之、其、彼，代谈话或为文所及的第三者，是第三人称代词；文言的疑问代词，问人的有谁、孰、何，问事的还有奚、胡、曷、恶、安、焉等；常见的指示代词有此、是、斯、兹、夫等。以上在文言文断句中都可以作为标志。比如"湖阳公主新寡／帝与共论／朝臣微观其意""诸葛亮之次渭滨／关中震动／魏明帝深惧晋宣王战／乃遣辛毗为军师"，这两句根据人名、地名、专有名词就能够完成断句。

此外，文言文中的特殊句式和格式对文言文句读有着非常大的帮助，甚至可以作为断句的标志。比如，"……者，……也"是典型判断句式，可以在"者""也"后断句。"何……之有"（宋何罪之有）、"如……何"（如太行王屋何）、"不亦……乎"（不亦说乎）、"无乃……乎"（无乃不可乎）、"可得……欤"（可得闻欤）、"得无……乎"（得无异乎）等常见的疑问句式，可考虑问句句后断句。"为……所……""受……于……""见……于……"等是常见的被动句式，中间基本不能断开，可考虑句后断开。另外，还有其他的一些固定格式，如"如……何""况……乎""何（以）……为"等固定句式，可以考虑后面断开。此外，还有几个固定词语，如"有所""无所""有以""无以""以为""何所""孰若""至于""足以""得无""无乃""何以""于是""然则"等，不要拆散停顿，这可以减少断句失误。

最后，以一个练习作为总结。

"太宗曾罢朝怒曰会须杀此田舍汉文德后问谁触忤陛下帝曰岂过魏征每廷争辱我使我常不自得后退而具朝服立于庭帝惊曰皇后何为若是对曰妾闻主圣臣忠今陛下圣明故魏征得直言妾幸备数后宫安敢不贺"。

这段话可断句为：

"太宗曾罢朝／（语法结构-动宾）怒曰／（对话标志词）会须杀此田舍汉/文德后问/（句首标志-对象词）（对话标志词）谁触忤陛下/（句首标志-疑问代词）帝曰/（对话标志词）岂过魏征/（句首标志-疑问代词）每廷争辱我/使我常不自得/（句首标志-人称代词）后退而具朝服立于庭/帝惊曰/（对话标志词）（句首标志-对象词）皇后何为若是/（句尾标志词-复音虚词）对曰/（对话标志词）妾闻主圣臣忠/今陛下圣明/故魏征得直言/妾幸备数后宫/安敢不贺（句首标志-疑问词）/"

由这个练习可以看出，抓住标志可使文言文断句事半功倍。

文言文中可以用来断句的标志还有很多，大家可以在平常学习中多多积累，形成语感，提高准确率。

知识归纳

对话引文标志：以"曰""云""言"最具代表性。

句首虚词标志："夫""盖""凡""窃""请""敬"等发语词和表敬副词，常常用在句首。句尾虚词标志："乎""哉""也""矣""尔"

"欤""焉""耳"等语气词。

名词断句标志：人名、地名、事物名、朝代名、国家名、官职名等。

人称代词：如吾、我、予、余、朕、孤、寡人、臣、仆、妾等词，代说话或写文章的人，即今之所谓第一人称代词；尔、汝、女、若、乃、而、子、君、公、阁下、陛下、足下等，代受话人，是第二人称代词；之、其、彼，代谈话或为文所及的第三者，是第三人称代词。

疑问代词：问人的有"谁""孰""何"，问事的还有"奚""胡""曷""恶""安""焉"等。

指示代词：有"此""是""斯""兹""夫"等。

惯用问句："何……之有""如……何""不亦……乎""无乃……乎""可得……欤""得无……乎"等。

被动句式："为……所……""受……于……""见……于……"等。

固定格式："如……何""况……乎""何（以）……为"等。

固定词语："有所""无所""有以""无以""以为""何所""孰若""至于""足以""得无""无乃""何以""于是""然则"等。

当堂练习

1.下列对文中画线部分的断句，正确的一项是（　　）。

画线句：爽懦惑不能用遂委身受戮芝坐爽下狱当死而口不讼直志不苟免宣帝嘉之赦而不诛俄而起为并州刺史

A. 爽懦惑不能用／遂委身受戮／芝坐爽／下狱／当死／而口不讼直／志不苟免／宣帝嘉之／赦而不诛／俄而起为并州刺史／

B. 爽懦惑不能用／遂委身受戮／芝坐爽下狱／当死／而口不讼直志／不苟免／宣帝嘉之／赦而不诛／俄而起为并州刺史／

C. 爽懦惑不能用／遂委身受戮／芝坐爽下狱／当死／而口不讼直／志不苟免／宣帝嘉之／赦而不诛／俄而起为并州刺史／

D. 爽懦惑不能用／遂委身受戮／芝坐爽／下狱／当死／而口不讼直志／不苟免／宣帝嘉之／赦而不诛／俄而起为并州刺史／

2.下列对文中画线部分的断句，正确的一项是（　　）。

画线句：纯礼字彝叟以父仲淹荫知陵台令兼永安县永昭陵建京西转运使配木石砖甓及工徒于一路独永安不受令

A. 纯礼字彝叟/以父仲淹荫/知陵台令兼永安县/永昭陵建京西转运使/配木石砖甓及工徒于一路/独永安不受令/

B. 纯礼字彝叟/以父仲淹/荫知陵台令兼永安县/永昭陵建/京西转运使配木石砖甓及工徒于一路/独永安不受令/

C. 纯礼字彝叟/以父仲淹/荫知陵台令兼永安县/永昭陵建京西转运使/配木石砖甓及工徒于一路/独永安不受令/

D. 纯礼字彝叟/以父仲淹荫/知陵台令兼永安县/永昭陵建/京西转运使配木石砖甓及工徒于一路/独永安不受令/

相关链接

明代于谦当巡抚时，一日坐堂，有一年轻人告其姐夫霸占家产。于谦拘审那人的姐夫，被告称："岳父在世时，自谓此子非岳丈亲生，有遗嘱叫我享有其家产，非敢谋占。"当即呈上遗嘱。那遗嘱上写道："非吾子也家私田产尽付与女夫外人并不得争论。"原来那岳丈暮年得子，在临终前将幼子托于女婿处，并留此遗嘱。古人行文，不加标点。那姐夫对这遗嘱的理解是："非吾子也。家私田产尽付与女夫。外人并不得争论。"而于谦看完遗嘱，却笑着对那姐夫说："你老岳丈当时写这遗嘱给你，是怕你害他幼子。"遗嘱明明写着：'非，吾子也。家私田产尽付与。女夫、外人，并不得争论。'你岳丈给儿子取名为'非'，说明他早有主见。世上哪有这样的父亲，说自己的儿子不是亲生的呢？"据此，于谦裁决：将原家产分成十份，七份给那儿子，三份归那姐夫，作为抚养管理的酬劳。这则趣闻，发人深思。几个标点竟关系到一场官司的输赢。于谦的句读就是关注到了名词，尤其是人名的作用。

（翻译自《于谦全传》第十二回）

第三课 文言文翻译有哪些方法

专题分析

文言文翻译作为高考固定题型，一直是语文学习的重点。这一讲，我们来明确文言文翻译的原则，学习文言文翻译的方法。

文言文翻译有三个标准：信、达、雅。所谓的"信"就是忠实于原文；所谓的"达"就是要通顺，通畅明白；"雅"就是要典雅优美。目前高中阶段考试不大容易要求学生做到"雅"，但是至少要做到"信"和"达"。下面主要围绕这两个字，我们来学习文言文翻译的方法。

关于文言文翻译方法，我们常概括成六个字：对、换、留、删、补、调。

首先，"对"就是逐字地对应，不要少了相关的信息，这是做到"信"的一个基础。比如"郑人使我掌其北门之管"，其实难点就在"管"这个字，将每个字一一对应翻译就是"郑国人让我掌管他们的北门的钥匙"。又比如"灌水之阳有溪焉，东流入潇水"，这里重点"阳"和"东"，古代文化常识学过"山之阳为南，水之阳为北"，这里的"东"是名词作状语译为"向东"，然后一一对应后这句话就翻译为"灌水的北面的一条溪流向东流入潇水"。

其次,"换",就是替换。用现代词汇替换古代词汇,把古代用但现在已不用的词用现代汉语进行替换,如把"吾、余、予"等换成"我",把"尔、汝"等换成"你"。比如,今天我们说"卑鄙"往往是指人的品德不好,但在古代这两个字是分开的,"卑"指地位低下,"鄙"意思是见识短浅,我们在翻译的时候就应该把这个词语拆开换成现代汉语的说法。如:"余悲之,且曰:'若毒之乎?'""余"现在说"我","若"就是"你",这句话出自柳宗元《捕蛇者说》,意思是:"我听了很难过,就说你为这件事困扰吗?"

再次,"留",就是保留。凡是古今意义相同的词,以及古代的人名、地名、物名、官名、国号、年号、度量衡单位等,翻译时可保留不变。比如说,"庆历四年春,滕子京谪守巴陵郡",这里的"庆历四年""滕子京""巴陵郡"都是专有名词,翻译的时候直接保留,译为"庆历四年的春天,滕子京被贬降到巴陵郡做太守"。

然后,"删",就是删除。删掉无须译出的文言虚词。就是翻译的时候删去文言文里面发语词、结构作用或补足音节的助词、结构倒装的标志、句中停顿词、个别连词和偏义复词中虚设成分等,以上的文言虚词在实际的翻译中,都无须译出,若强译,则属错误。文言文中有很多发语词,比如说"夫战,勇气也",这里的"夫"就是发语词,"也"是判断词的标志,翻译过来就没有了,这句话翻译过来就是"战争靠的是勇气"。又如"师道之不传也久矣",这里的"之"是主谓之间取消句子独立性,这里的"也"是表示句中的停顿,翻译成现代汉语就不需要了,这句话直接翻译成"师道不流传已经很长时间了"。

之后是"补",就是增补。一种情况是单音节实词,对译的时候大多都翻译成双音节实词,也就是一个字变为两个字。古时候一个字就是一个词,而今天一个词大多是两个字,比如:"更若役,复若赋,则何如?"就是:"变更你的差役,恢复你的赋税,怎么样呢?"这里的"更""役""复""赋"都是变成了两个字。第二种情况是数词后面加量词,比如"轩凡四遭火",就是"项脊轩总共着了四次火",我们要在"四"的后面加个"次"。第三种情况是句子当中的省略成分,比如说《孟子》中有这样一段话:"曰:'独乐乐,与人乐乐，孰乐？'曰：'不若与人。'"意思是孟子问："一个人欣赏音乐快乐，和别人一起欣赏音乐也快乐，哪一种更快乐呢？"齐宣王回答说："不如同别人一起欣赏音乐快乐。"文言文省略比较普遍，所以总体来说字数相对比较少，翻译成现代汉语都是要加长的，当然也与刚才所说的单音节词变成双音节词有关，有时候甚至要省略非常长的内容，在翻译的时候我们要将其补全。

最后说一下"调"，"调"就是调整句式。需要调整的句式主要有两种，一是特殊句式，一是固定句式。需调整的特殊句式主要是指倒装句（特殊句式有判断句、被动句、倒装句等），翻译时，要把古汉语倒装句调整为现代汉语句式。主谓倒装句、宾语前置句、介宾后置句、定语后置句等翻译时一般应调整语序，以便符合现代汉语表达习惯。古汉语中还有一些固定句式，如"不亦……乎""无乃……乎""……孰与……"等，翻译时，要把这些特殊句式按现代汉语的形式表达出来。这是因为文言文的句式和现代汉语的语序有很多不同之处。比如《愚公移山》有"甚矣，汝之不惠"，这句话翻译过来就是"你太不聪明了"如果按照现代汉语语序应该是"汝之不惠，甚矣"，这种古今语序的不同，在翻译中需要我们调换过来。又如"蚓无爪牙之利"，这是一个定语后置句，这里"锋利"是定语修饰"爪牙"，这句话应该是"蚯蚓没有锋利的爪牙"。"古之人不余欺也"，这里"余"作为代词，被调整到前面去了，这是宾语前置，应该是"古之人不欺余也"，译为"古时的人没有欺骗我"。

总结一下，文言文翻译的步骤，大体上是先读懂原文的大意，在此基础上结合上下文翻译；然后分析句式的特点，而且还要考虑字字落实；文中的一些特殊情况要及时处理；另外还要注意现代汉语的规范，将文言句子准确表达。

知识归纳

文言文翻译原则：信、达、雅。"信"就是忠实于原文；"达"就是要通顺，通畅明白；"雅"就是要典雅优美。

文言文翻译"六字诀"：对、换、留、删、补、调。"对"就是逐字地对应，不要少了相关的信息；"换"就是替换，用现代词汇替换古代词汇；"留"，保留一些专有名词，如国号、年号、人名、物名、古今同义词不用翻译；"删"，就是删掉无须译出的文言虚词，如文言文里面发语词、凑足音节的助词、结构倒装的标志、句中停顿词、个别连词和偏义复词中虚设成分等；"补"，就是增补，补出省略句中的省略成分；"调"，就是按照现代汉语语序调整顺序。

文言文翻译的步骤：读懂原文的大意，结合上下文；分析句式特点，字字落实；处理特殊情况；注意现代汉语规范。

当堂练习

把文中画横线的句子翻译成现代汉语：

苏子曰：圣人不能为时，亦不失时。<u>时非圣人之所能为也，能不失时而已</u>。三代之兴，诸侯无罪不可夺削，因而君之虽欲罢侯置守，可得乎？此所谓不能为时者也。周衰，诸侯相并，齐、晋、秦、楚皆千余里，其势足以建侯树屏。至于七国皆称王，行天子之事，然终不封诸侯。久矣，世之畏诸侯之祸也，非独李斯、始皇知之。

昔之论封建者甚众，宗元之论出，而诸子之论废矣，虽圣人复起，不能易也。故吾取其说而附益之，曰：凡有血气必争，争必以利，利莫大于封建。封建者，争之端而乱之始也。自书契以来，臣弑其君，子弑其父，父子兄弟相贼杀，有不出于袭封而争位者乎？<u>自三代圣人以礼乐教化天下，至刑措不用，然终不能已篡弑之祸</u>。至汉以来，君臣父子相贼虐者，皆诸侯王子孙，其余卿大夫不世袭者，盖未尝有也。近世无复封建，则此祸几绝。仁人君子，忍复开之欤？故吾以为李斯、始皇之言，柳宗元之论，当为万世法也。

1.时非圣人之所能为也，能不失时而已。

译文：＿＿＿＿＿＿＿＿＿＿

2.自三代圣人以礼乐教化天下，至刑措不用，然终不能已篡弑之祸。

译文：＿＿＿＿＿＿＿＿＿＿

相关链接

"谁知道'女汉子'翻译成文言文咋说?竟然是'安能辨我是雄雌'。"随着《汉字英雄》《中国汉字听写大会》等的热播,汉语言文化成为大家关注和恶补的对象。一时间,连文言文翻译器也频频"现身"网络。记者搜索发现,这些翻译软件,有些能将文言文翻译成白话文,有些还能把白话文翻译成文言文。

其中,将白话文翻译成文言文的功能受网友追捧,大家纷纷拿流行语和歌词试验:"土豪我们做朋友吧"被译为"富贾可为吾友乎";"我和我的小伙伴们都惊呆了"被翻译成"我与庶士伴皆惊愕"。翻译器将"这么任性,我也是醉了"翻译成"如此任性,吾亦醉";把"也是蛮拼的"翻译成"亦蛮拼之"……如此翻译,娱乐感很强。

语文老师表示,文言文翻译神器本身的"娱乐性"并无过错,但拿来用作严肃的学术用途,显然欠妥,使用时还是需要谨慎。文言文学习,还是应当以权威工具书为参考工具,如《古汉语常用字字典》等,翻译过程中出现任何的疑问,都可以通过查阅权威辞书来寻找答案。

(摘自《扬子晚报:文言文翻译"神器"网友玩疯,古汉语专业的福音?》)

第四课
文言文翻译有哪些注意事项

专题分析

关于文言文的翻译，上一课我们已经了解了"信达雅"的原则以及"对、换、留、删、补、调"翻译六字诀，不过我们要明白一点，知道和形成能力不是同一回事，我们即使把三原则和六字诀都背下来，也并不能够表示我们能准确熟练地使用这种技巧。所以，这一课我们重点从高考阅卷的标准来看我们应该怎样应对高考翻译。

目前不少同学认为高考翻译题是按点给分的，其实从几年前开始评分标准就已经发生了变化，不再是5分5个点、10分10个点了，而是两个句子，每个句子5分，重点词语只占2分，句子通顺3分。那怎样界定句子通顺呢？一般来说有四个方面的标准，一是省略部分有没有补充；二是主客关系对不对；三是词性是否正确；四是句式。下面，我们举例介绍一下这几种情况。

首先，是关键词翻译及句子逻辑的注意事项，以一道高考题为例。

"性严正，举止必循礼度，事继亲之党，恭谨过常。"

这里边设了两个点——"循"和"党"，实际上重点词语的翻译是非常宽松的，"循"翻译成"遵守"，但是写成"遵循"，甚至"按照"都可以给分；"事继亲之党"，这个"党"就是"亲属"，但写成"亲人""家人"，甚至写成"朋友"都可以给分。不过要注意，不能写错别字，比如说考试的时候拿不准"遵循"是"遵"还是"尊"，那写"按照"也是给分的，但如果你写"尊"，就算错误了。除了这两个得分点以外，另外三分给句子通顺，分别是"性严正""事继亲之党""恭谨过常"这三个句子，"性严正"就是品性严肃正直，有的同学直译但不关注到基本逻辑，比如说把"性严正"翻译成品性严格正直，那这个地方句子通顺就不给分；"事继亲之党"就是侍奉过继家的亲族，"事"在这里是动词翻译成"侍奉"或"对待"都可以，但是有人会把它翻译成名词"事情"，就是"过问继家亲族的事情"，那这里词性就错误了，这里的句子通顺就不得分了；"恭谨过常"就是恭敬谨慎超过常理。

怎样才能使句子的翻译合乎逻辑呢？给大家介绍一个办法，就是对句子进行切分，用斜杠把句子断开，断到每一个独立的词，然后对照切分后的句子把每个词做相应的解释，这样就能够提醒我们某些重要的信息。

在文言文翻译中，有百分之五十的同学在翻译时会遗漏原文的信息，这有可能是粗心的原因，也有可能是自己的逻辑里面容不下某些词而刻意去掉，而句子切分就是提醒我们不要漏点，而且也能够帮助我们验证句子的逻辑。再看一个例子——

"而曜好臧否人物，曜每言论，弘微常以它语乱之。"

这句话是三个分句，关键词是"臧否"和"以它语乱之"。"臧否"就是褒贬评价，甚至可以写成说别人短处或议论别人，但一定要翻译成动词性质；"以它语乱之"意思就是用别的话阻止他，这是两个点。两点之外，三个短句每一句都有一分句子通顺的分，一般来说把"臧否"和"以它语乱之"翻译出来，整个句子也就相应地通顺了，然后就需要关注中间这句话"曜每言论"，这里的"言论"就要关注它的词性，应该翻译成动词"发表议论"，很多同学感觉"言论"是个现代汉语就没有翻译，于是这句话就翻译成了"谢曜每每言论"，这就算句子不通顺。

其次，是词性及省略部分补充的问题。比如高考题："章惇为相，与蔡卞同肆罗织，贬谪元祐诸臣，奏发司马光墓。"这里"罗织"就是一个动词，章惇担任宰相和蔡卞共同大肆干什么呢？应该是罗织罪名，"罗织"必须得补上"罪名"翻译成一个动宾短语，这样才能得分。

还有古今语序及语境的问题："边臣欲举师渡河，朝议难之。将独谓：'兵机不可失，愿从之。'未几，捷书至。""将独谓"中"将"是人名，指许将，"独"就是唯独，别人都认为不行，唯独许将说兵机不可失，但是按照现代汉语的语序"唯独许将说"，"唯独"是放在人名前面的，而文言文里边"独"往往是放在人名后面的，所以翻译的时候我们要调整一下语序。还有关于语境问题，比如："将独谓：'兵机不可失，愿从之。'"这里的"愿从之"，如果理解为"希望跟随他一块去"逻辑上也是通的，但是放在整个句子当中，这是一件什么事呢？边臣想要举师渡河，朝廷大臣议论认为这样做是不对的，唯独许将说机不可失，希望能够听从边臣的意见。回到语境中就清楚了，"愿从之"不是说我愿意跟从一块去，而是听从守边大臣的意见。很多同学做文言文的时候不看原文，直接对照句子翻译，这是不对的，如果你不看前面内容，这个"愿从之"是极有可能要翻译错的。

最后再说说词义的推测问题。以上海卷一道文言文翻译题为例："常以为凡游帝王者，欲以立身扬名耳，而名不常存，人生易灭，优游偃仰，可以自娱，欲卜居清旷以乐其志。"这里"卜居"是什么意思呢？我们学过的课文及背过的实词里边都没有这个词，这时候我们该怎么办呢？我们要观照整个语境，这个传主他认为凡游说帝王的人都是想立身扬名的，而名是不长存的，人生易灭，所以他主张过什么样的生活呢？就是悠闲自在偃仰自由的生活，最后看"欲卜居清旷以乐其志"，"欲"就是想要，"居"就是居住，误区就在"卜"，"卜"的字面意思就是占卜，"清旷"是个形容词，而且这个形容词要翻译成名词，就是清幽偏远的地方，所以我们联系起来就能够推测"卜居"就是"选择住在"的意思，最后就是"选择住在清幽偏远的地方来使自己获得快乐"。有时候考试我们感觉翻译给的词特别难，其实翻译给的词是大家学过的这种情况是不大可能出现的，更多的时候是靠我们根据语境推测，这才是我们文言文阅读能力的一种核心能力。

知识归纳

句子通顺标准：一是省略部分有没有补充；二是主客关系对不对；三是词性是否正确；四是句式。

高考翻译注意事项：一是关键词翻译的准确性及句子逻辑；二是词性及省略部分补充；三是古今语序及语境；四是词义的推测。

当堂练习

把文中画横线的句子翻译成现代汉语：

先生名中，字容甫，江都人……年二十九，始颛治经术。谢侍郎墉提学江左，特取先生为拔贡生。每试，别为一榜，列名诸生前。侍郎尝谓人曰："予之先容甫，以爵也；若以学，则予于容甫当北面矣。"其见重如此。朱文正公提学浙江，先生往谒，答述扬州割据之迹、死节之人，作《广陵对》三千言，博综古今，天下奇文字也……性质直，不饰容止，疾当时所为阴阳拘忌、释老神怪之说，斥之不遗余力。而遇一行之美、一文一诗之善，则称之不置。事母以孝闻，贫无菽水，则卖文以养，左右服劳，不辞烦辱。其于知友故旧殁后衰落，相存问过于生前，盖其性之笃厚然也。年五十一，卒于杭州西湖之上。

1.予之先容甫，以爵也；若以学，则予于容甫当北面矣。

译文：_____

2.其于知友故旧殁后衰落，相存问过于生前，盖其性之笃厚然也。

译文：_____

相关链接

"不孝有三，无后为大"这句话传承了数千年，一直是父母催婚催生的金句，但是我们真的理解了这句话吗？

"不孝有三，无后为大"是孟子在评价舜结婚的事情时说的，完整的原话是："不孝有三，无后为大，舜不告而娶，为无后也，君子以为犹告也。"从原文里能看出，这里的"无后"，并不是指没有后代，而是没有尽到后辈的责任的意思。翻译成现代的话，意思是："不孝有三种，以不守后代之责为大。舜没有告知父母就结婚了,这就是无后,但君子以为,和告诉父母差不多(因为舜出家在外,而且是尧要把女儿嫁给他)。"也就是说,孟子的原话里,并没含有不生孩子就是不孝的含义。

那么为什么后代人把"不孝有三,无后为大"这句话曲解为现在的意思呢?"不孝有三"的另外两个是什么呢?这就要看汉代人赵岐所做的《十三经注》。他在注释孟子上面的话时,说:"于礼有不孝者三者,谓阿意曲从,陷亲不义,一不孝也;家贫亲老,不为禄仕,二不孝也;不娶无子,绝先祖祀,三不孝也。"这里他把无后解释为了"不娶无子",从此开始了两千多年的误解。但有意思的是,他认为第一不孝,是"阿意曲从,陷亲不义",意思是第一不孝,是对父母拱伏无违地屈从,容忍他们做没有道德的事情。这就很值得我们回味了。很多年轻人说,为了父母去结婚。如果为了父母去欺骗一位异性而结婚,当然也就是"陷亲不义"了,无后问题没解决,反而犯了第一不孝。实际上,这些古话在21世纪仍然被人们遵循,本身就是很悲剧的事情。

无论是翻译文言文还是理解别人的话,都要结合语境、联系上下文才能准确充分地理解其内涵,断章取义是最要不得的。

(摘自《"不孝有三,无后为大"的被理解与被误解》)

第五课 文言文翻译有哪些关注点

专题分析

从近几年高考文言文主观翻译题来看，考查的是对全句的理解，但命题人选择文句是独具慧眼的。他们往往会选择那些有重要语法现象的文句让考生翻译，同时也将其列为高考阅卷的采分点，因此，考生必须特别注意这些采分点。在答题时，一般以直译为主，意译为辅。所谓直译，是指用现代汉语的词对原文进行逐字逐句的对应翻译，做到实词、虚词尽可能词意相对。所谓意译，则是根据语句的意思进行翻译，做到尽量符合原文意思，语句尽可能照顾原文词义。我们除了把握句子翻译"信、达、雅"的要求，掌握"留、对、拆、增、删、调"等六种翻译方法外，还需注意以下七个关注点。

一是词类活用。词类活用是文言文中特有的语法现象，含有词类活用的句子也是高考命题专家特别关注的一项内容。因此，我们在翻译文言文的时候，一定要认真把握，仔细辨别。词类活用主要包括名词的活用、形容词的活用、动词的活用等。我们在翻译文言文遇到含有词类活用的句子时，一定要先判断出词类活用的类型，然后据此推断其意义。例如："兄曰：'无论弟不能樵，纵或能之，且犹不可。'于是速归之。"这句话意思是：哥哥说："且不说弟弟不能砍柴，纵使能砍柴，还是不能去做。"于是让张诚赶快回家。这里"樵"，是名词做了动词，"归"，是使动用法，一定要准确地表达出来。

二是特殊句式。文言文中有许多特殊句式，如判断句、被动句、倒装句、省略句等。含有特殊句式的句子，常被命题老师看重，要想能够准确翻译此类句子，就必须能够译出其句式特征，否则就极容易失分。比如："况，吴人，恃才少所推可。"这是一个无语言标志的判断句，但是翻译的时候我们必须译出判断句的特征，翻译为"（顾）况，是吴地人氏，自恃有才华，很少有他推荐认可的诗文（或诗人）"。这个"是"必须翻译出来。又如"近日之事，衅难将成，赖陛下英明速断，故罪人斯戮"。这是一个宾语前置句，结构助词"斯"为提宾标志，"罪人斯戮"即"戮罪人"，翻译的时候必须还原语序，译成"近日的事，祸端将要酿成，幸亏陛下英明果断，因而严惩了罪人"。

三是一词多义。古代汉语的词语大多是多义的，这种一词多义的现象常常是翻译题考查的重点。重要实词虽然有多个义项，但在具体句子中只能有一个义项切合。因此，要学会利用上下文的具体语境来确定该实词的准确义项。在语境中确定多义词的义项，特别要注意一词中几个相近而又易混的义项。如"爱"字，义项"爱护""爱怜""爱惜"较难区分；"坐"字，义项"犯罪"与"判罪"易混；"治"字，何时作"治理"，何时作"治理得好、天下太平"等。不管如何易混，只要真正到了语境中，就只有一个义项是最恰当的。这时，也只有细辨语境，代入检验来确定了。记住：只要把词放在句中理解，把句放在文章中读，一切问题皆有可能解决。比如："使者至，所发皆经史，置其半不启，乃免于祸，人以为至行所感云。"得分点"发""置""以""至行"都有多个词义，这就必须回归到语境中去确定，这句话中"发"为"打开"，"置"为"丢弃"，"以"为"认为"，"至行"为"崇高品行"，意思是"使者到来，打开看到的全是经史书籍，丢下另一半未打开，才免于祸患，人们认为是崇高品行感应的结果"。

四是古今异义。文言文中的古今异义现象非常普遍，这一知识点也是高考命题经常涉及的内容。为了考查考生对关键实词的精准理解，命题者通常会选用那些最容易以今译古的实词来翻译。对此我们要有足够的警惕，千万不可先入为主，"今为古用"，应借助积累与语境，准确翻译。如文言文中的"妻子"应该译为"妻子和儿女"。例如："及得召见，遂见亲信。"这里的"亲信"是"亲近信任"之意，而现代汉语中则常指"亲近而信任的人"，这是翻译中需要特别注意的。

五是单音节词。现代汉语词汇以双音节为主，而古代汉语词汇与此相反，以单音节为主。此类知识点也常常是高考命题老师重点关注的对象之一。这点我们在第四课中已经讲过一些。因此，我们平时在复习备考过程中要加强对单音节词翻译的训练。在具体翻译文言文时，我们一定要注意不要轻易地把古汉语的词汇当成现代汉语的双音节词去解释。以"隐处穷泽，身自耕佣。临县士民慕其德，就居止者百余家"为例，此句中的"耕佣"并非现代汉语中的双音节词，而是"耕"和"佣"两个词，意思是"种田""做工"。按照评分标准如若不能解释出"佣"的含义要扣分。所以该句应译为"（孟尝）隐居在偏远的湖泽，亲自种田做工。临县的士人民众仰慕他的道德，到他那里定居的有百余户"。又如："遂大困，寻死富阳。"此句中的"寻死"并非现代汉语中的双音节词，而是"寻"和"死"两个词，意思是"不久""死在（富阳）"。该句应译为"于是极度贫困，不久死在富阳"。

六是固定结构。固定结构是文言文中的一种特殊现象，在翻译时有相对固定的格式。如果不按照固定的格式翻译就会出现错误，因此，我们在翻译文言文时只能用它的固定意思来翻译，不能擅自意译。如"谥号所以垂之不朽"。这里的"所以"，由指示代词"所"和介词"以"构成，表示动作行为所凭借的方式，可译为"用来……的方式"。又如"比敕公千条万端，何意临事悖乱！""何意"，由疑问代词"何"与名词"意"构成，询问动作行为产生的原因，可译为"为什么"。常见的固定结构还有：何以……为（表反问语气，译为"为什么……"），无乃……乎（表示揣度语气，译为"恐怕……吧"），奈……何（表示用来询问的，"拿……怎么办"），得无……乎（表示怀疑与揣测语气，译为"恐怕……吧"）等。

七是修辞知识。文言文中常见的修辞有比喻、借代、互文、委婉等。

具有这些特点的句子大都不能采用直译的方式，而应根据其修辞方式的特点采用相应的意译方式。如果需翻译的句子采用了比喻的修辞方式，有的需将喻体直接换为本体，有的就需抓住喻体采用形象描绘的方式进行意译；如果需翻译的句子采用了借代的修辞方式，就应采用直接点明借代本体的方式进行翻译；如果采用的是互文的修辞方式，翻译时就要把相应的内容合并到一起意译；如果需翻译的句子是委婉的修辞方式，就要根据语境译出句中所要表达的意思。例如，"不以物喜，不以己悲"采用了互文的修辞方式。如果不了解此修辞方式很容易将此句误译为：不因为外物的美好而感到喜悦，也不因为自己的坎坷而感到悲伤。正确的翻译是要把相对应的内容合并到一起。此句应译为"不因为外物的好坏、自己的得失而感到喜悦或悲伤"。又如"但以刘日薄西山，气息奄奄"。这句采用了比喻的修辞方式。此句中的"日薄西山"就是比喻祖母刘氏寿命将尽。在翻译时可采用描述性的语言将其译为"只因为祖母刘氏的生命就像太阳将要落到西山一样，奄奄一息，生命垂危"。再如"金就砺则利"。这句采用的是借代的修辞方式。"金"是借代，代指"金属制成的刀剑"，属材料代物，翻译时要直接点明借代的本体，译为"金属制成的刀剑放在磨刀石上去磨就锋利"。如果不了解该句中使用了借代的修辞方式就很容易闹出笑话来。

我们在文言文翻译的备考过程中，可以从上述角度，揣摩命题者的意图，从而做到胸有成竹，事半功倍。

知识归纳

直译：是指用现代汉语的词对原文进行逐字逐句的对应翻译，做到实词、虚词尽可能词意相对。

意译：根据语句的意思进行翻译，做到尽量符合原文意思，语句尽可能照顾原文词义。

文言文翻译七个关注点：一是词类活用；二是特殊句式；三是一词多义；四是古今异义；五是单音节词；六是固定结构；七是修辞知识。

当堂练习

把文中的句子翻译成现代汉语：

（王）涣丧西归，道经弘农，民庶皆设盘案于路。吏问其故，咸言平常持米到洛，为卒司所抄，恒亡其半。自王君在事，不见侵枉，故来报恩。其政化怀物如此。民思其德，为立祠安阳亭西，每食辄弦歌而荐之。延熹中，桓帝事黄老道，悉毁诸房祀，唯特诏密县存故太傅卓茂庙，洛阳留王涣祠焉。自涣卒后，连诏三公特选洛阳令，皆不称职。永和中，以剧令勃海任峻补之。峻擢用文武吏，皆尽其能，纠剔奸盗，不得旋踵，一岁断狱，不过数十。威风猛于涣，而文理不及之。峻字叔高，终于太山太守。

1. 民思其德，为立祠安阳亭西，每食辄弦歌而荐之。

译文：_____

2. 一岁断狱，不过数十，威风猛于涣，而文理不及之。

译文：_____

相关链接

1977年恢复高考的时候，杨玉忠老师被学校推荐参加高考语文阅卷工作。据杨玉忠回忆，当年的语文考卷中，有一道题是翻译王安石的《游褒禅山记》的一段"夫夷以近，则游者众，险以远，则至者少……"原文的大意是人要有远大理想才能到达更高的目的地。由于考生基础不扎实，这道题多数考生不会答，这在当年并不罕见，但是有一个考生的答卷让所有的阅卷老师哭笑不得。这个考生把这一段竟然翻译成："姐夫和小姨子手拉手逛公园，他们走得越近就越危险，人多的地方危险就小，人少的地方危险就大……"当时杨玉忠非常惊讶，但更多的是痛心，他说："那一代青年太可惜了，荒废了好多时间，没有好好读书。"

（摘自《法制晚报：高考阅卷，翻译文言文闹出笑话》）

第六课 文言文怎样快速阅读、高效做题

专题分析

高考文言文就是在有限的时间内尽可能快速准确地完成题目，那怎么样才能快速阅读、高效做题呢？这节课我们讲两个技巧。

高考文言文大多是人物传记，在材料选择上有三个特点。第一，基本选择《二十四史》正史里的人物；第二，从历年来看，唐宋元明的传记文出现较多；第三，从传主的身份上看，或为文臣，或为武将，大部分都是身居高位又有不凡的业绩，贤良方正的道德楷模，是历史上具有正能量的人物。

接下来，给大家介绍两个快速阅读、高效做题的技巧。

第一，借题读文，通过题目选项里的信息来推测原文的意思。为什么要借题读文呢？高考文言文题型基本固定，共四道题。第一道题是断句，全国卷是选择题，四个选项断句的地方绝大多数是一致的，只有个别两三处不一致。断句一致的地方就有利于我们理解这段话，尤其是画线这句话的意思，我们可以通过选项中断句一致的地方来推测；不一样的地方可以对比四个选项，先将这个断句一致的地方在原文标出来，这样不仅方便我

们理解画线断句的这一处，而且方便我们理解这句话前后语句的相关意思。第二道题是文化常识，这类题需要我们平时的积累，我们暂时不说。第三道题是概括分析题，依旧是选择题的形式。首先，这道题是按照行文中出现的先后顺序来分层设置四个选项的；其次，四个选项一般来说是三对一错，让选择不正确的一项，而且这个错的地方基本是局部的小错，是细节上的错误，也就是说大多数表述都是正确的；最后，每个选项的内容一般是针对文中的主要人物或主要事件进行概括、分析、评价，有一些词句甚至就是对原文句子的翻译，既然是对原文的翻译，就可以帮助我们看懂意思理解内容了。做文言文的时候，其实极少有同学能保证一篇文言文从头到尾读下来都是顺畅的，没有遇到难点。实际上高考考的都是课外文言文，别说学生，即使是语文老师阅读也会遇到一两处不懂的，而高考就是要考我们阅读课外文言文的能力，而不是我们背诵的能力。那么更重要的能力，就是结合上下文进行推断，既然选项当中给我们一些句子的解释，我们就可以通过这些连点成面，从而知道整个文言文表达什么意思，讲述传主什么样的品质，记述他什么样的事件，我们就可以对传主的性格、身份、品质、事件有初步的了解。具体的做法是什么呢？就是将选项中的相关信息逐一回归原文，特别是要将选项中的一些词语回归到相应的词语出处，把这些碎片式的解释连缀成对整篇文章的认识。

第二，大家要特别关注时间。正史的人物传记有基本的规范，文章开头一般是对传主的基本信息做介绍，包括姓名、字号、籍贯，也有交代祖上的情况；中间是人物的生平履历，主要事迹一般从读书习武进入仕途开始写，围绕官职变迁介绍其相应的功业事迹，反映他的道德品质；结尾交代人物的结局，一般说卒于哪年，享年多少岁等，有的还会介绍他死了之后的一些影响。这个地方提一个小细节，文言文一般只是在文章的开头给出主要人物姓名的全称，后面基本就只说名不说姓，很多学生在这种时间紧、压力大的做题情况下，就会忘记这个传主或主要人物叫什么，而文章后面没有姓只有名，有的时候人物专属的名会比较奇怪，学生又忘记了这是人名，于是在翻译句子时就反复猜，把自己搞得很苦恼很痛苦，所以一定要清晰地记得传主叫什么名，然后在遇到这个字的时候要把它画出来。怎么样才能理清文言文的脉络把握文章的大意呢？最关键的是要抓住表示时间节点的词语。这一类的词语主要有以下三种，第一种是纪年，正史写作一般不用天干地支纪年法，比如"戊戌年""甲子年"一般不会这样写，而是采用帝王年号纪年法，像我们熟悉的课文《岳阳楼记》中的"庆历四年春"、《琵琶行》当中说"元和十年"，就都是年号。所以传记里面出现了"三年""五年"，往往是指某个年号的三年或五年，这在传记前面已经做了介绍，后面就省略了这个年号而直接说这个年号的哪一年。除此之外，还有皇帝即位或驾崩，这也是重要的时间节点，传记中特意交代这些往往表明传主在旧朝和新朝的地位有所变化，由原来的一件事开始讲下一件事。第二种是官职变迁。官职变迁为什么也能体现出时间呢？我们前面讲过，传记是按照时间线索来写的，官职的变迁也代表了时间的界限。这个地方我们也要了解一下古代官职及其代表的地位职责，在学文化常识的时候略微了解一下就能够知道他的官职是升了还是降了，职责变得更重了还是有名无实。第三种就是具体表示时间变动的词语，比如数日、累年、继而、曩等等。很多学生不太熟悉"曩"这个字，其实这个字在传记里面很常见，就是指"从前""以前"。还有"向"，也是"从前""以前"的意思。当然我们说正史是以时间顺序为主，也不排除有些传记会插叙，但是在插叙的时候往往会用上"初""先"这样的词语，看到的时候要注意，这是在回忆以前，要格外留意。

总结一下，快速阅读文言文的两个技巧：一是借题读文，通过题目选项里的信息来推测原文的意思；二是关注时间性的词语。

知识归纳

高考文言人物传记材料选择特点：一、基本选择《二十四史》正史里的人物；二、唐宋元明的传记文出现较多；三、传主大部分都是身居高位又有不凡的业绩，贤良方正的道德楷模，是历史上具有正能量的人物。

快速阅读文言文的两个技巧：一是借题读文，通过题目选项里的信息来推测原文的意思；二是关注时间性的词语。

概括分析题选项设置：一是按照行文中出现的先后顺序来分层设置四

个选项的；二是四个选项一般来说是三对一错，让选择不正确的一项，而且这个错的地方基本是局部的小错，是细节上的错误；三是每个选项的内容一般是针对文中的主要人物或主要事件进行概括、分析、评价。

人物传记基本规范：开头对传主的基本信息做介绍，包括姓名、字号、籍贯，也有交代祖上的情况；中间是人物的生平履历，主要事迹一般从读书习武进入仕途开始写，围绕官职变迁介绍其相应的功业事迹，反映他的道德品质；结尾交代人物的结局，一般说卒于哪年，享年多少岁等，有的还会介绍他死了之后的一些影响。

表示时间节点的词语：一是纪年，采用帝王年号纪年法，还有皇帝即位或驾崩；二是官职变迁；三是具体的表示时间变动的词语，比如数日、继而、曩等等。

当堂练习

根据要求选择正确答案：

赵憙字伯阳，南阳宛人也。少有节操。从兄为人所杀，无子，憙年十五，常思报之。乃挟兵结客，后遂往复仇。而仇家皆疾病，无相距者。憙以因疾报杀，非仁者心，且释之而去。顾谓仇曰："尔曹若健，远相避也。"更始即位舞阴大姓李氏拥城不下更始遣柱天将军李宝降之不肯云闻宛之赵氏有孤孙憙信义著名愿得降之更始乃征憙。嘉年未二十，既引见，即除为郎中，行偏将军事，使诣舞阴，而李氏遂降。光武破寻、邑，憙被创，有战劳，还拜中郎将，封勇功侯。邓奉反于南阳，憙素与奉善，数遗书切责之，而谗者因言憙与奉合谋，帝以为疑。及奉败，帝得憙书，乃惊曰："赵憙真长者也。"后拜怀令。大姓李子春先为琅琊相，豪猾并兼，为人所患。憙下车，闻其二孙杀人事未发觉，即穷诘其奸，收考子春，二孙自杀。京师为请者数十，终不听。时赵王良疾病将终，车驾亲临王，问所欲言。曰："素与李子春厚，今犯罪，怀令赵憙欲杀之，愿乞其命。"帝曰："吏奉法，律不可枉也，更道它所欲。"王无复言。其年，迁憙平原太守。时平原多盗贼，憙与诸郡讨捕，斩其渠帅，余党当坐者数千人。憙上言："恶恶止其身，可一切徙京师近郡。"帝从之，乃悉移置颍川、陈留。于是擢举义行，诛锄奸恶。后青州大蝗,侵入平原界辄死,岁屡有年,百姓歌之。二十七年,拜太尉,赐爵关内侯。时南单于称臣,乌桓、鲜卑并来入朝,帝令熹典边事,思为久长规。建初五年,熹疾病,帝亲幸视。及薨,车驾往临吊。时年八十四。谥曰正侯。

(《后汉书·赵熹传》节选)

1. 下列对文中画波浪线部分的断句,正确的一项是( )。

A. 更始即位/舞阴大姓李氏拥城不下/更始遣柱天将军李宝降之/不肯/云/闻宛之赵氏有孤孙熹/信义著名/愿得降之/

B. 更始即位/舞阴大姓李氏拥城不下/更始遣柱天将军李宝降之/不肯云/闻宛之赵氏有孤孙熹/信义著名/愿得降之/

C. 更始即位/舞阴大姓李氏拥城不下/更始遣柱天将军李宝降之/不肯云/闻宛之赵氏有孤/孙熹信义著名/愿得降之/

D. 更始即位/舞阴大姓李氏拥城不下/更始遣柱天将军李宝降之/不肯/云/闻宛之赵氏有孤/孙熹信义著名/愿得降之/

2. 下列对原文有关内容的概括和分析,不正确的一项是( )。

A. 赵熹耿直磊落,为人光明正大。他自小有节操,从兄被害,为给从兄报仇,他有备而往,但知道仇家患病后,不愿乘人之困,因而暂时放过仇家。

B. 赵熹忠于朝廷,除恶得到支持。他虽与邓奉友善,但屡次谴责邓谋反,最终受到皇上赞赏。担任怀令时,坚持诛杀李子春,皇上也拒绝了赵王求情。

C. 赵熹制止祸患,大力推崇义行。他担任平原太守时,诛杀盗贼首领,但对待余党却能区别处理,只是将他们迁往异地,并教导他们应该弃恶从善。

D. 赵熹忠于职守,身后深享哀荣。他官拜太尉时,南单于称臣,乌桓等来朝,于是受命对边事做长久规划。他患病和去世期间,皇上亲自前往慰问、吊唁。

相关链接

文言文中有很多表示时间的词语,准确理解并牢记这些词语,对于文言文理解有着重要作用。下面是古文时间词歌诀:

时间不长叫作"旋","俄尔"表示忽然间。

"俄顷""倾之"是一会儿,"食顷"功夫吃顿饭。

"斯须""倏忽"和"须臾",都表瞬间时短暂。

"少顷""未几"和"逾时",也是片刻短时间。

黎明时分称"质明",早晨一般称作"旦"。

"侵晨"是指天将亮,"中夜"时分夜已半。

"旦日"明日第二天,"兼旬"即为二十天。

"朔"为初一"望"十五,"晦"为月底那一天。

每月十六称"既望",过段时间称"居有间"。

"方"即正当某时候,"日"字用来表每天。

"期月"表示一整月,"期年"表示一周年。

"来年"即为第二年,表示年年用"累年"。

一年将尽称"岁暮",也称"岁晏"或"岁阑"。

要记诗文时间词,正确理解是关键。

(摘自《文言文中的时间词》)

第七课
怎样把现代文译成文言文

专题分析

为什么学习文言文？这是我们经常听到的问题。世界经合组织提出的pisa（国际学生测试标准）理念，即"阅读为生活，阅读为应用"。但是，长期以来，把文言文翻译成白话文已经成为文言文教学和学习的固定模式，这样的模式给文言文学习带来的被动、僵化、单调的负面作用是不言而喻的。如何改变这种局面呢？如何真正地让学生爱上文言文？如何让文言文学以致用？实现文白互译，把白话文翻译成文言文，拉近文言文与白话文之间的距离，如同为了即时使用而学习英语、学习电脑操作一样，让文言文不再陌生，不再只是为了考试，而是能真正应用到写作中、生活中，成为一种交流方式，更重要的是，在这个"反向训练"中强化文言文的学习效果。

将白话文翻译成文言文必须进行"再创作"。翻译是把对象不懂的语言用另外一种语言文字表示，使对象能听懂。人们将文言文翻译为白话文的过程，是面向"不懂文言文"的读者、听者解释，从字词义到文意，以"准确""明了"为标准，这个过程只要翻译者具备足够的文言文知识即可。然而，将白话文翻译成文言文，不同于两个语种之间的翻译，一开始就失掉了"服务对象"，无法对不存在的古代读者、听者解释现代白话文的字词在古文中的意义，无法将现代汉语语法规则介绍给古人。那么，只有将现代白话文的文意，依据文言文的词汇、语法规则，另外写成文言文。

怎样才能将白话文翻译成文言文呢？可以使用留、增、缩、换的方法。

第一步，"留"，即保留。这与将文言文翻译成现代文一样，专有名词可以保留不动，不必强行翻译，比如人名、地名、物名、官名、度量衡单位等。

第二步，"增"，即增加。尤其是句末语气词的使用，在需要加强你所想表达的句子的语势时，请适当挑选并增加一下语气词。例如"也""矣"均可以表肯定语气，"也"字肯定语气更强，而"矣"同样可以表示否定。疑问句常用"耶"，感叹句常用"哉"，等等。

第三步，"缩"，即缩减。古文都非常简约，这与文言文多单音节词与省略句式有关。文言文中经常是在上下文指代明确的情况下适当地省略主语或者宾语，将白话文翻译成文言文可以适当地省略；此外，古代汉语里单音节词非常多，而现代汉语里双音节词数量更多，所以在将现代文翻译成文言文的时候，要注意缩减双音节词为单音节词，譬如，"道路"可以换成"道"。

第四步，"换"，即转换。首先是个别字的转换，要将现代汉语中的词语转化为文言固定表达方式，譬如，"曾经"换成"尝"，"蚂蚁"换成"蚍蜉"或者"蚁"，还要特别注意古今异义，例如，现汉中"妻子"到古汉语中只能说"妻"，现汉中"手下"到古汉语中可说"执事"或"爪牙"；其次是要把一些专有短语还原成古汉语，例如"拿……怎么办？"可以用"若……何"，《郑伯克段于鄢》中有"君将若之何"，当然这种还原就要有一定的积累；最后，是特定句式的转换，多用古文常用句式，比如，判断句最基本的"者……也"，被动句古代汉语中用"见""于""被"表被动，"被"用得非常少，还有宾语前置句、定语后置句等。

此外，还要注意字数相对，句式整齐，还有现代汉语常用字要尽量少用。

下面，我们来举一个例子。

有个孩子在座位上纳闷，因为他

对一个问题一直想不通：他的同桌想考第一就考了第一，而自己想考第一却只考了全班第21名，为什么呢？

回家后他问妈妈："我难道比别人笨吗？我和他是一样听老师的话，一样认真地做作业啊！"妈妈望着儿子，没有说话。她没有回答的原因，是她想为儿子找到一个完美的答案。

儿子小学毕业了，虽然他比过去更加刻苦，但依然没有赶上同桌。不过与过去相比，他的成绩一直在提高。为了对儿子的进步表示赞赏，她带他去看了一次大海。

现在这位儿子再也不担心自己的名次了，因为他以全校第一名的成绩被清华大学录取。寒假归来时，母校请他给同学及家长们做一个报告，他讲了小时候的那段经历："我和母亲坐在沙滩上，她指着前面对我说，你看那些在海边争食的鸟儿，当海浪打来的时候，小灰雀总能迅速起飞，它们拍打两三下翅膀就能升入天空；而海鸥却显得非常笨拙，它们从沙滩飞入天空总要很长时间。然而真正能飞越大西洋的还是海鸥，因为它们不停地飞！"

这是一篇现代文，如果将这篇文章翻译成文言文是什么样呢？下面是一篇优秀的翻译作业。

一子惑于坐，不得解：其同桌欲得第一则得第一，其欲得第一而仅得二十一，何也？

既归，言于其母："吾岂笨于同桌乎？吾与之同听先生之言，同一于课业也！"其母望之，未语。其所以不应者，欲为其子寻妙解也。

小学既毕，虽刻苦于前，然亦未能逾越同桌也。然相较于前，乃得以提升矣。以奖励故，其母遂领其观海。

今其子早已不惧名次矣，因其以举校一级甲等之佳绩为清华所取。寒假归，校要其讲学于学子及家长，乃讲幼时之事："吾与母坐于沙滩，吾母指前言于吾曰，尔观夫争食之鸟于海边，及浪扑过，速起飞者，小灰雀也，振翅二三即升空矣；而海鸥拙矣，其必用时极长乃翔于空。然诚能飞越大西洋者，海鸥也。因其飞之不息也。"

这篇文章就是在原有内涵未变的情况下，运用留、增、换、删的方式翻译成了文言文，可作为例文学习。

知识归纳

白话文翻译成文言文的方法：一保留专有名词；二增加古文句末语

气词的使用；三缩减，使用省略句和单音节词；四转换，将现代汉语词语转化为文言固定表达方式，注意古今异义，把一些专有短语还原成古汉语，多用古文常用句式等；五字数相对，句式整齐，尽量少用现代汉语常用字。

当堂练习

请将下列现代文翻译成文言文：

人这一生，共有三亡，一亡，当你心跳停止，呼吸消逝，你在生物学上被宣告你的身已亡；二亡，当你下葬，面容安详，你在这社会上被宣告你的心已亡；三亡，当所有人将你遗忘，你在天地间被宣告你的魂已亡，整个宇宙不再与你有关。

相关链接

在网络流行语泛滥的现在怎样让你的语言与众不同，将现代文换成文言文，最美文言风，让人体会不一样的感受。

你咋不上天呢，可以说"君若天骄，何不上云霄"。

每天都被自己帅到睡不着，可以说"玉树临风美少年，揽镜自顾夜不眠"。

有钱任性，可以说是"家有千金，行止由心"。

丑的人都睡了，帅的人还醒着，可以说"玉树立风前，驴骡正酣眠"。

人要是没有理想，和咸鱼有什么区别，可以说"涸辙遗鲋，旦暮成枯；人而无志，与彼何殊"。

你这么牛，家里人知道吗？可以说"腰中雄剑长三尺，君家严慈知不知"。

我的内心几乎是崩溃的，可以说"方寸淆乱，灵台崩摧"。

你们城里人真会玩，可以说"城中戏一场，山民笑断肠"。

我单方面宣布和XX结婚，可以说"愿出一家之言，以结两姓之好"。

我读书少，你不要骗我，可以说"君莫欺我不识字，人间安得有此事"。

你说的好有道理，我竟无言以对，可以说"斯言甚善，余不得赞一词"。

沉默不都是金子，有时候还是孙子，可以说"圣人不言如桃李，小民不言若木鸡"。

那画面太美我不敢看,可以说"尽美尽善,不忍卒观"。

我只想安静地做一个美男子,可以说"北方有璧人,玉容难自弃。厌彼尘俗众,绝世而独立"。

有人曾提出这样一个问题:大部分读过的书最后都会被忘掉,那读书的意义何在?这是我见过的最好的回答:"小的时候我吃了很多东西,其中的大部分我已记不清是什么,但我知道,它们已经成为我现在的骨和肉"。读书,也是如此。它在不知不觉中就已经影响了你的思想,你的言行,你的形象。

(摘自百家号《当流行语撞上文言文》)

第八课 怎样仿写文言文作文

专题分析

在用中学,显然是非常有道理的,而且我们可以说,只有在用中,才能学会。任何学习都是如此,不能只是"知道",还要能够"使用",最优秀的语文教师都是注重读写结合训练的,所以,文言文学习的最高阶段,应该是用文言文写作。

文言文仿写是指学生模仿某篇或某段文言文作品的词句、立意、构思、修辞等表现手法,自选话题,创造出句式基本一致、有新意特色的短文写作活动。学习文言文是理解吸收的过程,而文言文仿写则是倾吐感悟的表达形式,是对即兴思维、迁移创造能力的激发。在学生中甚为流行的"课桌文学":"分不在高,及格就行;学不在深,作弊则灵……"就是学生模仿《陋室铭》写出来的。语文教育家赵谦翔先生说:"学写旧体诗,利于养成炼字炼句、合辙押韵、借景抒情、托物言志、起承转合、布局谋篇的功夫。"那今天我们就来学习如何仿写文言文。

虽然从难易程度上分析,文言文的仿写要难于现代文的仿写,但仍有方法可循。下面是两个例子:

例1：

"六国破灭，非兵不利，战不善，弊在赂秦。赂秦而力亏，破灭之道也。或曰：六国互丧，率赂秦耶？曰：不赂者以赂者丧，盖失强援，不能独完。故曰：弊在赂秦也。"

——苏洵《六国论》

"六科惨败，非智不聪，体不健，弊在惰学。惰学而无进，惨败之根也。师曰：科科窘困，率题难否？曰：不学则易者亦难矣。盖失好运，不能蒙对。故曰：弊在惰学也。"

——学生作品《惰学论》

例2：

"永和九年，岁在癸丑，暮春之初，会于会稽山阴之兰亭，修禊事也。群贤毕至，少长咸集。此地有崇山峻岭，茂林修竹，又有清流激湍，映带左右，引以为流觞曲水，列坐其次。虽无丝竹管弦之盛，一觞一咏，亦足以畅叙幽情。"

——王羲之《兰亭集序》

"丙申猴年，岁在元夕，酉时之初，会于故乡辉南之秀苑，会餐事也。亲朋毕至，老少咸集。桌上有鸡鸭鱼肉、红果鲜蔬，又有雪碧香茶，叙事谈笑。虽无鞭炮烟花助兴，阖家欢笑，亦足以乐享幸福。"

——学生作品《家庭聚会》

学生仿照《六国论》创作了一篇因"惰学"而自酿苦果的反思作品，仿照《兰亭集序》创作了一篇描摹家庭聚会场景的短文。两篇学生作品语言风趣、符合世事常情，可谓"颇具匠心"。将学生的仿作与文言文原文进行比较，我们也可以从中掌握一些规律。

首先，仿写文言文的基础是对原文的高度熟悉，包括文章的结构、句式、修辞、立意等方面，所以仿写的第一步是对文言文的分析，明确文章的特点才能更好地仿写。

其次，仿写最需要关注的是结构与句式，因为这是最明显能看到的。从"六国破灭，非兵不利，战不善，弊在赂秦"与"六科惨败，非智不聪，体不健，弊在惰学"的比较，"永和九年，岁在癸丑，暮春之初，会于会稽山阴之兰亭，修禊事也"与"丙申猴年，岁在元夕，酉时之初，会于故乡辉南之秀苑，会餐事也"的比较，可以看出仿写与原文结构相同、句式一致，内容改动较小，甚至字数都完全相同。《六国论》的原文与仿写都采用对话结构，《兰亭集序》的原文与仿作第一句都采用判断句式，两篇古文的原文与仿作内容改动都比较少，只替换了关键词，至于字数则是完全相同。

再次，在结构句式之外，仿写还需要考虑修辞与押韵。其实在仿写句式的时候就已经无意识地模仿了对仗、排比等修辞，对于模仿修辞和押韵更进一步的解释，我们以另外一则仿写为例。

山不在高，有仙则名。水不在深，有龙则灵。斯是陋室，惟吾德馨。苔痕上阶绿，草色入帘青。谈笑有鸿儒，往来无白丁。可以调素琴，阅金经。无丝竹之乱耳，无案牍之劳形。南阳诸葛庐，西蜀子云亭，孔子云：何陋之有？

——刘禹锡《陋室铭》

德不在高，有位则名；才不在深，有权则灵。斯实陋吏，惟钱是馨。抬贿上阶赂，酒色入帘亲。谈笑有豪富，往来无农工。可以唱高调，不离经；有丝竹之悦耳，无案牍之劳形。冬暖南海庐，夏凉北戴亭。小子云："何陋之有？"

——学生作品《陋吏铭》

这则仿写中，对于修辞及押韵仿写很到位，原文一韵到底，"名""灵""青""丁""经""形""亭"押-ing韵。仿作中韵脚基本未变，仅将"青"换成了"亲"，"丁"换成了"工"，基本还是保持押韵未变。除此之外，修辞仿写也很到位，比如"谈笑有鸿儒，往来无白丁"与"谈笑有豪富，往来无农工"，不仅句式整齐，连对比的修辞也保持很好。又如"南阳诸葛庐，西蜀子云亭"与"冬暖南海庐，夏凉北戴亭"，除了保持原有的对仗工整之外，"南阳""西蜀""冬暖""夏凉"这里细节的对仗处理也非常细致。

最后，创新是文言文仿写的灵魂，借用古典范文的形式，来表达不一样的内容、主题及思考，这才是文言文仿写的最终追求，如果只局限于结构句式的固化模仿，而没有内容立意的创新，那么文言文仿写则无异于另类的八股文。

知识归纳

仿写文言文的方法：一、分析原文，明确特点，包括文章的结构、句式、修辞、立意等；二、关注结构与句式；三、考虑修辞与押韵；四、内容主题的思考与创新。

当堂练习

请仿照下列文言文,写一篇小短文。

爱莲说

周敦颐

　　水陆草木之花,可爱者甚蕃。晋陶渊明独爱菊。自李唐来,世人甚爱牡丹。予独爱莲之出淤泥而不染,濯清涟而不妖,中通外直,不蔓不枝,香远益清,亭亭净植,可远观而不可亵玩焉。

　　予谓菊,花之隐逸者也;牡丹,花之富贵者也;莲,花之君子者也。噫!菊之爱,陶后鲜有闻。莲之爱,同予者何人?牡丹之爱,宜乎众矣!

相关链接

　　学生仿写两则:

　　分不在高,及格就行。学不在深,作弊则灵。斯是教室,惟吾闲情。小说传得快,漫画翻得勤。琢磨追明星,寻思看电影。可以睡大觉,作鼾声。无书声之乱耳,无复习之劳形。虽非篮球场,好似游戏厅。心里云:"混张文凭"。

　　　　　　　　《考试铭》

　　"寡人之于学习也,尽心焉而矣。物理差,则移其心于数学,移其力于英语;化学差亦然。察同桌之学习,无如寡人之用心者。同桌之分不加少,寡人之分不加多,何也?"同桌对曰:"君好睡,请以睡喻。周公召之,昏昏欲睡,弃笔而倒。或半节课而后醒,或整节而后醒。以半节笑整节,则何如?"曰:"不可,直不整节耳,是亦睡也。"曰:"君如知此,则无望分多于同桌也。"

　　　　　　　　《寡人之于学习也》

　　　　　　　　(两文均摘自网络)

第九课
怎样写文言文作文

专题分析

2001年南京考生蒋昕捷以文言文写成《赤兔之死》，赢得满堂喝彩，成为当年高考作文的扛鼎之作。2003年北京一零一中学耿亮同学用文言写成的《转折》也成为满分作文。文言文写作受到阅卷老师青睐。现在，新课标调整了文言文的比例，文言文数量增加，一改文言文单独组成单元的编排模式，而把文言文同现代文直接组合在一起，文言文写作成为新教育的需要。文言简洁、凝练，富有表现力，写作文言文，也是学生个性的一种体现。

那么，怎样写文言文作文呢？任何一项技艺的练就，都会历经积累、模仿、创新的过程，然后在不断的实践中循序渐进，文言文写作也是如此。

当然，兴趣是一切的前提，爱好古典范文也是文言文写作的前提。"兴趣是最好的老师。"对文言文不感兴趣，最好不要尝试写作文言文，勉强写作文言文不仅是对自我的束缚，还会影响对文言文的兴趣。

文言文写作的第一步是积累。熟诵古典范文是文言文写作的基础。"熟读唐诗三百首，不会作诗也会吟。"对古典范文熟烂于心，倒背如流，写起文言文才能信手拈来，可以说，日常的积累决定了你文言写作水平的高低。那么，要积累些什么呢？注意积累虚词和句式，这些极为关键，因为文言不是把白话字逐字对应成"古语"即可，而是有语法上的结构性差异；还要注意积累典故和习语，而且需要进一步思考其合适的用法，很多人写"文言"，直接把今天流行的词语套用，此法极为俗陋，尤其应当避免。

文言文写作的第二步是模仿。上一课我们讲了仿写文言文的方法，这里不再赘述。

文言文写作的第三步是创新。创新是文言文写作的灵魂。借用古典范文的形式，来表达主题、内容的创新。可以说，创新的精神引领你走向了文言写作的操练场。

那么，在具体写作中应该如何操作呢？

第一，简约化处理。文言文语言很精练，所以在写作文言作文的时候要尽可能省略一切能省略的。比如：

弘微家素贫俭，而所继丰泰，唯受书数千卷，遗财禄秩，一不关豫。

（《宋书·谢弘微传》）

谢弘微自己家里一向贫寒，而继父产业却很丰盈，他却只承继接受了继父的几千卷书而已，遗产俸禄，一概不加过问。

对比上面那段文言文和译文，第三句省略主语，而且多次出现单音节词译为双音节词，如"素""继""受"。

第二，把一切白话文的、口语化的内容换成文言文用法。一般来说换分为三类：字、词、句。以字为例："我"可以换成"余""愚""己""吾"等，"你"可以换成"卿""尔""汝"等，"唉"可以用"呜呼""噫""矣""嗟夫"等。词汇方面，第八课已经提及过，尽可能将双音节词换成单音节词，如"曾经"换成"尝"，"蚂蚁"换成"蚍蜉"或者"蚁"等。句子方面，一尽量少用长句，二尽可能使用古文句式，比如可以在恰当的位置使用恰当的叹词，可以大大增强全文文言文的味道，例如：呜呼！劳神伤精此事何得乎！也可以利用"也"字变成判断句，等等。

第三，同类事物连用，就是把一些同类的事物，用非常简短的语言概括到一起。例如《兰亭集序》中有"此地有崇山峻岭，茂林修竹，又有清流激湍，映带左右，引以为流觞曲水，列坐其次"。这里"崇山""峻岭""茂林""修竹""清流""激湍"，打破常规缩句的极限，大幅提高精练程度，同时抓住了事物的特征。

第四，注意句式的整散及韵律变化。整句指的是句式比较整齐的句子，例如排比、对偶等，这在古文中很常见，古代有以字句两两相对而成篇章的骈文，全篇以双句为主，讲究对仗的工整和声律的铿锵。散句则是句式比较自由的句子。整散句的结合使用能使文章节奏明快，舒缓自如，读起来朗朗上口，而且充满着抒情和论证的气势。之前讲过的《阿房宫赋》《过秦论》，还有教材中的《滕王阁序》《岳阳楼记》等等都是整散句结合使用的典范。我们在文言文写作时，散句是比较常见的，因为只需进行缩减和一些字词的替换就可以完成，那么众多的散句中只要加上一些整句，整个文章的美感就会更强烈，而且整句也更具有古典美。有精力的同学，还可以考虑押韵，通过相同的音调达到回环往复的效果。

第五，引经据典。什么叫典故？"典"是典故、故事。用典也叫用事、用辞，也就是说，在文章中引用古代故事或过去的旧事以及有来历出处的词语来说明当前的事情，以丰富诗作的思想感情，增强诗词的表现力。用典是借古说今的重要手法，而在文言文写作中用典，用古代的典故写古典形式的文章，在形式和感觉上绝对更加契合，而且会显得文章很有文化。

下面，我们看一篇学生例文：

何劲松，盖淮右人士。性洒脱，故不闲表其字号。观形象，气候威仪，情质分明，有云眉龙准，卜，以上人赞。

公幼时，喜游侠，好蹴鞠，每读书，博求而不甚解。更不羁于功名，长知叟闻之，叹曰："咳，仲永矣！"公问："何许人？"遂对："神童也。"公喜，酬谢："及富贵，勿相忘！"翁哂而笑，劲松昐之，喟："燕雀安知鸿鹄之志哉！"

及长，从庠序之教。先生德隆望尊，门人弟子填其室，公亦老成然处其间，常睥睨诸侪。先生问所长，或言文辞，或言声韵，及公，曰："吾大智慧！"讲授坟典，每左，必乱之己见，嗔之："嗟尔小知，不及大知！"令辞训，不悦，诿以天下之抱负，叱："不为文何以为天下？"熟虑之，以为然。

苦耕读，择师范，诣史学，历诸校，入八中，校监嘉其行，擢为主任。

授史科，深求正统，治学严谨，诸生俯身贴耳以请，未尝稍降辞色，然略有塞于故事者，必咄之。

为主任，善以西洋奇淫巧技宏统

窥伺不纪，核实，谓之监控。自云有察查之明，皆可谙男女懵懂，忖而鉴评评之思。

有文采，辞大气，不同庸人也。作词颂班级，置换原稿，凡七易，题曰："风流宴乎？"

赞曰："公每唱月表其心，其情也深，其意也切，盖以月推己，而月之皎皎，其心也纯仁。古人云：'治大国如烹小鲜。'公治学如此，盖有相辅之才乎？"

——合肥八中2019届　朱子明
《何劲松传》

这篇作文从文言文写作的角度来讲，可以说是很成熟的。结构完整，以时间为顺序记述了一位老师的成长事迹，人物形象非常鲜明。而且我们可以看出，学生对于古文的积累是很丰厚的，至少对《送东阳马生序》《陈涉世家》《伤仲永》《道德经》是很熟悉的，因为他直接用了一些古文原文，比如"先生德隆望尊，门人弟子填其室""诸生俯身贴耳以请，未尝稍降辞色""燕雀安知鸿鹄之志哉""治大国如烹小鲜"等等，仲永是以典故的形式出现，"燕雀安知鸿鹄之志哉""治大国如烹小鲜"是以引用的形式出现。语言的使用，字词句等都是按照文言规范来的，特别是语气词和动词的使用，语气词，比如"盖""唉""矣""乎""嗟尔"等直接增强了文言感，动词如"好蹴鞠""遂对""哂而笑""眄之""熟虑之""谙""忖"等，是比较标准的文言用法，和白话文拉开了距离。另外，"好蹴鞠"其实就是这个老师喜欢踢足球，但是作者把"足球"换成了"蹴鞠"，直接把白话文的、口语化的内容换成文言文用法。句式上，在散句中加入了整句，比如，"喜游侠，好蹴鞠，每读书""苦耕读，择师范，诣史学，历诸校""不行矣，不可矣，何其急"等，整句的加入使整个文章的美感更强烈，也更具有古典美。这篇文章很有意思的是最后："赞曰：'公每唱月表其心，其情也深，其意也切，盖以月推己，而月之皎皎，其心也纯仁。古人云："治大国如烹小鲜。"公治学如此，盖有相辅之才乎？'"一是对《月亮代表我的心》歌词的翻译很有古典的美感；二是由歌及人，对传主的品格能力进行赞许，不再是就写人而写人，使文章有了升华。

文言文写作过程中有几个方面需要注意，一是尽量减少使用现代汉语词汇，比如"吾夜读《五柳先生传》，忽有所感，遂记之"就比"吾夜读《马克思列宁主义》，忽有所感，遂记之"要古典得多，有同学写了一篇文言文版的《简·爱传》，里面罗切斯特的名字一出现，整篇文章的古典感就减少了，当然这不是绝对的，有的时候必须要用现代汉语新词汇，但是我们要做到尽量避免；二避免文白掺杂，这就像写考场作文一定不要文体混杂一样，记叙文要有记叙文的文体特征，议论文要有议论文的文体特征，文言写作也要和白话文写作有所区分，半文半白的形式只会让人觉得不伦不类。

知识归纳

文言文作文写作过程：爱好古典范文也是文言文写作的前提；第一步是积累，熟诵古典范文是文言文写作的基础，注意积累虚词、句式、典故、习语；第二步是模仿；第三步是创新，借用古典范文的形式，来表达主题、内容的创新。

文言文作文写作方法：一、简约化处理，人称及代词省略，单音节词的使用；二、把一切白话文的、口语化的内容换成文言文用法，一般来说换为字、词、句三类；三、同类事物连用，就是把一些同类的事物，用非常简短的语言概括到一起；四、注意句式的整散及韵律变化；五、引经据典。

文言文写作注意：一是尽量减少使用现代汉语词汇；二是避免文白掺杂。

当堂练习

请以文言文的形式写一篇作文：

1.围绕本书内容，谈谈自己的收获或感想；

2.题目自拟，立意自定，不得抄袭套作；

3.字数不少于500字。

相关链接

建安二十六年，公元221年，关羽走麦城，兵败遭擒，拒降，为孙权所害。其坐骑赤兔马为孙权赐予马忠。

一日，马忠上表：赤兔马绝食数日，不久将亡。孙权大惊，急访江东名士伯喜。此人乃伯乐之后，人言其精通马语。

马忠引伯喜回府，至槽间，但

见赤兔马伏于地，哀嘶不止。众人不解，惟伯喜知之。伯喜遣散诸人，抚其背叹道："昔日曹操做《龟虽寿》，'老骥伏枥，志在千里。烈士暮年，壮心不已'，吾深知君念关将军之恩，欲从之于地下。然当日吕奉先白门楼殒命，亦未见君如此相依，为何今日这等轻生，岂不负君千里之志哉？"

赤兔马哀嘶一声，叹道："予尝闻，'鸟之将死，其鸣也哀；人之将死，其言也善。'今幸遇先生，吾可将肺腑之言相告。吾生于西凉，后为董卓所获，此人飞扬跋扈，杀少帝，卧龙床，实为汉贼，吾深恨之。"

伯喜点头，曰："后闻李儒献计，将君赠予吕布，吕布乃天下第一勇将，众皆言，'人中吕布，马中赤兔'，想来当不负君之志也。"

赤兔马叹曰："公言差矣。吕布此人最是无信，为荣华而杀丁原，为美色而刺董卓，投刘备而夺其徐州，结袁术而斩其婚使。'人无信不立'，与此等无诚信之人齐名，实为吾平生之大耻！后吾归于曹操，其手下虽猛将如云，却无人可称英雄。吾恐今生只辱于奴隶人之手，骈死于槽枥之间。后曹操将吾赠予关将军；吾曾于虎牢关前见其武勇，白门楼上见其恩义，仰慕已久。关将军见吾亦大喜，拜谢曹操。操问何故如此，关将军答曰：'吾知此马日行千里，今幸得之，他日若知兄长下落，可一日而得见矣。'其人诚信如此。常言道：'鸟随鸾凤飞腾远，人伴贤良品自高。'吾敢不以死相报乎？"

伯喜闻之，叹曰："人皆言关将军乃诚信之士，今日所闻，果真如此。"

赤兔马泣曰："吾尝慕不食周粟之伯夷、叔齐之高义。玉可碎而不可损其白，竹可破而不可毁其节。士为知己而死，人因诚信而存，吾安肯食吴粟而苟活于世间？"言罢，伏地而亡。

伯喜放声痛哭，曰："物犹如此，人何以堪？"后奏于孙权。权闻之亦泣："吾不知云长诚信如此，今此忠义之士为吾所害，吾有何面目见天下苍生？"

后孙权传旨，将关羽父子并赤兔马厚葬。

（2001年高考满分作文《赤兔之死》）

当堂练习答案

阶段一 文化常识

第一课
1.察举制 2.乡试 3.八股取士

第二课
1.月亮 2.北斗七星；牵牛星 3.火星

第三课
1.崤山以东 2.华山的南面 3.成都

第四课
1.干支；十六 2.天色；晚上九点到十一点 3.芒种

第五课
1.五柳先生；青莲居士；少陵野老；香山居士（醉吟先生）；玉溪生（樊南生）；四明狂客；醉翁、六一居士；东坡居士；放翁；易安居士 2.诸侯 3.陛下、万岁、圣上

第六课
1.D 2.B "令堂"指对方母亲

第七课
1.舅姑：公婆 2.媵人：陪嫁的人，文中指旅舍中的仆役 3.青庐：婚房

第八课
1.D 2.C

第九课
1.对 2.错 3.错

第十课
1.B 2.C

第十一课
1.执殳：拿着殳；执，拿或持；殳，一种棍类的兵器，长丈二而无刃

2.戈矛：戈和矛，亦泛指兵器；戈，古代的一种兵器，横刃，用青铜或铁制成，装有长柄；矛，古代用来刺杀敌人

的进攻性武器，是战争中常用兵器，长柄，有刃，用以刺敌。

3.盾与矛：盾，一种防御类兵器；矛，武器。

第十二课

1.一人一马称为"骑"。

2.参乘，在车右陪乘的，古代贵族出行车，车左为尊者，中间是驾车的人，而车右就是参乘。

3.辙，车的两轮在泥道上碾出来的痕迹。轼，即式，舆前部可供凭倚扶手的横木。

第十三课

1.错 2.对 3.错

第十四课

1.C 2.C

阶段二 文言实词

第一课

1.A 2.B

第二课

一、安步当车：慢慢地走，就当是坐车。安：安详，从容，不慌忙。

陈陈相因：仓中粮食逐年累加，久而不食，则变为陈粮。后以此比喻处理问题因袭旧法，毫无改进。因：沿袭。

久假不归：原指假借仁义道德的名义而不真正实行，后指长期借用而不归还。假：借。

敬谢不敏：恭敬地表示自己能力不足，不能够接受做某事。谢：推辞。

各行其是：按照各自认为对的去做。比喻各搞一套。是：对的。

二、兵：兵器；兵器；军队；士兵；用兵、打仗。

亡：没有；丢失；灭亡；死亡；消失。

道：路；正气；道义；道义；方法、手段；说。

三、被通"披"，披着、戴着。冯通"凭"，凭借、借助。厝通"措"，放置。华通"花"，开花。匪通"非"，不。惠通"慧"，聪慧。

四、充，使动用法，使……充满。完：使动用法，使……完整。草：意动用法，以……为草。远：意动用法，以……为远。善：形容词作名词，好的、正确的。安：形容词作名词，安定的环境。耳：名词作状语，用耳朵。目：名词作状语，用眼睛。土、瓦：名词作状语，像土块、像瓦片。

五、臭：气味。爽：差错。恨：遗憾。名：占有。令：美好的。亡、北：逃亡的人。刊：更改。然：发生。(均是古义，今义略)

六、(略)

第三课

一、止通"只"，仅仅。亡通"无"，没有。火通"伙"，伙伴。争通"怎"，怎么、如何。见通"现"，出现。阙通"缺"，空缺，这里指中断。有通"又"，用在数字中表示零数。

二、陪通"倍"，增加。说通"悦"，高兴。反通"返"，返回。卒通"猝"，突然。还通"环"，绕着。蚤通"早"，早早地。知通"智"，明智。距通"拒"，把守；内通"纳"，接纳。

第四课

一、行李：使者。师徒：军队。于是：在这时。大方：学识广博有专长、

内行。非常：意外变故。众人：普通人。经营：珠宝财富。野马：游动的薄云或水蒸气。（均是古义，今义略）

第五课

1.B 2.A

第六课

(1) 到的游人 (2) 传说，流传的文字
(3) 使……屈服 (4) 使……发出响声
(5) 使……呈现病态 (6) 使……恢复

第七课

1.C 2.D

第八课

一、（略）

二、

1.宾客：活用作动词，用对待宾客的礼节对待。

2.忧：为动用法，为……而忧。

3.饮：使动用法，使归客喝酒，招待归客。胡琴、琵琶、羌笛：活用作动词，弹奏这些乐器。

4.最后一个"死"：为动用法，为……而死。

5.湿：活用作动词，打湿。

6.绿、红：活用作名词，绿叶、红花。

7.穷：活用作动词，穷尽、看尽。上：活用作动词，登上。

8.云、景：活用作状语，像云一样、像影子一样。

9.东、北：活用作状语，向东、向北。

10.日：活用作状语，每一天。

11.王：活用作动词，称王。

12.水：活用作动词，游泳。

13.收藏、经营：活用作名词，金玉珠宝。

14.高：活用作名词，高处。

15.愚：使动用法，使……愚昧。

16.弱：使动用法，使……变弱，削弱。

第九课

1.偏指崩，专指帝王死为崩。

2.偏指存，危急国家的存。

3.偏指异，不应该不同。

4.偏指作，勤的是工作做事。

5.偏指入，防备别人进来。偏指出，出门。

6.偏指长，谁年纪更大。

7.偏指姥，文中长辈始终指焦仲卿的母亲。

8.偏指母，指刘兰芝的母亲。偏指兄，指刘兰芝的哥哥。

9.偏指往，去，出使到其他地方。

10.偏指实，实情。

第十课

1.C A因为；作为 B向往；以前 C正当 D用；把

2.D A用；来 B离开；距离 C情绪；打算 D后方

3.C A这样；……的样子 B得以；得到 C跟从 D有才能；胜过

4.D A丢失；逃跑 B带领；将领 C然而；……的样子 D拉

5.B A的；取消句子独立性 B多次 C刺杀；指出 D地面；土地

整理、翻译题答案略

第十一课

略

阶段三 文言虚词

第一课

一、宾语前置标志；代词，土地；动

词，去；代词，这；定语后置标志；助词，取消句子独立性。
二、疑问语气；疑问语气；反问语气；形容词词尾；同介词于；同介词于。
三、判断句标志；判断句标志；定语后置标志；定语后置标志；判断句标志；时间词后助词。
四、疑问语气；强化肯定语气；判断句标志；陈述语气；陈述语气；陈述语气。
相关链接：
判断句标志；判断句标志；担任；句末语气；时间词后助词；代词；……的人；代词；疑问语气；来；陈述语气；的；代词；停顿；代词；代词；陈述语气。

第二课
一、顺承；因果；修饰；并列；转折；顺承
二、是；才；你们的；于是；竟然；仅仅
三、趁机；依照；通过；凭借；凭借；于是
四、却；那么；就是；于是；就会；顺承关系
相关链接：
后羿射箭　的；就；的；就；就；代词；竟然；代词；为什么；停顿；他的；成为；陈述语气。
从善如流的靖郭君　并列；就；……的人；就；修饰；就；的；的；陈述语气；就。

第三课
一、来；用；按照；认为；并且；在……时候
二、难道；其中的；他的；它的，那些；是……还是……还是；多么
三、为了；是；被；治理；是；因为
四、将要；将近；苟且；尚且；尚且；并且
相关链接：
为人当如范仲淹　它的；的；于；来；从事；他的；他；的；他
甄彬还金　……的人；用；用；代词；却；代词；用；的；把；就；……的人；疑问语气

第四课
一、通"欤"，吗；跟；结交；给；赞同；给
二、量词，处所；所字结构；所字结构；……之处；所以，用来；之所以，解释原因。
三、什么；什么；哪里；多么；多么；为什么
四、引出动作对象；在……方面；从……，比；比……；引出动作对象；被，向
相关链接：
不死药"可食乎"？　引出动作对象；处所；表顺承；表顺承；况且；代词；是；引出动作对象；就
刻舟求剑　他的；所字结构；所字结构；代词；表转折；像；多么

第五课
一、……的样子；你；像；像；假如；像
二、反问语气；……的样子；感叹语气；兼词，于之；兼词，于之；陈述语气
三、完成；养育；最终；仍然；顺遂；

于是

四、正确；然而；……的样子；这；……的样子；……的样子

相关链接：

一顿饭断案 以至于，结果；……的情况；于是；他们的；他们；在；……的人；所以然，原因；用；像；他；于是

自相矛盾 和；……的人；代词；陈述语气；对于；用；怎么样；陈述语气，修饰

阶段四 文言句式

略

阶段五 经典文言文

第一课

第一层：秦晋围郑，郑既知亡矣。若亡郑而有益于君，敢以烦执事。

第二层：A.越国以鄙远，君知其难也。焉用亡郑以陪邻？邻之厚，君之薄也。

A.若舍郑以为东道主，行李之往来，共其乏困，君亦无所害。

第三层：A.且君尝为晋君赐矣，许君焦、瑕，朝济而夕设版焉，群之所知也。

B.夫晋，何厌之有？既东封郑，又欲肆其西封，若不阙秦，将焉取之？

第二课

1.C（表比较）

2.B（替，给）

第三课

1.D（大夫死曰卒，士死曰不禄）

2.A（B项"张扬"错误，本文融抒情于叙事之中，朴实而感人；C项，文章乍看似乎往复重叠、散漫错综，实际上气脉不断，骨肉亲情充塞全文，贯穿始终；D项"两世一身，形单影只"开头即点出。

第四课

1.C（束发：成童的年龄,15至20岁）

2.D（"临川先生"是指北宋王安石）

第五课

1.C（《茶馆》作者为老舍）

2.B（"春秋笔法"意思是用笔曲折而意含褒贬，周朴园的话属于说谎，是歪曲事实，不属于春秋笔法。）

第六课

1.如弃草芥

2.以赂秦之地，封天下之谋臣

3.而为秦人积威之所劫，日削月割

第七课

1.A（写）

2.B（A项无赖，意为无所依靠，C项师徒，意为军队；D项行李，意为往来的使者。）

第八课

1.用袋子装

2.懂事，明白事理

3.转身。指畏避退缩。

第九课

1.多于在庾之粟粒　多于周身之帛缕

2.不霁何虹

3.后人哀之而不鉴之，亦使后人而复哀

后人也

4.不敢言而敢怒

第十课

1.D（适，享受）

2.B（望，农历十五，既望，十六）

3.C（"天一方"前省略"美人"，应译为：眺望美人啊，美人却在天的那边。）

第十一课

1.A（期，丧服中期服，指服孝一年。）

2.B（"开篇就提出不愿应诏"错误）

第十二课

1.
(1) CD（均为"道路"）
(2) AD（均为"流传"）
(3) AC（均为"圣明"）

2.
(1) 以……为耻
(2) 以……为师
(3) 以……为羞
(4) 以……为小
(5) 以……为宾客
(6) 以……为粪土

阶段六　文言文综合

第一课

1.因民之所利而利之／斯不亦惠而不费乎／择可劳而劳之／又谁怨／欲仁得仁／又焉贪／君子无众寡／无小大／无敢慢／斯不亦泰而不骄乎？

2.为政有能声／盗悉窜他境／至夜户不闭／尝有使客亡橐中物／移书诘盗／公亮报／吾境不藏盗／殆从之者廋耳／索之／果然

第二课

1.C　2.D

第三课

1.时势不是圣人所能创造的，（他们只是）能不失掉时机罢了。

2.从三代圣人以来，用礼乐教化天下，以至于刑罚废弃不用，然而终究不能制止篡位弑君的祸端。

第四课

1.我超过容甫，是凭借官位；如果论学问，那么我应以容甫为老师。

2.他对那些老友旧交去世后家道衰落的，关心慰问超过生前，因为他的本性就是这样忠实厚道啊！

第五课

1.百姓思念王涣的恩德，在安阳亭西为他建造祠堂，每到进食时就奏乐歌咏来祭祀他。

2.一年间的断案，不过几十件，声威超过王涣，但在条理方面比不上他。

第六课

1.A　2.C

第七课

略

第八课

略

第九课

略